ゆまに書房 書誌書目シリーズ110

フランク・ホーレー旧蔵

「宝玲文庫」資料集成

第6巻

[編著・解題]横山 學

凡例

一、本書は、「宝玲文庫」に関するフランク・ホーレー旧蔵資料を影印復刻したものであります。原資料の大半は編著者が保持しています。

二、第二回配本のうち、第五巻には関連資料として、古書関係者が作成したホーレーの蔵書に関する目録をはじめ、本の売買や修復についての書簡やメモなどを影印で収録しました。また、同巻には、第一巻から第四巻に収録した資料の解題と、第五巻に収録した関連資料の解題を収録しています。第六巻は「「宝玲文庫」関係論文集」として、編著者がホーレーについて表した論述のうち、「宝玲文庫」に関わるものを中心に収録しました。

三、復刻にあたっては「原資料に対して無修正」を原則として、書き込み等もそのままとしました。但し、実際のインク・鉛筆色が赤・青・黒などとなっていますが、製版の都合で判別が難しいかもしれません。

四、欧文（横書き）の資料はページ順に従い、右開きとして製本しました。

五、原資料の寸法は様々ですが、A5判に収めるために縮尺率を調整しました。

六、底本の記録状態や経年劣化等により、読み難い箇所がありますが、御了解をお願い致します。

七、各資料には便宜的に番号を付しました。

八、第二回配本（全二巻）の内容は以下の通りです。

第五巻　関連資料01「ホーレー文庫蔵書展観入札目録」
関連資料02「フランク・ホーレー氏蒐集和紙関係文献目録」
関連資料03（巌松堂　評価目録）
関連資料04「美野田琢磨文庫図書目録」（漢字・欧文）
関連資料05（坂巻駿三「琉球コレクション」書抜）
関連資料06（伊波普猷文庫目録）「故伊波普猷所蔵研究資料（沖縄関係ノ分）」

以上

第六巻　「宝玲文庫」関係論文集　目次

フランク・ホーレーの家族のこと

フランク・ホーレーが遺した物は、収集した膨大な図書とその集書記録の一部、戦前における日本研究の論文と書類の数々、そしてタイムズの特派員として打電した記事約三千件と彼宛ての書簡類などである。しかし、自分の家族についての資料は、ほとんど残っていない。そこで筆者は、英国の誕生記録を求めて当地へ出かけることにしたのである。以下は、その時の覚書である。

ホーレーの生家

朝七時にロンドンの King's Cross 駅を出発した急行列車（Inter-City）は、なだらかな丘陵を幾つも越えながら北へ進み、約三時間後にダーリントン（Darlington）駅に着く。そこから次にミドルスブロー（Middlesbrough）行きの各駅停車に乗り換え、ソーナビー（Thornaby）駅で下車する。再び各駅停車に乗り換えて、ストックトン・オン・ティーズ（Stockton-on-Tees）へ向かう。ストックトン駅とダーリントン駅との間は、一八二五年に、スティーブンスンが最初に蒸気機関車 Locomotion 号を走らせた区間として有名である。ストックトン・オン・ティーズの駅から目的の町ノートンまではタクシーに頼るほかはない。その間二十分程である。

ノートン（Norton）はこじんまりとした、昔からの面影を漂わせる美しい町であった。小さな池を中心に、グリーン（The Green）と呼ばれる文字どおりの芝生公園が設けられている。その側には、十六世紀に建てられたという古い教会「St. Mary's Church」が、昔の姿のままに現在もある。町には三つの教会があるが、この「St. Mary's Church」が最も長い歴史をもっている。町の大きな道は、このグリーンから放射状に拡がっている。中央道路には郵便局・銀行・不動産屋・パン屋・レストランなど、町の機能を受け持つ商店が集中している。この道路を一歩外れると住宅区域となり、商店などは殆ど見かけられない。町の古道具屋で、往時のノートンの姿をとどめた写真を手に入れた。それを見ると服装や街路樹の様子に時代の差を感じさせるものがあるが、全体の様子はその昔と殆ど変わっていない。

ホーレーの生まれた場所Stanley Street 56番地は、このグリーンから十分ほど南西へ歩いたところに位置する。路幅のゆったりした両側に棟続きの煉瓦造二階建ての建物が並んでいる。ロンドンの郊外にある住宅では、前庭を持つ構えの建物が一般的だが、ここでは通りに玄関口がすぐに迫っている。ホーレーの生まれ育った56番地はこの通りを三分の二ほど過ぎた左側に位置している。表通りは新たに舗装され、立ち並ぶ建物のなかには壁を塗り替えた家も見られる。建物の裏にも路地が走っており、勝手口から裏庭を通って裏道に出られるようになっている。こちらは昔ながらの石畳が敷かれている。煉瓦・敷き石などは、昔からの素材そのままで、手が加えられていない。路面石には、馬車の車輪間隔と思われる窪みが見られ、往時が偲ばれる。

ロンドンでは、ホーレー家に関して公式に記録されている資料を集めた。英国には日本の戸籍のようなものはない。日本では出生から結婚・死亡・分籍などの記録が戸主を基本とした「戸籍謄本」に集約されている。戸籍は一定の人を中心とした親族的な関係の発生・変更・消滅の記録である。戸籍謄本を何代か遡って見ることにより家系を容易に確認できるのである。しかし英国では事情が異なる。出生・結婚・死亡の記録をその都度登録する制度が十九世紀初めから実施されるようになった。この制度では各個人の出生・結婚・死亡の登録がなされ、後日必要に応じて個別に証明書が発行されるという制度である。したがって、登録された年月日と住所が唯一の手掛かりとなり、これなくしては調査が出来ない。

そこで、ロンドンのＢＢＣ本社ビルの前に位置するGeneral Register Officeで、ホーレーの記録を遡った。分かっているのは、ホーレーの生年月日と出生地のみであった。タブロイド判の索引簿によって同氏名を探り、出生地の該当する記録を探る。そこには両親の名前・年齢・母親の前姓・両親の職業・出生場所と登録時の確認事項がある。今度はこれを手掛かりに、両親が結婚した時期と場所を推測し両親の結婚記録を探り、次にこの結婚記録を手掛かりに両親の出生記録と両祖父母の記録へと遡ってゆく。一件の記録を証明書として発行して貰うのに三日間を要し、その記録を基に次の記録を請求しさらに三日間。これらの作業を繰り返し行い、可能な限りの記録を集めてみた。次にこれを紹介する。

出生・両親・祖父母

ホーレー家の出生記録・死亡記録・結婚記録などを基に、彼の家族関係を見てみよう。Frank Hawleyは父Albert Hawley（当時二十九歳）と母Jessica Hawley（当時二十歳）との間に、長男として、母の実家で生まれた。兄弟姉妹はいない。一九〇六年三月三十一日のことである。父Albert Hawleyは一八七六年四月三日にDurham州のLanchester（Buruhope Holmside）において、その父William Hawleyと母Mary Elizabeth（旧姓Davey）との間に生まれた。一方、母Jessica Hawleyは一八八四年十月十九日に、Stockton の Atkinson Street 13番地において、

【ホーレーの家系】

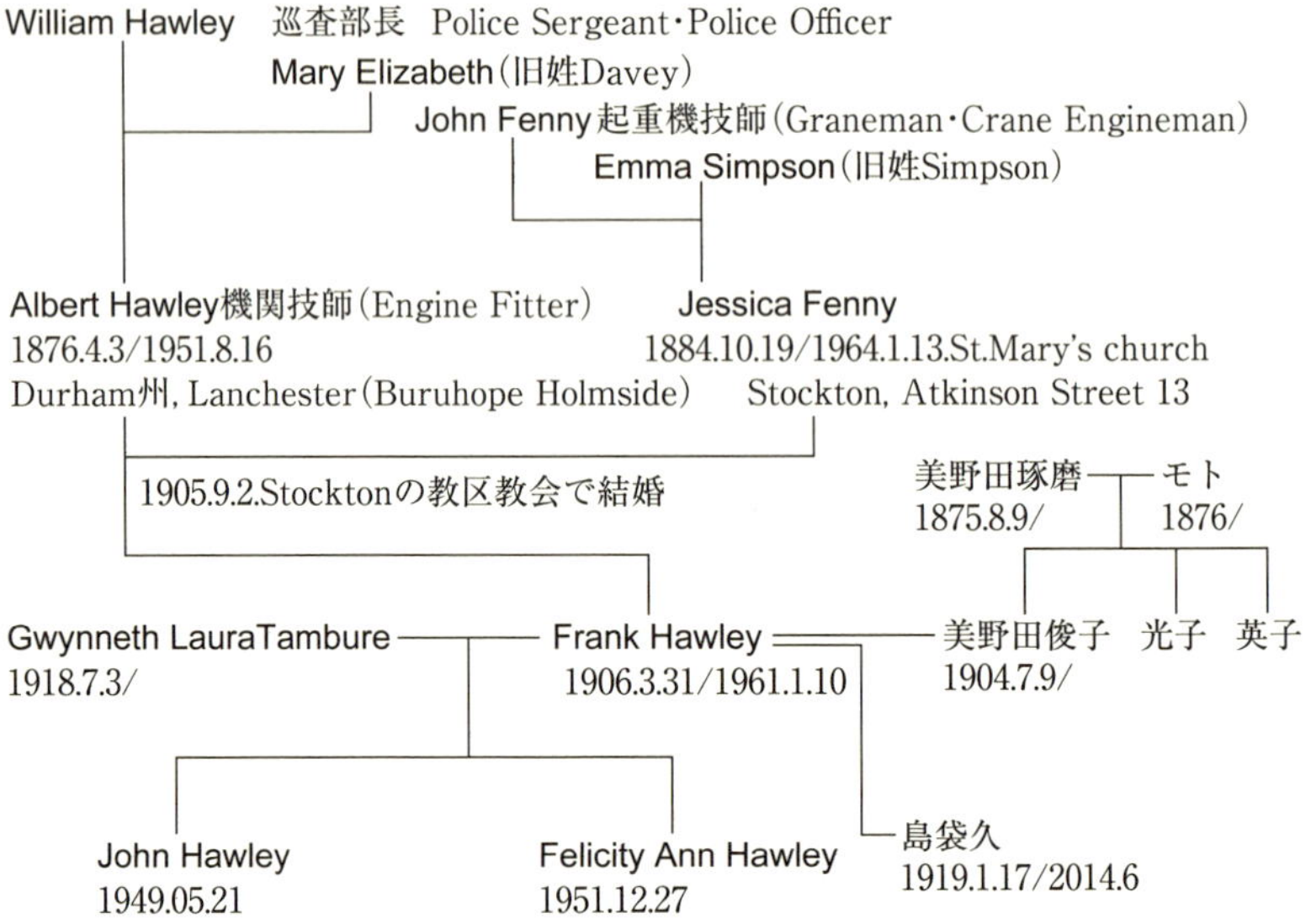

父John Fenny と母Emma Fenny（旧姓Simpson）との間に生まれている。ホーレーの父Albert の職業は機関技師（Engine Fitter）、また、父方の祖父であるWilliam は元巡査部長（Ex-Police Sergeant・Police Officer）。母方の祖父であるJohn Fenny は起重機技師（Craneman・Crane Engineman）と、それぞれの記録にある。両親のAlbert とJessica は一九〇五年の九月二日に、Stockton の教区教会において結婚式を挙げている。二人は、二十九歳と二十歳であった。

父アルバートは一九五一年八月十六日に七十五歳で亡くなっている。また、母ジェシカは、ホーレーの亡くなった一九六一年の三年後の一九六四年一月十三日に亡くなっている。ホーレーの死亡記事がロンドン・タイムズ紙に掲載されて丁度三年目であった。筆者は町の中央にあるSt. Mary's 教会を訪れた。埋葬記録を探った結果、ジェシカは火葬にされたことを知った。教会の一隅に名前と生没年のみ刻印された墓碑を見出したのであった。

ホーレーは英国の家族について多くを語っていない。今日知ることができるのは、母ジェシカがホーレーに書簡の中で伝えていることのみである。それは、ホーレーの研究業績をたたえる母の激励の手紙であるが、その中で、ホーレーの祖父は語学に長けており、かつて通訳をしていたこと、また、花のラテン語名を言えたことを記している。

後述するホーレーの自己紹介にある通り、彼の語学能力は天才的であった。リバプール大学におけるフランス語習得において、主席表彰を受けたことをはじめとして、フランス・ドイツへの留学、また英国時代にペリオ教授[1]に満州語を習ったこと、加えて、来日三年目にして日本語の研究論文を雑誌『文芸』『日本古書通信』『改造』などに次々と掲載したことからも明らかである。[2]また、日本語の会話も「姿を見ないで、話している声を聞けば、日本人と紛うほどであった」との証言もある。彼がその才能と、日本文化に対して向けた深い関心は、「外国人のための日本語辞書」や『簡易英英辞書』などの辞書編纂に発揮された。「文化の通訳者」でありたいとの願いを晩年まで持ち続けたのである。[3]

住所（ノートン）

家族の住居を記録項目によって探ってみると、次のようになっている。父方の祖父 William Hawley は、Lanchester（Buruhope Holmside）に居住し、父 Albert はそこで生まれている。その後、時期は不明だが、Hawley 家は Stockton 郊外東方の Britanica Terrace 5番地に移り、Albert が Jessica と結婚後、もしくは結婚と同時に Jessica の実家に近い Stanley Street 56番地に移り、ホーレーはそこで生まれた。

ホーレーの両親たちの仕事についても、記録項目には、母 Jessica の父である John Fenny の職業は起重機技師

(Craneman・Crane Engineman) とある。その住居がストックトン駅にほど近い場所にあることから、ホーレーの母方祖父は駅構内の仕事に携わっていたと考え得る。

フランク・ホーレーは自己紹介のなかで、両親について次のように語っている。

「父母は、父が亡くなるまで四十六年間ばかり、一緒に結婚生活を営んでいたわけですが、家庭は中流の家庭で所謂普通の家庭だったと思います。普通の典型的な中流家庭と比較すれば、母というのは大変学問が好きで、家に図書館をこしらえておったくらいです。この性質を私は受継いでいるように思います。又、母のイングランドの生家には三千巻からの蔵書があります。なお、父母は四十六七年間、時々は喧嘩もしましたが幸福な家庭だったと思います。

私は先ず地方の小学校に入学し、次に近くの町の中学校へ入学しました。その学校で普通のコースを、さらに上級の勉強を二年間して、その後英国政府から奨学金を得てリバプール大学に学び、同校仏文学科を最優秀の成績で卒業し、仏国と英国との両国推薦の下にフランスの大学で一年間勉強しました。当時私は、中央アジアの語学に興味を感じておりましたので、ペリオ教授のもとで中央亜細亜の語学を研究し、同教授の推薦によってドイツのベルリン大学に送られ、ベルリンの大学から帰ってケンブリッジ大学で中央アジアの語学を出たとき、その語学の教師に任命されました。私はロンドン大学で助教を一年間程つとめ、日本の文部省からロンドン大学に向けて二三人の英語の教師をほしいと言って来たとき、私は喜んで一九三一年十月頃日本にやって来ました。」(ホーレー談「裁判記録[4]」)

母のもとには三千冊の蔵書がある、と述べている。筆者がその家を訪れたとき、幸いにホーレーの昔を知る隣人と話すことが出来た。その話によると、母ジェシカが死亡した後、この家は無人となり、無残にも、他人によって無断で屋内から多くの書物が運び出されることが度々あったのを目撃した、ということであった。

妻子のこと

ホーレーの最初の妻は美野田琢磨の長女俊子であった。その出会いはホーレーによれば次のようであったという。来日した年の昭和六年のクリスマスに、美野田俊子は従兄弟松野正志の紹介書を持参して面会に来た。松野正志は朝鮮総督府鉄道局に属し、当時は日本郵船株式会社ロンドン支店に在職しており、ホーレーとは友人関係であった。（ホーレー談「裁判記録」）ホーレーの来日経路は、英国から大陸へ渡り、ロシア鉄道を経由して満州鉄道に乗り換え、朝鮮半島を通過する陸路であった。彼らはそこで知り合ったのであろうか。従兄弟との出会いについての記録は無い。また、俊子がかつて筆者に語ったところによれば、来日して早々にホーレーは虫垂炎を患い、横浜の病院に入院していたところへ、父（美野田琢磨）に言われて自分が見舞いにいった。それが、出会いであった、という。美野田琢磨は日本鉄道に関わり、台湾における鉄道敷設に貢献したという。二人の結婚は、昭和九年四月十一日であった。東京市本郷区元町で挙式し、帝国ホテル・グリルにおいて披露宴が持たれた。仲人は二人の居住していた「同潤会御茶ノ水文化アパート」の隣人であった長田秀雄であった。披露宴を終えると直ちに京都第三高等学校の御雇英語講師として赴任した。このことは当日の『東京朝日新聞』に紹介されている。(5) 京都、葉山での生活を経て再び東京へ。その後、日米開戦と同時に両人ともスパイ容疑で西巣鴨の拘置所に拘留され、ホーレーのみが英国へ強制送還されることになった。妻俊子は日本に残った。その理由について二人の言い分は微妙である。ホーレーは「俊子が日本に残した両親を案じて残留した」と語り、また俊子は「ホーレーが残留を薦め、敵国財産管理法によって接収された蔵書一万六千冊の保全を求めることを託した」という。二人は子供をもうけなかった。終戦となり、昭和二十一年に、ホーレーはロンドン・タイムズ紙の特派員として再び来日する。昭和二十三年二月五日、横浜の英国領事館で日本に残した妻俊子と協議離婚の手続きを行っている。

昭和二十三年三月六日、カナダ人グイネス・タンブールと再婚する。グイネスはドミニオン・スチール・エンド・コール・コーポレーション支配人であるハバート・タンブールの娘で、戦時中にホーレーが米国首都ワシントンで軍事関係の仕事をしていた時期に知り合ったものであり、ホーレーの後を追って来日した。グイネスとの間に長男ジョンと長女フェリシティーとがいる。

ホーレーは、昭和二十七年にロンドン・タイムズ特派員の仕事を辞めて山科へ転居する。これを機に夫婦は別居状態となり、ホーレーのもとには長男ジョンが、妻のもとには長女フェリシティーが引き取られ、子供たちもまた別々の生活となった。ジョンが生まれたときから、その育児役として島袋久がホーレー邸に勤めることとなる。昭和二十五年五月に、島袋はジョンの生まれた第四十九陸軍病院の看護婦長からホーレーを紹介された。島袋は沖縄県の出身で看護婦の資格は当然として、教養も深かった。以前から琉球に関心を寄せていたホーレーは、直ちにジョンの育児役を依頼した。この後、ホーレーの沖縄関係の人脈をはじめ、琉球についての様々な知識を深めて行くのに、この島袋の果たした役割は大きい。ホーレーの膨大なコレクションが、彼の死後に売り立てとなり、殆どが世界各地へ散逸したにもかかわらず、琉球関係のみが一括してハワイ大学の坂巻駿三のもとへ移ったのには、島袋の働きがある。(6) 山科にはジョンと共に島袋も同行し、ホーレーの晩年まで居を共にすることになる。山科での別居が始まると同時に、グイネスとの間には正式に離婚の問題が生じ、最終的に離婚は成立した。昭和三十六年一月十日にフランク・ホーレーは他界した。

註

（1）ポール・ペリオ　Paul Pelliot（1878-1945）

フランスの東洋学者。パリに生まれる。東洋語学校卒業後、ハノイのフランス極東学院の研究生、その後中国語教授となる。一九〇六年に、中央アジア探検隊を率いて、東トルキスタン各地を調査し、古文書・古写本・木簡・絵画・彫刻等を発見。とりわけ、敦煌の千仏洞では、多くの写本や文書を収集した。一九一一年よりコレージュ・ド・フランスの教授となる。のちに北京の公使館付武官となる。中国を中心に東南アジア、中央アジア、モンゴル、チベットなど諸地域の言語、文献、歴史、宗教、美術等に通じ、博学として著名。

（2）『文芸』・『日本古書通信』・『改造』

フランク・ホーレー「欧羅巴人の研究したる日本文学」『文芸』昭和八年十二月号、昭和八年十二月一日刊、一～二十二頁。

フランク・ホーレー「欧州に於ける書誌関係雑誌を記し併せて日本古書通信の前途を祝す」『日本古書通信』創刊号、昭和九年一月二十五日。

フランク・ホーレー「日本語の起源に就いて」『改造』昭和九年二月号、昭和九年二月一日刊、百四十六～百六十七頁。

フランク・ホーレー「竹取り物語を読みて」『文芸』昭和九年三月号、昭和九年三月一日刊、百～百七頁。

（3）『簡易英英辞書』・「外国人のための日本語辞書」

前掲拙著「フランク・ホーレーの日本研究と辞書編纂」『生活文化研究所年報』第九輯〔本巻収録〕及び「フランク・ホーレーと研究社『簡易英英辞書』の編纂」『生活文化研究所年報』第十輯〔本巻収録〕において、ホーレーの日本語辞書に傾けた情熱とその学問的意義について述べている。

（4）「裁判記録」

ホーレーは妻グイネスと対立が生じ、法廷における関連の証言記録が残されている。

（5）『東京朝日新聞』昭和九年四月十二日　夕刊第二面「英人ホーレー氏　宿望の国際結婚　美野田俊子さんとけふ挙式」

（6）ハワイのホーレーコレクション

フランク・ホーレー死亡のニュースが報じられると、この記事を見たハワイ夏期大学学長であった坂巻駿三は、直ちにホーレーの琉球関係図書を購入すべく行動を起こした。ハワイの沖縄県人会の協力を喚起し、大学内の予算を獲得して実現したが、このときに大きく関わったのは島袋であった。彼女の条件、すなわち一冊も散逸することなく、「完全に」「ホーレーの名のもとに」「分散されることなく」は守られ、現在もハワイ大学図書館に所蔵されている。

ホーレーの遺した蔵書のうち、和紙に関するものは天理図書館に、琉球関係についてはハワイ大学に移っていった。これらの事情と、その内容については拙論「ハワイ大学宝玲文庫「琉球コレクション」成立の経緯」「フランク・ホーレー「琉球コレクション」」「フランク・ホーレーと和紙研究」を参照されたい。

CERTIFIED COPY OF AN ENTRY OF BIRTH

GIVEN AT THE GENERAL REGISTER OFFICE, LONDON

Application Number Y 78801

REGISTRATION DISTRICT Stockton

1906 BIRTH in the Sub-district of Stockton in the County of Durham

No.	When and where born	Name, if any	Sex	Name and surname of father	Name, surname and maiden surname of mother	Occupation of father	Signature, description and residence of informant	When registered	Signature of registrar	Name entered after registration
287	Thirty first March 1906 13 Atkinson Street Stockton on Tees U.D.	Frank	Boy	Albert Hawley	Jessica Hawley formerly Penny	Engine Fitter	J Hawley Mother 13 Atkinson Street Stockton on Tees	Eleventh May 1906	Salmon Registrar	

CERTIFIED to be a true copy of an entry in the certified copy of a Register of Births in the District above mentioned.
Given at the GENERAL REGISTER OFFICE, LONDON, under the Seal of the said Office, the 25th day of August 1986

BXB 204898

Frank Hawley の出生証明

生家のある Stanley Street

母 Jessica

母 Jessica の墓碑のある St. Mary's Church

母 Jessica の墓碑（左端）

戦後来日の間もない頃、代々木上原の自宅にての Frank Hawley

戦前ＵＨ（University of Hawaii）文書に見るフランク・ホーレー

ハワイ大学の文書館には、大学関係の書類とともに関係者の書簡類も保管されている。その中に、第四代大学総長グレッグ・シンクレア（Gregg M. Sinclair）[1]の関係資料集があり、ホーレーとシンクレアとの往復書簡も含まれている。ホーレーから届いた書簡の原本に対照させて、シンクレアが差し出した書簡が控えの形で保存されているのである。ホーレーからシンクレアに宛てた書簡が、十三通。シンクレアからホーレーに宛てた物が、十通ある。その開始は昭和十二年一月十二日付のホーレー書簡で、最後は昭和十四年三月三十一日付のシンクレア書簡である。これらとは別に筆者の調査で得たものとして、昭和二十年六月二十六日・昭和二十九年三月一日・昭和三十三年十二月五日付のシンクレアの書簡が三通ある。[2]

ホーレーの自己紹介で始まった二人の関係は、蔵書譲渡の提案から親交を深め、お互いの事業計画を語り合い、ホーレーのハワイ大学就職の交渉にまでに展開してゆく。ハワイ大学組織の充実をはかろうとするシンクレアと、雇い外国人英語教師の職を離れ、自分の理想とする辞書の編纂に向かう中で、中傷や軋轢に悩まされたホーレーの心境、ハワイ大学との交渉において指摘された客観的な業績の評価、さらに、研究生活の状況、戦争状態に向かいつつある当時の様子がこれらの書簡によって明らかにされるのである。

1．二人の出会い

二人の関係は、ホーレーのシンクレアに宛てた問い合わせの書簡から始まった。昭和十二年一月十二日、友人の米国人ファース（Dr. Charles B. Fahs）[3]を経由して、自分の所蔵している『日本アジア協会会報（Transactions of the Asiatic Society of Japan）』を一括して提供することを申し出た。この書簡には、ホーレーの自己紹介と、所蔵している全集の特徴や装丁、付属する別冊図書の内容が詳細に説明されている。とくに、この『日本アジア協会会報』が貴重で、全巻にわたって完全に揃えることがいかに困難なことであるかが綿々と述べられ、図書の収集に執着した蔵書家の気持ちがよく伝わっている。文面には、次のように記されている。

「私の友人ファースとその他の人から、貴殿が東洋に関する欧文と東洋言語の大きなコレクションを作り上げているということを、興味深く聞いています。わたくしは、全く完全な形の『日本アジア協会会報』初期版の一～五十巻、「古事記索引」などのすべての別冊を含み、全体の四分の三については背と端をモロッコ皮と天金で装丁したものを所有しています。全集は京都帝国大学や東京帝国大学においても慎重に集められていますが、完全でないばかりか、別冊は含まれておりません。最初の三～四巻を除いて、すべて原装の表紙が丁寧に該当個所に張り込まれています。そして、第七巻の一部分が例外的にファクシミリ複製によって補われています。

わたしのセットは現存する最も優れたものの一つで、現在の状態にするまでに四年かかって収集したのであり、完全なものにするために八十巻近くも購入しなければなりませんでした。それらの殆どが、調べて見ると不完全なものだったのであります。」

さらに、この全集を手放す理由と希望価格、そして自らの信頼性について、ホーレーは次のように記している。

「私は現在、古語と現代語双方の、漢字の索引を付した、大部の和英辞典の編纂に着手しています。そのため私は主に原典を用いているので、極めて貴重なものではありますがこの会報をもはやあまり必要としません。この理由で、評価し研究に役立ててくれる機関に譲ることを希望します。価格は千ドルであります。

もし購入なさりたいならば、東京のアメリカ総領事宛てに送金して頂けないでしょうか。私とは面識があり、総領事がセットの送付に対して支払ってくれるでしょう。領事館に手紙を書かなければならないため、そちらには少しご迷惑かもしれないが、あまりご迷惑でないならセットの購入に際してはそのようにして頂きたい。

私は東洋学の発展に極めて強い関心を持つものであり、Sir George Sansom が私の辞書の仕事を励ましてくださったことを申し述べたい。貴研究所が大きく発展し東洋と西洋の相互理解に多大な貢献をされることを心から望みます。[4]」

この時、シンクレアの正確な肩書と氏名を知らず、「東洋研究所所長殿」とのみ記している。さらに、この書簡が友人のロウランド[5]に託されてシンクレアに届いたことが、一月二十七日付のシンクレアの返信によってわかる。[6]

このホーレーの譲渡の提案に対して、シンクレアは丁寧に購入を辞退している。文面はゆとりのある暖かい感情にあふれ、シンクレアの人柄をよく示している。要約すると、探していた『日本アジア協会会報』は、原田助[7]がロンドンで購入したこと。さらにその金額は、ホーレーの提示した金額の約半額の五百五十ドルであることが記されている。また、東洋研究所の紀要を同封するとともに、先にホーレーが自己紹介の中にふれた「大きな日英辞書」に期待するとも記している。

しかしこのシンクレアの書簡は、ホーレーの手元には届いていないようだ。その理由は、次のホーレーからの書簡によって明らかである。前述のとおりホーレーは、京都の第三高等学校のお雇い英語講師を一年で退職し、妻俊子の関係で葉山に転居したが、しばらくして東京へ再び転居した。葉山に移ったのは京都の教員官舎を出た直後と考えられる。東京牛込の「同潤会江戸川文化アパート五十九号室」に入居したのは、昭和十一年十二月十六日である。[8] ホーレーが手紙を出したのが東京に転居した時期であり、ホーレーが説明している売却の理由に加えて、住宅問題もあったと推測される。

前年の昭和十一年十月十三日付の新聞記事で表明されたように、ホーレーは国際文化振興会の主催する「皇紀二千六百年の三大事業」としての辞書編纂に取りかかっている。またホーレーは、同年二月に研究社と『簡易英英辞書』の校閲と項目執筆の契約を結んでいる。[9] ホーレーにとって、居を葉山から東京へ移し、新しい仕事に取りかかり、研究社との契約を得て、心機一転の時期であった。

シンクレア書簡の返信は、転居した後の葉山宛てのものとなっていた。一方で、返事を待ちかねたホーレーは、再びシンクレアに前回とほぼ同じ内容の第二信を二月二十日付けで書き送っている。最初の書簡を送った後、複写で補完した箇所の巻を原本で補ったことを、「先月お手紙した後に、この部分の原装のままの初版本を英国から取り寄せて補い」、装幀は「著名な草人堂」の手になることを記している。今日、ホーレーの蔵書本は上質でさらに保存の状態が良いことで定評がある。それは、同じ書名の物でも関心のある物は重複して買い、良い物を手元に残ししている上に、帙を欠いている物は特注して補い、破損している本は綴じ直しや装幀の仕直しを施している故である。第二信に加筆されている箇所で興味深いのは、ホーレーの関わっている仕事の内容と売却の理由である。次のように記している。すなわち自分は「語学を学ぶ外国人のための大部な日本語辞書の編纂」にあたり「『古事類苑』のような高価な日本語の文献」を得るために、「『日本アジア協会会報』を評価してくれる機関に売却したいと望んでいる」と述べている。そして、自らの仕事への評価を、ジョージ・サンソン（Sir George Sansom）から得ている、と書き加えている。[10]

さらに続けて、次のように経済状態を説明している。

「私は語学を学ぶ外国人のための大部な日本語辞書の編纂に従事しておりますが、現在いかなる経済的援助も受けておらず、自助の状態であることはお解り頂けると思います。このことはおそらくMr. Ackerから聞いていらっしゃると思いますし、あるいは私の研究を初めから励ましてくださったSir George Sansomからもお聞きかも知れません。私の辞書のために、今は外国の文献よりも『古事類苑』のような高価な日本語の文献が必要なのです。それ故私は、『日本アジア協会会報』を処分し、このような書籍を購入したいと望んでいるのです。しかし私はこれを評価してくれる機関に売却したいと望んでいるのです。Dr. Fahsは貴機関を勧めてくれましたし、Sir Georgeも貴機関がこれに興味の無いことは無いだろうと考えています。

貴方のご決定を早い時期に頂けないでしょうか。というのも、私の辞書の第一巻を刊行するために出来るだけ早く文献が必要だからなのです。[11]」

二人の書簡が入れ違いになって行き来した。その三月十七日付のシンクレア書簡には、前回と同様に全集の購入を辞退するとともに、シンクレアの東洋研究所事業の構想とその熱意、そしてホーレーに対する強い興味が記されている。アッカーの紹介で知ったホーレーの研究内容とその業績は、「自分たちが目的としている仕事と同一で、是非共に協力しあいたい」とある。そして、夏に東京で会えることを期待している旨が書き添えられている。

2. シンクレアとの対面と、二人の親交

ホーレーはシンクレアに、面談を乞う短い書簡三通を、滞在のホテルに送っている。シンクレアの日本到着を開いたホーレーは、「昼間以外ならどんなに早くとも遅くとも」是非に会いたい、と八月六日付書簡に記した。連絡が取れなかったせいか、翌九日に再度同じ内容の短い書簡がある。その結果、八月十四日金曜日朝七時半から八時の間にシンクレアを訪問することの約束が交わされた。初対面の後にどのような内容が話されたかは不明であるが、その後の九月三日・六日付けのホーレー書簡、さらに帰国してからのシンクレアの対応が、その関係の充実を示している。とりわけ、前書においては、ホーレーは自らの研究について詳しく述べ、ハワイ大学への就職を強く求めている。

『花伝書』と能の技術に関する後の世阿弥の諸小品の拙訳を出版しようというお申し出、有難うございます。ご承知のように、それらは最も古く最も重要な劇作法を成しております。しかしながらそれらは事実上西洋には未紹介で、私の知る限り、自身の能楽の本の序文を翻訳する中で多くの抜粋をしている Waley（Arthur Waley）が、それをなしている唯一の研究者です。劇作法上、それらは多くの人にとって極めて興味深いものだと確信しています。それらはおよそ五百年前の日本語の一種の半口語体で書かれており、幾つかの極めて興味深い複雑な形を含んでいて、言語学的にも貴重なものです。私の仕事が進み次第、喜んでこの件についてご連絡致します。私の仕事が貴大学の名のもとに出版されることは、大変名誉なことです。

極東に関する、よく知られていると同時に学術的な書物を、五十巻ばかりのシリーズで刊行しようというお考えは、素晴らしいものだと存じます。その実現のためにどのような形でもお役に立てれば心から嬉しく思い

ます。シリーズに付け加えるものとしてお勧めするのは、（1）日本語の概説史、（2）日本考古学、（3）能の解説、（4）日本の神聖な舞踊である神楽、です。平井氏（平井平四郎）とは旧知の間柄ですが、印刷出版会社である三省堂の出版部門の主任をしており、英語に堪能で本をヨーロッパ諸言語で出版することについて良く知っております。日本でシリーズを出版するための折衝を、喜んでお引き受けします。このような折衝でしたら、いつでもご遠慮なくご依頼ください。助言申し上げるのが失礼でなければ、勿論部分的なものですが、次のように提案させて頂きたい。ハワイにいるあなたのような日本研究者にとって、アメリカ人やヨーロッパの人によって書かれた本をできる限り集めるのは良いことでしょう。ご存じのことと思いますが、私は Dr. Fahs から聞いたのですが、振興会がシカゴ大学に基金を出して日本研究の講座を創設するつもりだった時に、その長は日本人でなければならないことを条件にしました。そして私の場合には、私の仕事に満足すれば如何様にも変更する権利を有すると主張しました。このように、より良き学識を得るために彼らはこのような宣伝活動を常にしているのです。

ファン・グーリック（Dr. Robert van Gulik）、オランダ公使で仏教と中国に関する極めて優れたオランダ人研究者について、お話したことを覚えていらっしゃるでしょう。彼は極東の馬神研究と多数の題名の本の著者で、近い将来、彼の中国の硯に関する研究が北京の Hensi Vetch から出版されることになっています。彼は、文学に関連する中国のすべてのレアリエン（硯、印、筆、書斎道具、紙、中国の楽器）について極めて博識で、中国のリュートに関する現存する文献と写本の最も優れたコレクションを有しています。前にも申し上げたように、彼は貴方のシリーズのために一～二冊の優れた本を、特に音楽と楽器について、書くことが出来るのは確かです。

御蔵書の中に、P・ルイス・フロイスの、Die Geschichte Japans（1549-1578）, Leipzig 1926を、お持ちのことは疑いもないと存じます。これはフロイスの『日本史』の一部に過ぎず、他の部分は二～三百年間失われたままでした。しかし最近、ドイツ人イエズス会士によって発見され、写真に撮られ、私の友人の一人であるポルトガル領事J. A. Pinto（東京市中野区本町通五丁目三十二ポルトガル領事館内）へ送られてきました。彼は立派な古文書学者で、原文を解読し、著名な学者である岡本良知の日本語の序文を付して原本どおりに刊行していて、私が同じものを英語に翻訳しました。彼は印刷の経費を支払うために小さな会を作ったところで、各会展が五十円を出し合って四十部か五十部だけ印刷する予定です。もし貴図書館にお入り用なら、彼に言って一部送らせます。あるいは貴図書館が直接手紙を書いてもよろしいです。出版の時期はこの年末頃です。定評として徳川の歴史を知る必要条件です。

日本で教えるためにロンドン大学から初めて来て（昭和六年、一九三一年）以来、私は日本について一生懸命研究し、日本語と日本文化について多大な良質の知識を有していると言ってよいと思います。

一年半ほど前、アッカー（Acker）氏から私がハワイで教職を得ることの可能性について貴方と話し合ったとお聞きしました。その時から私の研究はかなり進み、以前より知識も増えております。私は貴大学で教鞭をとりたいと願っており、もし貴方が私の立候補を考慮して下さるならば大変有り難いと存じます。もし私にポストを頂けるなら、私の仕事に失望なさることは無いと存じますし、ご満足ゆくように最善を尽くします。現在私はかなりの人並みの生計を稼いでおりますが、多くの時間を取られるので思うように早く自分の研究を進めることができません。教えることが実を結ぶばかりでなく、自分の研究がもっと早く進むようなポストを得られたら本当に幸せに存じます。アッカー氏が一年半前に話してくださった時点では、貴方の基準に私が到達しているとは思いませんでした。しかし、その時点から私の研究は長足の進歩を遂げておりますので、私の件を考えて頂きたく存じます。日本研究には将来性があると心から思っており、私は仕事を続けるためにかなりの犠牲を払っています。快適な環境で教授し研究することが私にとってどんな意味を持つか、またその機会をどんなに有り難く思うか言葉に表すことが出来ません。先日、お目にかかることが出来たとき、この件についてお話ししたかったのですが、既にご親切にも私の仕事の出版を引き受けて下さっていたので、それ以上お願いすることが難しかったのです。私個人の利益のためだけにならば貴方にお願いすることは私にとって非常に困難ですが、貴大学の東洋研究の進展のために本当に何か出来ると思うので、無礼を顧みず私をポストの候補者として考えていただきたいとお願い致します。私の資格について自分自身で述べることは望みませんが、喜んで著名な研究者からの推薦書をいくつか集めます。

ハロルド・パレット（Sir Harold Parlett）が私の英和辞典に下さった講評について述べさせて頂きます。私の辞書の仕事に極めて高い評価と暖かい推薦を下さった手紙を有しております。これは私の四百頁に及ぶ原稿を極めて綿密に検討した後にお書きになったのです。私は日本書誌学にある程度の知識を持っておりますので、貴方の蔵書を築き上げるのにお手伝いできるでしょう。

もしこちらでの最後の数日がそれほどふさがっていらっしゃらないならば、勿論喜んでもう一度お会いする約束をしたいと思っております。そして貴方のお仕事についてもっとお聞きしたいし、私に何かお尋ねがあればお答えしたいと存じます。[12]」

ホーレーは自分の研究である「花伝書と能の技術に関する研究」の出版について、シンクレアが引き受けたことに感謝し、さらに東洋研究所の出版計画に自分の企画を提案している。この時期にホーレーは能の花伝書に関する研究「能書について」(「Some Recent Books on 能 Nô」)の一部を『Monumenta Nipponica』に発表している。[13]

ホーレーが編纂中の「英和辞書」とは、「外国人のための大日本語辞典」であり、国際文化振興会の編纂事業として位置付けられたが、刊行されていない。辞書の内容について、日本人英文学者による痛烈な批判を受け、ホーレーはこれに反駁した。三省堂出版部の平井平四郎との関係をここで述べているが、編纂中の辞書の出版は三省堂を予定していた。ホーレーの手元に残されたこの辞書の版組見本と平井平四郎からの書簡、さらにホーレーが匿名の批判者に示した反駁文にある「日本の大手の出版社」とは、この三省堂である。[14] ハワイ大学東洋研究所で「極東に関する、よく知られていると同時に学術的な書物を、五十巻ばかりのシリーズで刊行」の企画については、実現したかどうかは不明である。

ホーレーとグーリックとの親交は深い。グーリックとは来日初期からの付き合いであるばかりでなく、「宝玲文庫」の命名者でもあり、書庫に掲げられた扁額の書家でもある。[15] この書簡にあるサー・パレット(Sir Harold Parlett)の他に、サー・ジョージ・サンソン(Sir George Sansom)の推薦書をホーレーは得ている。[16]

3. シンクレアの駆け引き

帰国したシンクレアは、直ちにホーレー受け入れの人事へ向けて動いている。翌年、昭和十三年二月九日には、シンクレアは学長であるクロフォード(David L. Crawford)に対してホーレーを採用することを提案している。しかし、ホーレーと取り交わした条件とは微妙な違いがあった。学長にあてた提案書には次のようにある。以下に要約する。

「1. 私はフランク・ホーレーを、九月より年俸三千ドルと旅費三百ドルで、東洋研究所の日本部門に迎えることを提案する。

2. 日本で会見したすべての人が、ホーレーの研究者としての能力を絶賛している。現在彼はある研究作業に従事しているが、それが出版されればそれは世界に貢献する。彼はまた我々の世界の原典と翻訳の出版計画についても関心を示している。五年以内に、以下の著書を出版することを確信している。

「日本語の概略」（An Outline of the Japanese Language）

「能と神楽の概説」（An Exposition of No and Kagura）

さらに研究書としての辞書編纂について言い添える。ホーレー氏は日本語での日本文学、英語での日本文学の授業を担当することができる。

五年前に東洋から帰国し、ワシントンの Free Art Gallery の研究員として語学と美術を研究しているアッカー氏には、将来東洋研究所の大学院を手伝ってもらいたいと考えているのだが、彼はホーレーを大変高く評価している。アッカー氏はその日本語の能力故に、語学を学んでいる者に対して一定の基準を示してくれる。「確かにパーキンス（P. D. Parkins）氏は良い、しかしアッカー氏ほどではない」という言葉は良く耳にする。アッカー氏はラーダー（Johannes Rahder）氏の現在の世界的な名声を除けば、ホーレー氏を彼の後任として推薦している。

3. 東京のオランダ大使館書記のグーリック氏はラーダー氏とアッカー氏とに面識があり、ホーレー氏が我々のスタッフとして加わるのは順当であるという意見を告げるために、私を昼食に招いた。

4. 私は彼に電報を打った方がよいと思う。したがって、次期の名簿と東洋研究所の紀要には彼の予定を書き込もうと思う。(17)」

すなわち、アッカーとグーリックの強い推薦を裏付けとして、日本文学の教授として年俸三千ドルと三百ドルでハワイ大学東洋研究所にフランク・ホーレーを迎えたいという提案である。

この日付の翌十日に、シンクレアはホーレーに次のような書簡を送っている。学長クロフォードとの間で具体的に討議した結果、講義の条件を提示した上で、学長の意向としては一点問題となるところがある、という内容である。

「先日クロフォード学長と貴殿の東洋研究所日本部門における任用候補について会議を持ちました。クロフォード学長は好意的な印象を持たれていたようです。彼に貴殿の履歴書を見せたところ、貴殿が学位を持っていないということを残念がっていました。彼に貴殿が将来的に学位を取得できる仕事をしているかどうかについて尋ねられましたが、私には答えられませんでした。

クロフォード学長は今夜船便で貴殿に書簡を送りますので、この書簡の届いたあとに到着するでしょう。私は貴殿と東京で話し合った給与条件を彼に提示しましたが、彼は給与表を作成しており、私にはどのようになるかは申し上げられません。私は貴殿が我々の仲間に加わってその能力を学長に証明してもらいたいと切に望みます。給与についてさらに申し上げます。実際にここに来てくれさえすれば、貴殿の評価は直ちに認識されるからです。私は貴殿に、十分な研究時間を確保した上で、日本語での日本文学の講義と英語での日本文学の講義、そのほか貴殿の望む講義を持ってもらうつもりです。以上がクロフォード学長に提示した内容です。意に添ったかどうか、すぐに電報で知らせてほしい。なぜならば、次の東洋研究所紀要に構成員として貴殿の名前を載せる必要があるからです。

ラーダー博士はこの九月にはいませんが、我々は彼に二～三年ごとに継続して来てもらうように希望しています。[18]」

これに対して、ホーレーは即答していない。続けて、シンクレアは回答催促の書簡を送っている。

「ホノルルへ来るかどうかの決断に至っていないにしても、まだこの話が生きていることを教えてほしい。当然ながら、貴殿に来てほしいし、貴殿を迎えられればとても嬉しいことです。」

「中国部門が整って設置されたことを知らせたい。日本部門はそこまで出来てはいないが、今から二〜三年以内に完成させたい。Ｓ・木村博士はもう一年延長します。国友（国友忠夫）と坂巻（坂巻駿三）が留学先から帰国し、さらに貴殿に加わってもらえれば、我々の日本部門はしっかりするであろう。どうにかして来て頂きたい。いずれにしても、返事を待ってます。[19]」

すなわち、日本文学を日本語・英語の両方で講義し、さらに希望の講義をしさえすれば研究条件は保証するが、学位が無いので東京で打ち合わせた給与条件は達成できない、というのである。

これに対して、ホーレーは長文の返事を書いている。

「親展

二月十日付のお手紙ありがとうございました。御返事申し上げるのが大変遅れましたが、お詫びの気持ちをどうぞお受け取りください。なんと申し上げたらいいか分からず、様々にお尋ねをするのと最終的に自分の気持ちを固めるのに長い時間がかかったのです。私のためにして下さったことにたいへん感謝しており、お手紙の中で私について大変ご親切におっしゃって下さったことを特に有り難く思っております。

本日学長にお手紙し、貴方のスタッフの一員になりたいとは存じますが御提示の給与では申し訳ないけれど行くことは出来ない、とお知らせしたところです。

国友氏から、二百二十五ドルで生活するのはとても難しく、しばらくの間は貧しい状態になるだろうといわれました。貧しくなるのならば多くの利点のある日本で貧しくなるほうが良いと存じます。非常に優れた学者と接触できますし、本当に良い蔵書を見に行けますし、もし本当に金詰まりになったら、頼ることは好みませんが、義父からいつでも幾らかのお金をもらえます。Acker 氏がお話したと思いますが、数年前私は愚かにもかなりのどん底に陥りました。二年間の非常に厳しい努力の後にこれの殆どを払い、今のところ少なくとも余裕が出来たところです。このようなわけで、新しい国で少ない給与でスタートして再びこのような危険を犯すことに気が進まないのです。

私は学長に、三百ドル（月額）と旅費を出してくださるようお願いしました。これでも、ラーダー氏よりだいぶ少ないと思います。ハワイに相当な期間止まりたいと思いかつハワイに業績をもたらす仕事をなそうという者に、なぜ客員教授より少なく支払われるのかが私には本当に分からないのです。しかしながら、すべては学長の手の中にあって決めるのは彼なのです。おそらく、七十箱の書籍（一箱百ポンド）が私の手荷物の一部となるでしょう。葉山を離れるとき、六十箱前後ありました。なかでも『古辞類苑』六十巻と『太平御覧』百三十六巻などを購入しております。

現在、沢山の仕事とその一部のあるものがすぐにも出版の準備が出来ているところです。私の英英辞典（15％は日本語）は全部印刷されており（千二百頁）七月に刊行されることになっています。この種のものとしては日本で刊行される最初のもので、私見では Thorndike などよりずっと優れております。こちらの文部省の見解によれば、需要は多いと思われます。メソッドの研究で二つの Ph. D が得られるものと確信しています。解釈する言葉ばかりでなく解釈する言葉の意味をも限定し、訳語等を選択するメソッドです。Ph. D のレッテルが人の学識を証明するものとは認められませんし、学長にもそう書き送りました。ともかく、この英英辞典は単独で博士学位に値すると確信しています。

この年末までに世阿弥の『花伝書』かまたは私版『本革倭名』（平安の医学資料）を済ませるつもりで、来春までには両方とも終わらせたいと思っています。私は次のための資金不足に阻まれております。国内の異なる処にある写本の写真を手に入れるために五百円が必要です。私は七十円で写しましたが、七十円を払うことが出来ないのがしばしばです。

昨夏お目にかかったとき、出版資金を入手して世阿弥の能について出版を企画しているとおっしゃったのを覚えていらっしゃいますか。この企画がまだ続いているのかお教え願えませんか。もしそうなら、私は医学資料の出版資金を自分で手に入れることに専念するつもりです。

この手紙があまり長くなってはいけません。私はとてもハワイに行きたいと思っておりますが、この件はいま学長の手の中にあります。

あなたの多大なご好意と私へのご信頼を本当に有り難く思っていることを申し述べさせて下さい。

今年また日本へいらっしゃるとお聞きしています。またお目にかかれるのを楽しみにしています。妻もよろしくと申しております。

追伸、こちらで出来ることがあればお知らせ下さい。[20]」

丁寧で、言葉を選んでの慎重な長文の親展書簡である。この中で、シンクレアの好意に十分に感謝しながらも、給与条件を交渉した書簡を学長に送ったことを知らせている。学長の提示は三千ドルと三百ドル。これに対して、ホーレーは三千六百ドルと旅費の要求である。旅費を実費としたのは、彼の蔵書量が問題となり、とても三百ドル程度の赴任手当では間に合わないからだ。友人の国友（George Tadao Kunitomo）からも情報を得て、提示された条件では生活の成り立たないこと、どれだけ蔵書を揃えることに苦労しているか、そして学位に値する業績を築きつつあることを綿々と書きつづっている。また、ライデン大学からの客員教授ラーダー博士との給与の格差についても指摘している。[21]

この書簡を受けたシンクレアは四月十八日に、学長に対して、「George T. Kunitomo（国友忠夫）の情報」を示して、給与条件の再交渉を行っている。そこでは、ホーレーは十分にその気であるが、彼の妻が生活のことを気にして同意しないと国友の文章を引用して述べている。さらに、ホーレーは毎月四百円の生活を送っているが、それは四百ドルに値し、これらのことはホーレーが学長に書き送ったとシンクレアのメモにある。[22]

しかし、その二日後、学長からシンクレアに対して、ホーレーからの返答は何もないという内容のメモが回った。決定が迫られ、ついに学長の結論が示された。両者の間に立っているシンクレアは、翌月の五月十四日、大学としての最終判断をホーレーに伝えている。赴任条件が受け入れられなかったことの残念さを表現し、学内的な給与基準の存在と学位の有無による条件の差について述べ、さらにホーレーが例示したラーダー博士のことに言及している。

「ラーダー博士の場合と比較することは出来ない。疑いもなく貴殿はライデンから迎えているラーダー博士に匹敵する国際的な業績を積む可能性があるのだが、彼はすでに名声を得ており、学位を有し、沢山の出版された業績を持っている。これらのことを学長は考慮しているのです。」

「現時点では、月に三百ドルと旅費実費の条件には可能性がありません。[23]」

そして、優しい言葉を重ね、早く加わって実力を示し、給与条件を改善することを勧めている。加筆して、この七月の七日八日頃に訪日し、帝国ホテルに滞在することを伝えている。このようにしてフランク・ホーレーとグレッグ・シンクレアとのハワイ大学東洋研究所への就職交渉は終わった。

4．その後の親交とホーレーの就職

一九三八年夏、シンクレアは来日し、帝国ホテルでの面会を求めた書簡をホーレーは送っている。翌年三月二十日、ホーレーはシンクレアに就職状況についてその現状を書き送っている。そこには、数週間前にロンドン大学のＳＯＡＳ（School of Oriental and African Studies）の主任として要請され承諾したこと、昨年の秋にミシガン大学に応募したこと、前者は教授格ではなく講師「Reader」であるが、研究費以外の給与は教授格と同等であること、ミシガン大学のほうは条件と給与が良くなかったことなどの、その後の就職報告となっている。また、この文面からホーレーの人間関係を知りうるのである。

「昨夏お会いできたことを嬉しく思っております。ご出発のときは失礼しました。本当に良いご旅行であったことを願っております。

数週間前、School of Oriental Studies の日本部門の主任になるよう要請を受け、その職を受けました。私の肩書は“Reader”で“Professor”ではありませんが、研究費が無いだけで給与は殆ど同じで、十月に仕事を始めるつもりです。昨秋、ミシガンでの仕事の打診を受けましたが、給与と条件が良くありませんでした。ロンドンの仕事は三年間の契約です。

今朝、来るべき戦争を考慮してすぐにも出発するよう促す電報がロンドンから届きました。こちらには解決しなければならない込み入った用事が沢山あり、また行く前にもっと沢山の本を手に入れたいので、九月までは待つようにしたいと思っています。勿論、我々は途中で魚雷で爆撃されてたどり着けないかも知れませんが、それは"Sikataga nai"ではありませんか? ロンドンではイセモンガー(Comader N. E. Isemonger)氏や吉武(吉武三郎)氏が助けてくれます。

残念ながらこちらでの国友氏の本の書評はあまり良いものではありませんでした。しかしながら実際にずさんな仕事なので、論評は正当なものだと思います。努力しさえすればもっと良いものができたでしょう。

坂西さんと私はD・カー(Denzel Carr)に、私に彼の論文を検討させるよう主張しましたが不成功でした。私は気にしませんが、彼は我々の手紙に返事さえよこそうとしませんでした。彼女は喜ばず、とにかく博士論文の95%はひどいものだと見ていると言います。カーは彼の論文を私に見せることを恥じることはありません。しかしそれは何でもありません。カーは彼の中国に関する彼の長い論文が、日本語に訳されて小さな本になっていることを知っているだろうかと思います。多分知っているのでしょう。

グーリックは猩紅熱にかかって二ヶ月隔離されています。私は彼に面会に聖路加病院へ行き、外科医のように全身白い被いにくるまれて、顔中マスクをして、あとで消毒されました。

先日、クロフォード博士からとても良い手紙を頂きました。どうか彼によろしく、そしてこんなにひどい筆不精で申し訳ないとお伝えください。貴方が早く出版資金を得られるよう願っております。

妻が"Yoroshiku"と申しております。彼女は英国に行くことを楽しみにしております。九月まではこちらに居るつもりです。九月以降は、もし何かご連絡下さることがあれば、次の住所にお願いします。

56 Stanley Street, Norton, Stockton on Tees, England

ロンドンで住所が決まりましたらお知らせします。もしご迷惑でなければ、紀要や他の出版物を定期的に頂けたらと思っております。[24]」

ロンドン大学は日本との開戦に向けて、日本語を十分にこなすための教育機関としての課程を設置した。この時期ここで日本語を学んだ人たちは、戦時中は戦地において通訳や情報活動に従事し、戦後は大学や英国放送局などの部門において日本への理解を広げるために貢献している。イアン・ニッシュ（Ian Nish）教授、ルイス・アレン（Louis Allen）教授、大英博物館のケネス・ガードナー（Kenneth Gardner）氏は、筆者にホーレーから日本語を学んだことについて語ってくれた。アメリカにおいても同様の日本語教育機関が設置され、ドナルド・キーン（Donald Keene）やスタットラー（Oliver Statler）、サイデンステッカー（Edward Seidensticker）などはそこで日本語を学んだのである。ロンドン大学の日本語教育については、大庭定男の『戦中ロンドン日本語学校』に詳しい。[25] Isemongerや吉武（吉武三郎）はロンドン大学のスタッフである。特に吉武三郎は、ホーレーが一九三四年（昭和九年）にリバプール大学へ修士学位の請求論文を提出した際に審査に加わった人物であり、ホーレーも晩年まで、吉武のことを親しく語っている。吉武三郎については、拙論「フランク・ホーレーの日本研究と辞書編纂」『生活文化研究所年報』第九輯を参照されたい。[26]

「坂西さん」とは坂西志保を意味している。坂西志保は、明治二十九年に北海道で生まれ、独学で英語の検定試験に合格し、渡米しホイートン・カレッジに入学・卒業（大正十四年）、翌年にミシガン大学大学院で英語科の修士号取得。生物学教授の助手として調査活動。昭和四年には、ミシガン大学からアイルランド問題の論文で博士号取得。翌年、米国議会図書館に中国文献部門助手として就職。昭和七年には、オリエンタリア部門の日本資料責任者となる。昭和十二年、ミシガン大学極東研究所で日本文化を講義する。この年、図書資料収集のため日本に出張、日中戦争勃発により四週間で帰米。翌十三年、議会図書館オリエンタリア部日本課初代課長となる。昭和十六年十二月七日午後五時、日米開戦にともない連邦警察に連行され、収容所へ送られる。翌年六月二十六日捕虜交換船で出国、八月二十一日に浅間丸で横浜へ帰国、外務省嘱託となる。戦後は日本において、数多くの出版・翻訳活動を行う。昭和五十一年一月十四日神奈川県大磯で永眠。享年七十九歳。(27) 坂西志保が帰国していた時期にホーレーは東京に居住している。坂西とホーレーの経歴はよく似ている。ともに努力の人で、日本文献を専門として、開戦と同時に逮捕・拘留、交換船により強制送還された。

「国友の本」とは、前年昭和十三年に北星堂から出版された『Japanese Literature since 1868』を示している。

三月三十一日に、シンクレアは、ミシガン大学も良い大学だがホーレーのためにはロンドン大学のほうが適していることと、契約の切れる三年後には、ハワイ大学で何かの提案が出来る、という趣旨の返信を書いている。

七月十二日には、ホーレーがちょっとした情報としてハワイ大学東洋研究所の図書購入事情についてシンクレアに忠告している。さらに問い合わせと図書の寄贈依頼、そして知人の消息を書いている。

「ご親切なお手紙とお気持ちを受取り嬉しく存じます。本当にありがとうございました。

只今、本の梱包を始めたところです。本を扱うのは大変なことではありませんか？　東京はここのところとても暑いです。

ときに、内密ですが、先日国際文化振興会の黒田伯爵と話していたとき、東洋研究所は同じものを二度、一点ばかりでなく注文したと言っていました。つまりそちらが国際文化振興会に本を注文し、既に送ったと言うことです。彼らは送った本を誰も見ていないと考えています。そちらの目録作成者がもっと注意深くするようにちょっと助言を与えるためにも、お知りになりたいかと思いまして。

ところで、貴大学の刊行だと思いますが、"Popular Buddhism in China" (by Johannes Rahder, Commercial

Press, 1939）を一部ぜひ欲しいと思っております。一部わけていただけますでしょうか？　私の蔵書の中でハワイ刊行の最初の一冊になると思います。

また、（1）ホノルルの良い本屋を教えていただけませんか？　（2）ハワイの日本学校の、小学校や中学で使われている日本語の教科書は、何処で手に入るのでしょうか？　これらの教科書は極めて沢山あると存じます。日本の新聞でカーが東京にいることを読みましたが、私にも旧友のV. G.（van Gulik）にもこれまでのところ電話をよこしていません。やや捕え所の無い奴のようです。日本語の起源を探究しようという輩は皆気違いじみていて、私もかつてはその一人でした。

アッカーはライデンでの二年間の研究のため、現在は家族とともにオランダに居るはずです。その後ちょっとロンドンへ行くといっています。彼はニューヨークを七月三日に出航しました。

お知りになりたいでしょうが、坂巻（坂巻駿三）の論文は殆ど出来ています。コビル（Cabot Coville）がアジア協会の役員会議でその件を持ち出した時、その印刷のために意見を述べました。しかしわたしは、American Councilがその補助をしてくれることを希望しています。そうでなければ、アジア協会の基金はひどく枯渇するでしょう。

他にニュースは無いように思います。ここのところ国友に会っていませんし消息も知りません。

お元気でありますように。

クロフォード博士へよろしくお伝えください。

ああ、ラーダーが国際文化振興会から一年間の日本語研究の奨学金をとって、今月到着すると聞きました。しかし、それは単なる噂かも知れません。[28]」

ここでホーレーは、ハワイで日本語の教科書を入手する方法を尋ねている。ハワイの日本語学校においては、日系二世の日本語教育のために日本語の教科書が作成されていた。多くの場合、それらは日本で印刷されていた。その内容は、日本の小学教科書とほぼ同じであるが、部分的に英雄の話としてハワイのカメハメハ大王や、ワシントンの逸話が掲載されている。二世たちは出生と同時に市民権を得て、アメリカの教育を受けているが、放課後に日本語学校へ通い、日本語の修練を行っていた。大部分の一世の両親たちはそれを強く望んでいた。同じような語学学校を設立していたのは、他には中国人たちのみであった。ホーレーは、後日ロンドン大学で日本語を教えることになるが、そこで使用する教科書の参考材料としてこれを求めたのである。八月七日のシンクレアの返信には、先日の回答と共に、ホノルル・ヌアヌ通りの東洋書院を紹介すると共に、注文の際にはシンクレアの名前を告げれば現金の支払いは無用であることを伝えている。

ホーレーはロンドン大学で日本語を教えるために、図書を沢山買い込み、荷造りも万全に首尾良く日本を出発するはずであったが、そのまま日本に留まった。その理由がこの次の書簡に書かれている。当時ホーレーは日本アジア協会の委員をしていた。坂巻駿三のコロンビア大学で書き上げた学位論文が、『日本アジア協会会報』に掲載されるべく準備され、ホーレーがこの出版に関わっている。坂巻駿三の論文は二百四頁にも及び American Council of Learned Societies の補助金を得て、会報の第二集第十八巻に掲載された[29]。さらに一年後の一九四〇年（昭和十五年）九月二十五日、ホーレーは新聞で、東洋研究所が消滅し、大学内に吸収されたという新聞記事を読み、シンクレアに消息を尋ねている。この時の書簡は「英国文化研究所」(British Library of Information & Culture) の肩書の印刷された用箋を使用し、タイプ打ちである。書面には、昨年（昭和十四年）の十月に時局によって英国大使館の重要な文化活動を行っており、自分の研究活動がいっこうに進まず、大変残念な状況であることが書かれている。

英国文化研究所は昭和十五年二月に英国大使館内に設立され、責任者にはレッドマン（H. V. Redman）、ホーレーは所長として位置づけられた。日本国内における情報収集がその目的で、ここに関わっていたために、ホーレーは開戦と同時に日本政府に逮捕・拘留され、強制送還という処置を受けることになる。日本国内でもこの研究機関が諜報活動の場であるという趣旨の批判論文が書かれている。(30) 昭和十五年十一月七日、このホーレーの懸念に対して、東洋研究所の消息を知らせ、ホーレーの英国文化研究所への就職を祝う暖かいシンクレアの書簡が送られている。

英国文化研究所の主任となり大使館での仕事を進めながらも、ホーレー自身の研究は続いている。彼はこの時期から、和紙の研究を手がけ始め、上質の和紙についての情報を各所に求め、そのための図書も集めている。この和紙の研究は、終戦後再来日した段階で再び開始された。(31)

5．その後のシンクレアとフランク・ホーレー

フランク・ホーレーの手元に、シンクレアから書簡が三通届いている。まず、昭和二十年六月二十六日。ロンドン大学のホーレーの住所に、「学長用箋」(Office of the President) を用いて、自分がハワイ大学の学長となり、アジア分野での仕事を始めたいこと、日本文学・日本語分野での教授陣の現状を知らせ、ホーレーに対してハワイ大学のスタッフとして加わる意志があるか、と問うている。昭和十七年（一九四二年）に学長になったシンクレアは、先にホーレーに約束したとおり、ハワイ大学へホーレーを迎えようと、彼の意向を確認しているのである。

次は、昭和二十九年（一九五四年）三月一日の書簡である。これは、ホーレーの問い合わせに対しての返信である。文面には、ホーレーが持ちかけたコレクション購入の仲介申し入れに対して、予算的な問題を理由に即答を避け、Yukuo Uehara（上原征生）教授とC. W. Taam 博士に手紙を回したことを伝えている。

最後は、昭和三十三年十二月五日付のものである。これは、ホーレーが論文の「見本刷」を送り、著書「Whale and Whaling in Japan」の購入予約を求めた書簡に対する返信である。「見本刷」の出来具合を誉めてはいるが、昭和三十年（一九五五年）に学長を退職したシンクレアは、年金生活故に今の自分はどんな価格の図書でさえ購入出来る立場にないこと、そしてこの件は上原教授に電話で伝えたこと、購入を期待できる人物として二名の知人を紹介している。

太平洋戦争の終盤が迫った昭和二十年六月二十六日の時期、ホーレーは英国に滞在し、終戦後の日本に戻るための職を得るべく外務省などへ働きかけていた。翌年の昭和二十一年（一九四六年）二月にはロンドン・タイムズ社に職を得て、夏には特派員として再び日本へ帰った。シンクレアも昭和十七年（一九四二年）にクロフォードの後を継いで学長に就任していたが、終戦と共に大学充実へ向けて意欲を示している。すでに一九四〇年には東洋研究所は東洋研究学部と形が変わり、シンクレアの望んでいたアジア関係への意欲を示している。

昭和二十九年（一九五四年）三月一日、この時期のホーレーはロンドン・タイムズ社を辞職して山科へ転居して一年以上経過していた。山科へ移ってからのホーレーは、定期的に自分の蔵書の一部を手放すと共に、外国の図書館が日本関係の図書を購入する際の仲介を行っている。戦後、諸外国で日本や東洋への関心が深まるなか、関係図書の充実が求められた。これらの分野の図書について極めて深い知識を持っていたホーレーは、世界各地の図書館から、関係図書の助言や仲介を頼まれている。また、新たに関西近辺の日本文化に関心を示す外国人の研究の場として「関西アジア協会」を設立し、研究会例会や研究紀要『Occasional Papers of the Kansai Asiatic Society』の発刊、そして自らの研究は自費出版の『Miscellanea Japonica』において発表するという充実した研究生活に邁進していた。[32] 一方で、それまでの特派員としての安定した高給を失い、経済的な問題を抱えており、それらを補う仕事としてホーレーのこの図書仲介があった。昭和三十三年には、ホーレーは『Miscellanea Japonica』として捕鯨文化をまとめた著書“Whales and Whaling in Japan”を準備していた。その著書は特注和紙に印刷した私家版であることから、多くの経費と準備時間を伴い、しかも度々校訂を重ねている。この出版に際しては賛同者を募り、購入予約を求めている。渋沢敬三の推薦文と出版趣意書を添えて、渋沢の紹介する企業主をはじめとする機関代表者に対して、刷見本を発送している。この時期に発送した『Miscellanea Japonica II』は刷見本とはいえ本編同様の白石の特漉楮和紙に、完成本の一部を印刷したものであった。

6. この書簡群の語るもの

この度紹介できた書簡は、フランク・ホーレーからハワイ大学のグレッグ・シンクレアに宛てたものと、その返書である。それらの時期は、昭和十二年から昭和十五年までが中心で、筆者の調査で得た三通のシンクレア書簡も加えれば、昭和三十三年までの範囲である。中心となる物はハワイ大学の文書記録課に保存されており、自由に閲覧が可能である。この昭和十二年の時期フランク・ホーレーは、来日から六年を経て、東京外国語学校の英語教師を最初に、東京文理大学、第三高等学校などの講師、ＮＨＫラジオ英語講座の講師、研究社の『簡易英英辞書』編纂、そして「英国文化研究所」所長と仕事を様々に移している。日本についての研究を重ねる中で、「辞書編纂」という目標を見いだし、「外国人に日本を理解させるための優れた辞書」を作り、自らを「文化の翻訳者」として活躍を始めていた。天才的な語学力を駆使し、日本語を巧みにこなす「英国人フランク・ホーレー」は必ずしも当時の日本の文化人からは歓迎して迎えられたわけではなかった。新聞記者の質問に気軽に答えたことが、宮森麻太郎の反感を買い、誌上で抗議を受けた。自負する「外国人のための日本語辞書」の編纂では、匿名の日本人英文学者から厳しい批判を受け、ホーレーはこれに対して、激しい反駁の文章を書いている。また、研究社の日本最初の英英辞書の編纂に、中心的に関わりながらその業績は評価されず、一編纂者として葬られようとしたことに対して法律的な対決も辞さない抗議を示し、出版社と対立した。しかもその時期といえば、英語講師の職を離れたのちで、「英国文化研究所」所長の職を得る前の無収入の状況下であった。このような時期に、友人のアッカーを通じて得たハワイ大学のシンクレアとの関係は、ホーレーに一筋の光を与えた。自分の業績が充分に評価され、居をハワイに移し心機一転の再出発は、ホーレーに大きな夢を描かせたであろう。契約の条件が示されたとき、問題となったのは給与と赴任手当の待遇条件であり、ホーレーの希望は認められなかった。その理由として、ホーレーが博士の学位を有しないことが指摘された。リバプール大学を卒業後、パリ大学やベルリン大学、ケンブリッジ大学で研究を重ね、二十四歳で来日したフランク・ホーレーは学士であった。学位の必要性を感じ、昭和九年には出身大学のリバプール大学から修士学位論文提出の意志を確認されて、日本から論文を郵送して、これが受理された。但し、正式に修士学位を取得するのは、交換船で帰国した昭和十七年のことである。ハワイ大学がホーレーの待遇について条件として求めたものは、取得もしくは近年取得可能な博士の学位であった。カレッジからユニバーシティーへ、米国本土の大学水準に迫るべく充実をはかりつつあるハワイ大学は、教授の条件として上位学位の所有を求めたのである。

大学に研究者として受け入れられるには、必要条件として博士学位の取得があることを体験を持って認識したホーレーは、ロンドン・タイムズ東京特派員の時も、さらに辞職してからはなおのことこれを自覚し、「日本における鯨と捕鯨について」の論文を完成させ京都大学へ学位請求論文として提出することを最大の目的とした。晩年、彼は家族に対して、学位を取ってオーストラリアかアメリカで大学教授となるという希望を語っていた。この書簡に現れるホーレーの友人や知人たちもまた興味深い。シンクレアをはじめアッカー、ローランド、ラダー、サー・サンソン・国友忠夫、坂西志保、坂巻駿三、Ｐ・Ｄ・パーキンス、原田助、デンチェル・カーなど当時の日本・東洋学研究者の面々である。彼らの当時の活躍や時代状況が推測できる。

シンクレアがホーレーからの書簡を受け取った当時のハワイ大学は、前述のようにカレッジからユニバーシティーへと変貌し、内容の充実を図っていた。中国人移民と日本人移民が大半を占めるハワイ社会で、大学の東洋研究においても両者の勢力は拮抗していた。ハワイ大学東洋研究所を構成するこの二つの分野のうちの日本分野は、原田助の退職により手薄となった。早くスタッフを補充しようと、国友忠夫に加えてコロンビア大学へ学位取得のため留学中の坂巻駿三を呼び寄せようとしたが、間に合わない。看板教授としてはライデン大学のラダー教授がいたが、それでも弱い。そんな時、シンクレアはホーレーと出会った。人事を謀る者の条件として、双方の条件を良く理解し、所属機関の有利な条件を確保することが求められる。ホーレーの友人であると同時に大学行政職のシンクレアが存在している。果たして博士学位の条件を主張したのは学長のクロフォードか、それともシンクレアの方であったのか。シンクレアに対する、研究者としての青年ホーレーの真面目でひたむきな姿は、書簡の随所に現れている。一方シンクレアの書簡には、ゆとりのある礼儀正しさ、時にはホーレーを教え諭すような寛容さが読みとれる。

戦後のシンクレアの書簡からは、研究をまとめることに邁進するホーレーの熱意に満ちた姿と、ハワイ大学学長としての自信に満ちた姿、次には現役を退きゆとりの中でホーレーの研究を評価し、暖かくそれを見守る友情を感じさせるものがある。

坂巻駿三とフランク・ホーレーとの出会いも奇遇である。昭和三十六年一月、ホーレーの亡くなった時、ハワイ大学夏期大学学長となっていた坂巻駿三はいち早く蔵書の確保に動き、琉球関係資料を一括してハワイ大学へもたらすことに成功する。直接に面識があったか否かは不明であるが、両者の因縁は深く、決して偶然とは思えない。不思議にも二人は同じ年に生まれている。

註

（1）Gregg Manners Sinclair

グレッグ・シンクレアは一八九〇年五月二十日にカナダのオンタリオで生まれた。三歳の時アメリカに移り、北部を中心に住所を変えたが、一九一二年にミネソタ大学を卒業した。卒業後は、三年間、日本で英語を教え、帰国後はビジネスの世界に身を置いた。コロンビア大学で修士の学位を得た。

彼は一九二八年九月一日に、最初に英文学部の教員として採用され、一九二九年には講師、一九三〇年には准教授、一九三六年には正教授となった。一九三五年から四十年まで、東洋研究所の主任として働き、一九四二年からはハワイ大学学長となった。一九五五年に学長を退任し、一九七六年七月二十五日に死去した。一九三九年にMarjoris Jane Putnamと結婚した。彼女は一九八〇年までハワイ大学の英文学部の教員であった。

（2）末尾掲載の資料「書簡一覧」参照。

（3）Charles Burton Fahs

著書：*Government in Japan. Recent Trends in its Scope and Operation.* New York: Institute of Pacific Relations, 1940. *Observatories for the Pacific.* Claremont Colleges, 1940.

（4）昭和十二年一月十二日、ホーレー書簡。

（5）Dr. Benjamin Rowland

著書：William Reynolds, Beal Acker とともに、内藤藤一郎著『法隆寺壁画の研究』を翻訳し、出版している。*The Wall-Paintings of Horyuji,* Baltimore Waverly Press, Inc. 1945.

Beal Acker には次の著作がある。
Some T'ang and pre-T'ang texts on Chinese painting, translated and annotated by William Reynolds and Beal Acker. Hyperion reprint ed. Westport, Conn. : Hyperion Press, 1954.

（6）昭和十二年一月二十七日、シンクレア書簡。

（7）原田助　ハワイ大学名誉教授、元同志社大学学長。原田助は明治四十年から、大正八年まで同志社第七代社長（総長）。翌年にハワイ大学教授として招聘される。昭和七年（一九三二年）に退職。

（8）「同潤会江戸川アパート」の住環境とホーレーの行動については、前掲拙論「フランク・ホーレーと研究社『簡易英英辞書』の編纂」、『生活文化研究所年報』第十輯〔本巻収録〕に記している。

（9）前掲拙論「フランク・ホーレーと研究社『簡易英英辞書』の編纂」『生活文化研究所年報』第十輯〔本巻収録〕、平成八年十二月。

（10）昭和十二年二月二十日、ホーレー書簡。

（11）前註（10）参照。

（12）昭和十二年九月三日、ホーレー書簡。

（13）『Monumenta Nipponica』Vol. 2, 1938.

（14）前掲拙論「フランク・ホーレーの日本研究と辞書編纂」『生活文化研究所年報』第九輯〔本巻収録〕、平成七年十二月刊、参照。

（15）Robert van Gulik. 戦前はオランダ駐日大使館文官、戦後は駐日大使。戦前からのホーレーの親友である。

（16）昭和十二年九月十日の英国大使館用箋を用いた Crawford 学長宛の George Sansom 書簡には、ホーレーの業績を高く評価した推薦書がしたためられている。

（17）昭和十三年二月九日、学長クロフォード宛シンクレア書簡。

（18）昭和十三年二月十日、ホーレー宛シンクレア書簡。

（19）昭和十三年四月五日、ホーレー宛シンクレア書簡。

（20）昭和十三年四月五日、シンクレア宛ホーレー書簡。

（21）前註（20）参照。

（22）昭和十三年四月十八日、学長クロフォード宛、シンクレア書簡。

当時のホーレーの給与については、昭和九年の「第三高等学校」との間に交わされた雇用契約書の記述が参考となる。前職の「東京外国語学校」の待遇を「奏任官扱い」「月俸三百七十五円、宿舎料月額四十円」、そして「第三高等学校」での給与条件を「給料一ヶ月四百円、時間二十四時間一週」と記されている。

（23）昭和十三年五月十四日、ホーレー宛、シンクレア書簡。

（24）昭和十九年三月二十日、シンクレア宛、ホーレー書簡。

（25）大庭定男著『戦中ロンドン日本語学校』、中公新書、昭和六十三年、中央公論社。

（26）前掲拙論「フランク・ホーレーの日本研究と辞書編纂」『生活文化研究所年報』第九輯〔本巻収録〕、文中の註（22）を参照。

（27）『坂西志保さん』、『坂西志保さん』編集世話人会編、国際文化会館刊、昭和五十二年十一月発行。

（28）昭和十四年七月十二日、シンクレア宛、ホーレー書簡。

（29）坂巻駿三論文

Japan and the United States, 1790-1853, in The Transactions of The Asiatic Society of Japan Second Series, Vol. XVIII, 1939.

（30）前掲拙論「『トラベラーフロム東京』（ジョン・モリス著）にみるフランク・ホーレーの逮捕・拘留」『生活文化研究所年報』第十輯、平成八年十二月〔本巻収録〕参照。

青木聰「英国情報局の正体　日本での暗躍ぶりを衝く」『話』、昭和十五年一月。

（31）前掲拙論「フランク・ホーレーと和紙研究」『生活文化研究所年報』第八輯、平成六年、参照。

（32）前掲拙論「フランク・ホーレーと関西アジア協会」『生活文化研究所年報』第七輯、平成五年十二月刊。

補注

国友忠夫および上原征生については、太田雅夫がハワイの新聞を閲覧して、次のように記している。

『楽園時報』（第十八巻第九号・第二十一巻第六号）を引用して、すなわち、国友は青山学院を卒業後 YMCA 事業に従事し軍隊慰問の後、アメリカのオベリン大学へ入学し、一九二三年六月に神学部を卒業して、ハワイ伝道会社の招きでハワイへ到り、マウイ島プネネ教会牧師となる。『日布時事』記者を経て一九二五年にマッキンレー・ハイスクールに日本語科を創設し、日本語を教授。一九二九年にハワイ大学へ移った。

国友忠夫著作

Japanese Literature since 1868, 1938 Hokuseido Press.

『ハワイ史』、昭和十八年、三省堂刊。

『ハワイの現実』バアバア著、国友忠夫翻訳、昭和十七年、菅生社弘道閣刊。

『パウロ傳』ロビンスン著、国友忠夫翻訳、大正十四年、文川堂書店刊。

上原征生についても、『日布時事』を引用し次のように述べている。

上原征生は上原秀政の長男として一九〇五年に熊本県玉名郡に生まれ、十三歳のときにカウアイ島の日本語学校校長であった父に呼び寄せられた。一九二七年にハワイ大学入学、三十一年に卒業し、早稲田大学に留学、一九三三年よりハワイ大学講師となる。

上原征生著作

MILITARY JAPANESE: A Manual in Japanese for the armed forces. P. D. and Ione Perkins, South Pasadena.

『日本の童謡』北星堂書店、昭和十五年二月初版発行、二十四年再版。

太田雅夫「原田助とハワイ」『キリスト教社会問題研究』第四十六号、平成十年一月、参照。

【書簡一覧】

凡例

F. H. ⇒ Frank Hawley

G. S. ⇒ Gregg Sinclaire

D. C. ⇒ Crawford

W.C. ⇒ 不明

S12 ⇒ 1937年

S13 ⇒ 1938年

S14 ⇒ 1939年

S15 ⇒ 1940年

S20 ⇒ 1945年

S29 ⇒ 1954年

S33 ⇒ 1958年

	発信	受信	date	
1	F. H.	G. S.	S12/01/12	TASJ全冊セットの提案。特別表装本である。大きな日本語英語事典を編纂中。東洋研究に強い興味あり。 Sir George Sansomが自分の研究を高く評価している。Dr. C. B. Fahs。
2	G. S.	F. H.	S12/01/27	Dr. Rowland経由の書簡を拝見。TASJは550ドルでロンドンにおいて、原田助が購入。
3	F. H.	G. S.	S12/02/20	再度、TASJ全冊セットの提案。特別表装本である。大きな日本語英語事典を編纂中。
4	G. S.	F. H.	S12/03/17	TASJをどこかへ推薦する。この夏、日本を訪問する予定。 Ackerから仕事について聞いている。われわれの事業について助言を得たい。

5	F. H.	G. S.	S12/04/06	来日であれば、面会したい。
6	F. H.	G. S.	S12/08/09	面会の申し込み。
7	F. H.	G. S.	S12/08/10	明日朝、7時30分から8時の間に訪問する。
8	F. H.	G. S.	S12/09/03	Tourist Libraryの“The Floral Calender of Japan”の翻訳をしている。「翻訳書」「花伝書と一世阿弥の能」を執筆中。「東洋文献集50冊」の企画はすばらしい。提案あり。国際文化振興会の奨学金の情報。Sir Harold Parlettの評価。
9	F. H.	G. S.	S12/09/06	昨日の面談のお礼。菊五郎への書簡の翻訳を行い、投函したMessrs N. Y. K. Yokohamaへの書簡の件。
10	F. H.	G. S.	S12/09/25	数日前、Sir Georgeに会って、紹介状を得た。ハワイで仕事を得ることの楽しみについて。
11	G. S.	D. C.	S13/02/09	F. H.への推薦書。諸条件。Ackerの推薦Gulikの推薦。
12	G. S.	F. H.	S13/02/10	Cから希望的回答を得ている。学位がないのが問題。近いうちに取得の可能性を質問された。
13	F. H.	G. S.	S13/04/05	2月10日書簡、受理。提示された給与の225円では生活できない。300円と諸経費を希望する。自分の英英辞書（1200pp.）が7月には出版される。ソーンダイクの辞書より優れ、好評となるであろう。その教授法から2つの学位が取れるほどの内容だ。学位という称号は、本人の研究能力を証明しない。年末までに「花伝書」、「本革倭名」の仕事を終える。

14	G. S.	F. H.	S13/04/05	返事がないので心配。中国部門は完成、日本部門は二〜三年後。国友と坂巻が留学から帰る。これに F. H. が加われば安心。
15	G. S.	D. C.	S13/04/18	国友から書簡。伝聞、給与について。月給 400 円を希望。F. H. に、まず加わって、条件を向上すべきと提案。
16	W. C.	G. S.	S13/04/20	F. H. に当方の提案を電信したが、返事がない。
17	G. S.	F. H.	S13/05/14	返事がない。快諾が得られず残念。 Rahder 博士との比較。7/7 〜 8 に帝国ホテルに逗留予定。
18	F. H.	G. S.	S13/05/14	滞在中に面談したい。
19	F. H.	G. S.	S14/03/20	数週間前 SOAS の日本語部長への話があり、受諾した。資格は "Reader" で教授ではない。給与は同額。昨秋、ミシガン大学に照会した。給与条件は良くなかった。ロンドンの仕事は 3 年間契約。今朝、ロンドンより電信、戦局で急遽出国。準備のために 9 月まで出発延期。集書の必要。国友の業績評価 Carr への評価。学位について。集書の必要。Gulik が入院。 Dr. Crawford から書翰。 9 月以降は Stockton-on-Tees へ送ってほしい。
20	G. S.	F. H.	S14/03/31	SOAS への就職を祝す。ミシガン大学はいいが London が最適、London への経路は？　途中で寄らないか。

21	F. H.	G. S.	S14/07/12	“Popular Buddhism in China” UH. published を所望。ホノルルの良い本屋を知らないか？　ハワイで使用の日本語の教科書をどこで入手できるか？ Carr はまだ訪ねてこない。Acker の消息。坂巻駿三の論文は出来上がった。Mr. Coville が日本アジア協会の役員会議に提案したときに、出版に賛成した。米国委員会からの補助を希望する。国友の消息を開かない。Rahder の日本研究が KBS から奨学金を得た。
22	G. S.	F. H.	S14/08/07	東洋研究所雑誌を送付。日本語教科書入手の古書店は東洋書院。Carr が沖縄へ向かっている。
23	G. S.	F. H.	S15/11/07	9/25 書簡拝受。英国文化研究所への就職、祝福。東洋研究所は存在している。二～三年すれば好転する。
24	G. S.	F. H.	S20/06/25	ハワイ大学学長。アジア研究の増強をしている。参加しないか。近況と将来計画について知らせよ。
25	G. S.	F. H.	S29/03/01	1954/02/24 の書簡拝受。
26	F. H.	G. S.	S33/10/16	M. J. II 発送　限定番号 No.41
27	G. S.	F. H.	S33/12/05	13 日付けの書簡拝見。抜刷拝見。翻訳について言う資格は無いが、外国語の文献を英語で読みたいものだ。＄50.00 という定価を見たとき、我々に購入を求めていないことを判断した。購入するかもしれない人を２名紹介する。

開戦時の英国文化研究所とフランク・ホーレー

昭和六年に東京外国語学校の外国人教師として来日したフランク・ホーレー（Frank Hawley）は、日本文化に関する日本語の論文を発表する一方で、英語教師、NHKラジオ放送の英語講師、外国人のための日本語辞書の編纂、『簡易英英辞書』（研究社）の執筆を手がけた。ホーレーの優れた日本語の語学力と日本に関する学識の深さは、新聞等でも広く紹介されたが、一方で日本人研究者宮森麻太郎との衝突もあった。来日当初から集め始めた蔵書は瞬く間に成長し、在日外国人の収集した図書群として世界的に著名な「宝玲文庫」コレクションの基となる。『簡易英英辞書』（研究社）や日本語辞書の編纂を進める中で、人間関係の軋轢が生じた。この時期に、ハワイ大学の東洋研究所教授であり、後のハワイ大学学長となるグレッグ・シンクレア（Gregg M. Sinclair）との出会いは、行き詰まったホーレーに新しい可能性を与えるものであった。しかし、ハワイ大学に籍を置いて研究に没頭したいという強い望みは、条件が合わずに実現しなかった。太平洋戦争が近づいた頃、ロンドン大学から戦時日本語学校教師として招聘され、これを受けて帰国の準備を始めた。同じ頃の昭和十五年二月、ブリティッシュ・カウンシル（The British Council）は日本における文化活動機関としての「英国文化研究所」を開設し、フランク・ホーレーは所長（Managing Director）としてこれに関わったのである。(1)

昭和十六年十二月八日の開戦と同時に、ホーレーと妻俊子は他の敵性外国人二百七十名とともに逮捕された。同月二十三日には英国文化研究所の家財と図書、およびフランク・ホーレーが個人的に所蔵していた図書約一万千冊が敵産管理法の適用を受けた。これらの図書は、後に、敵産管理人（三井信託銀行）の手を経て慶応義塾図書館の購入するところとなる。七ヶ月の巣鴨拘置所での取り調べの後、ホーレーのみが本国へ強制送還された。ホーレーの逮捕と拘置所での生活については、ジョン・モリス（John Morris）がその著書『Traveller from Tokyo』において、ホーレーの報告をもとに詳しく記している。[2]

日本に残ったホーレーの妻俊子は、夫の蔵書の返還を求めて奔走した。その一部分でも取り戻したいと願い、ホーレーの蔵書の内容と貴重性、処分対象の図書の中には父美野田琢磨のものも含まれていることを、ジョン・モリスの代筆でスイス公使館に訴えている。[3] しかしながら十七年十一月二十五日に、英国文化研究所の図書三百八十三冊は、慶応義塾図書館に合計千五百円で購入されている。一冊約四円の計算である。また、翌年の五月十日には、フランク・ホーレーの蔵書も同様に、慶応義塾図書館に一冊三円五十銭で購入された。昭和二十年九月当時の「特殊財産管理勘定残高表」によれば、英国文化研究所は「二万一千二百七十六円二十七銭」、「フランク・ホーレー」は「四万四千百三十三円四十五銭」とある。[4] 勘定金額、冊数と購入金額から判断すると、英国文化研究所の図書は分割して売却されている。英国文化研究所の図書はその性格上一般の参考図書を多く含み、ホーレーの蔵書とは内容が異なっていた。英国に帰ったホーレーは、関係者を探しては蔵書の行くえを案じているが、図書の返還は戦後処理の始まった昭和二十四年七月一日のことになる。[5] 終戦後、ホーレーがいち早く日本に戻りたいと願い、ロンドン・タイムズ特派員として再来日したのは、日本に残した妻俊子との再会もあるが、接収された蔵書の確保が目的であった。事実、再来日後のホーレーは、肩書きとあらゆる人脈を駆使して蔵書の返還を求め、当事者であった慶応義塾図書館への要求は厳しいものだった。購入した蔵書を強制的に返還させられた図書館側にとっては、振り返りたくもない一時期を刻むことになったのである。[6]

ホーレーは、蔵書の接収から奪還までの関連の書類をファイルにして残していた。それらは、巣鴨拘置所に拘留中に妻俊子がスイス公使館に提出した嘆願書、接収された蔵書の目録、英国大使館がホーレー関係として取りまとめた一連の書類の写し、戦後にGHQや日本政府へ提出した書類の下書き、受領書に添付された返還図書目録などである。特に、英国大使館の書類からは、大使館と日本政府との交渉過程をたどり得る。また、公的には記録に残っていない英国文化研究所の内容を詳しく知ることができるのである。

ブリティッシュ・カウンシルは、一九三八年にポーランドに最初の国外ブリティッシュ・カウンシルを設立し、以来一九八四年までに、その数は延べ数において百十四カ国におよんでいる。設立の目的は、英国文化の海外宣伝であった。日本には一九五三年に設立され、今日に至っている。中国には、一九四三年（昭和十八年）から一九五二年まで設置し、一時中断して、一九七八年に再開された。後述するように、英国文化研究所はブリティッシュ・カウンシルから資金を得て設立され、年間の経費も補助されており、当然ながらその活動の一部として記録されるべきものである。不思議なことに、公的な記録には British Library of Information and Culture の名称としてはニューヨークの記録はあるが、ここで述べる（日本）英国文化研究所についての記載はない。[7]

事実として存在した英国文化研究所が、記録上は存在していない。大使館に属する人や財産は、敵産管理法[8]の通用を免れたが、英国文化研究所およびフランク・ホーレーに対しては適用された。逮捕・接収が不当であると主張して交渉が続けられたが、効果は無かった。研究所の家財と図書、そしてフランク・ホーレーの図書は敵産管理法の適用を受けて凍結・売却された。しかし筆者の手元には、一連の書類の中に英国文化研究所の財団法人としての認可申請の写しがある。そこから、英国文化研究所の役割、規約、構成と資金について詳しく知ることができるのである。また、英国大使館がアルゼンチン公使館に送った覚書の写しには、英国大使館による英国文化研究所の位置付けが明確にされている。以下、これらから英国文化研究所の概要を紹介する。

英国文化研究所

英国文化研究所は一九四〇年（昭和十五年）の二月に設立された。当初は「京橋区銀座西四丁目三番地」にある二階建家屋に研究所が置かれた。当時勤務していた照山越子によれば、現在の銀座ソニービルの正面前、日本橋側の角に位置しており、最近の改築以前には「不二家」のビルであった。ホーレーは二階に執務室を持っていた、という。[9] 翌年十月には「牛込区砂土原町三丁目二番地」にある米国人Kauffman夫人所有の家屋に移っている。設立と同時に東京市に対して財団法人の申請を行なうが、英国文化研究所は認可されないまま開戦を迎えた。申請書類から次のことが明らかとなる。

〈活動内容〉

「規約」（寄附行為）によれば、英国文化研究所の活動目的は次のように掲げられている。

「基金の趣旨は、国際文化の交流、特に日本の国民と大英帝国の諸国民との間の文化の交流、日英両帝国におけるそれぞれの文化の研究の振興、大英帝国に関する正確な情報の供給、日英両帝国の国民間の友好関係の促進と人類の福利の増大、とする。」

さらに、具体的活動として、次の十一項目を示している。

(a)許可された人々による調査に有用な大英帝国と日本帝国に関する図書館の設立。

(b)大英帝国の公刊物の供給。
(c)英語及び日本語による文献の著述・編纂・翻訳・出版。
(d)文献及び他の文化的な事物の寄贈と交換。
(e)日本における英国研究及び大英帝国における日本研究の講座開設の促進。日本人講師を大英帝国の多くの国々へ派遣し、英国人講師を日本帝国へ招聘する。
(f)教師と学生の交換の促進。
(g)日本及び英国文化の研究者の便宜をはかる。
(h)展示会・講座等々の開催。
(i)日本の学会、大学、その他の教育機関及び個人との文化的関係の確立。
(j)文化的な映像物の図書館の設立及びこの種の映画フィルムの供給と交換。
(k)理事が財団の趣旨の実現に貢献し得ると考える他の諸活動。[10]」

〈資金・役員〉

設立資金五万円の六割と毎年の補助金を、ブリティッシュ・カウンシルが出資し、残りを一般の法人と個人からの寄附でまかなう。役員は次の人びとである。[11]

(a)理事会
英国大使(職務上の権限によって会長)
横浜及び東京の英国学術協会の会長

神戸英国学術協会（The British Association）会長、Byas 殿
理事会が随時指名した者
(b)役員会（理事会の承認による）
H. Byas 殿（長）
A. D. M. Ford 殿（財務）
A. G. Hard 殿
J. T. Henderson 殿
F. Hawley 殿（Managing Director）
(c)監査役（理事会の承認による）
Maurice Jenks, Percival, Isitt and Company

会長は英国大使。他の理事は当時すでに活動していた英国学術協会の東京・横浜・神戸の会長の面々であるが、個人名で記されているのは H. Byas のみである。理事会の下には役員会が置かれ、その長は Byas であり、他の役員の個人名が記されている。そのなかに、Managing Director として、ホーレーの名がある。

〈資金出資者〉
民間出資者として、関東・関西地区の個人と法人八十五名の氏名が連なり、寄附金の合計は二万円にのぼっている。[12]

財団法人申請の段階で、英国文化研究所の実務担当の長（Managing Director）はフランク・ホーレーに決まっていたことがわかる。掲げられた活動目的は、当時日本国内に開設された「国際文化振興会」のものとほぼ変わらない。

しかし、この申請は認可されなかった。英国文化研究所は、申請当初から、日本側にとっては大きな疑惑の対象であった。どのように設立趣旨や規定を掲げても、新聞報道を中心とする日本国内の受け止め方は「情報部」の一部でしかなかったのである。滞日期間が長く事情に通じたH. V. Redmanは、「大物スパイ」としてとらえられ、英国文化研究所はその彼の下にあったのである。

英国文化研究所への疑惑

昭和十四年九月一日にドイツがポーランド進撃を開始したことに対抗して、九月三日に英国が対独宣戦布告を発し、第二次世界大戦が始まった。日独伊三国同盟を踏まえて、日米、日英の国際関係は緊張を深めていった。英国情報省のレッドマン（H. V. Redman）が来日したことを十五日付の朝日新聞は顔写真入りで報じている。見出しは「謎のレッドマン英国情報省から急遽来朝」である。英国情報省東亜出張所次長として香港に勤務するレッドマンが、東京に新たに事務所を設置する予定であると報じている。レッドマンは、「東亜出張所の使命は、支那、日本、香港、タイ国、馬来各方面の地方情報を扱うことで、自分は東京の事務所を代表する」と述べている。さらに、「（宣伝活動の為に）壱千万円を懐中して各方面にバラまくというが、どうか」の質問を冗談でかわしている[13]。

また、同月三十日にクレーギー英国大使は、新大阪ホテルに在阪名士を招いた昼食会のスピーチで、英国の宣伝活動のために本国から大金五百万円を用意してきたという噂を否定している。翌三十一日の朝日新聞には、「日英

国交調整に全力を尽さん　大阪の招待会　クレーギー大使挨拶」として、この内容を報道している。(14)

雑誌『話』(昭和十五年一月号)で、青木聰は「英国極東情報局の正体　日本での暗躍振りを衝く」と題して、英国文化研究所は「大英帝国情報文化部である」と論じた。(15)記事は、頁にして七頁、文字にして八千字程のものである。まず、「英国は喰えない」「動き出したレッドマン」という小見出しではじまり、「大英帝国情報文化部」(「英国文化研究所」)設立の経緯と組織の内容についてふれている。つぎに、「魔手は深刻にのびて来た」と題して、当時日本国内で刊行された『欧州大戦の動向と事変の収拾』は英国の立場を正当化する宣伝活動であると指摘する。さらに、「大英帝国情報文化部」(「英国文化研究所」)「関西委員長」の「アーネスト・ウィリアム・ゼイムス」が、『戦争の起源』と題する記事広告を一万円出して新聞に掲載しようとし、掲載できなかったものの、一万円の記事広告とこの翻訳文を日本人に配布したことを例示して、暗躍する人物として紹介している。そして、最後に「術策に陥るな」と読者に警告しているのである。

青木聰の記事によれば、英国の内閣内にあった情報局を直に昇格せしめて情報省となし」たのは、戦略的「宣伝」を目的としたものである。英国は、香港に「情報局極東部」を設置して、「エッチ・ヴァイヤ・レッドマン」を支部長とした。日本支部は、「大英帝国情報文化部」と称して(昭和十四年)十一月中旬に、京橋区銀座西四―三(数寄屋橋角)に設けられた。その活動目的とするところは、「英国を形成する各国(属領、自治領)の情報並びに行動に関する研究者に情報を提供する」ことと、「戦争遂行に関する諸種の文書並にその他の資料を希望者に提供する」ことである、というのである。

英国文化研究所はこのような疑惑の中で設立された。規約にあげられた活動の目的については論じられることはなく、宣伝活動のために設置した英国情報省の東京事務所とみなされていた。十二月八日、日米開戦と同時に敵産管理法が発令され、敵性外国人は逮捕され、その財産は凍結された。英国文化研究所とフランク・ホーレーもその中に含まれている。この時の新聞には、次のような報道がなされている。

「在留敵国人を収容　二百七十一名を数箇所に保護」『朝日新聞』昭和十六年十二月十一日。

「敵国人を我が政府保護」『朝日新聞』昭和十六年十二月二十日。

英国大使館による交渉の過程

敵産管理法が公布され、フランク・ホーレーは逮捕され、英国文化研究所は事実上閉鎖され、そして日本人職員は解雇された。敵産管理人の決定と、七月三十日の大使館員を含めた在日英国政府機関職員の捕虜交換船「龍田丸」による強制送還までの間に、英国大使館は英国文化研究所の財産保全のための繰り返し交渉を続けた。

昭和十七年二月十九日、英国大使館は外務省の英国大使館担当職員飯塚氏に対して、「英国文化研究所は半官的団体である」「英国大使に財産の監督責任がある」ことを根拠に、「蔵書と家具」を大使館へ移すように求めた。この時、研究所建物の所有者が米国人であることから、家財と図書の移動後は接収家屋としての利用が可能であると示唆している。しかし、外務省員は、英国文化研究所は公的団体とは見なされないと主張した[16]。

四月十五日と五月十一日には、アルゼンチン公使館のセニョール・ビラに対して、同様の主張と英国文化研究所規定書及び研究所の性格に関する覚書を手渡し、外務省との交渉を委託している。加えて、フランク・ホーレーに対して英国外務大臣は「嘱託」身分の証明書を発給していることを根拠として述べている[17]。しかし、問題は解決しなかった。

さらに五月二十二日には、英国大使館はスイス公使館に対して、書籍と家具の大使館への移送、もしくは蔵書の保全を依頼し、蔵書の貴重性を強調している。[18]
六月五日には、日本政府による敵国対象の決定がなされた。「大蔵省告示第三三二号」は、英国文化研究所を筆頭に、セント・アンドリュース・チャーチ、横浜ユニオン・チャーチ、横浜シーメンスクラブ、ヨコハマ・アマチュアー・ローイング・クラブ、ヨコハマ・ケイバシンコウカイ、ヨコハマ・レディース・ローン・テニス・エンド・クリケット・クラブ、横浜インターナショナル・スクール、ゼ・ヨコハマ・ゼネラル・ホスピタルの名が挙がっている。続いて、同日の「大蔵省告示第三三三号」には、管理人の決定が告示され、英国文化研究所については三井信託銀行が指名されている。[19]
同日、スイス公使館はこの「大蔵省告示第三三三号」を翻訳して英国大使館へ送付し、敵産管理人の決定を知らせている。[20]
六月二十三日、大使の帰国を目前にした英国大使館は、帰国報告のためにスイス公使館に対して情況の確認をおこなった。[21]
六月三十日、英国大使館はスイス公使館に覚書を手渡した。二十三日以降の確認事項を伝えている。すなわち、「敵国財産管理人の決定がなされた現在、英国文化研究所と日本人職員との雇用関係は解消され、給与支払いなどの経済的問題は生じないが、借家である研究所家屋の賃貸料の支払いのために、研究所の家財と図書が売却される可能性がある。スイス公使館が、英国大使館に代わって直接に監督することが可能である。最も憂慮されることは、必要のない賃貸料の支払いのために、貴重な図書が売却されることである[22]」というのである。この一ヶ月後の七月三十日、捕虜交換船龍田丸は英国大使クレーギー、レッドマン、フランク・ホーレーを含む二百七十名を乗せて、交換地東アフリカのロレンソ・マルケスを目指して横浜港を出航した。

フランク・ホーレーにとっての英国文化研究所

フランク・ホーレーとハワイ大学との交渉は就職の条件が合わずまとまらなかった。その後、戦時日本語教育の必要を生じたロンドン大学は、ホーレーを日本語講師として招聘した。これを受けてホーレーは、帰国の準備を始めた。昭和十三年三月二十日付けの書簡でシンクレアに、ロンドン大学へ就職することについて次のように報告している。ロンドン大学は早い時期の帰国を求めているが、しかし、片付けるべき用件とさらに購入したい図書がある為に時間を要するので、九月頃に帰国する予定であり、九月以降は英国のノートン（Norton）にある母の住所が連絡先になる、とある。[23] しかし、九月になってもホーレーは日本を出発していない。翌年の昭和十四年七月になり、帰国のための蔵書の梱包を始めたこと、それは煩わしいことである旨が同じくシンクレアに宛てた書簡に見えている。[24] さらに一年後の昭和十五年九月二十五日、「英国文化研究所」（British Library of Information & Culture）の肩書の印刷された用箋を使用し、タイプ打ちの書簡をシンクレアに送っている。[25] 書面には、昨年（昭和十四年）の十月に時局によって英国大使館の重要な文化活動を行なうようになり、そのため自分の研究活動がいっこうに進まず、大変残念な状況である、と記している。帰国を促すロンドン大学の要請を無視して図書の入手に執着したホーレーは、帰国を一年延期したようである。まさに、ホーレーが帰国の荷造り準備をすすめていたこの時期、昭和十四年九月に第二次世界大戦が始まった。英国は情報局を情報省へ格上げし、英国情報局からレッドマンが来日した。翌年二月に英国文化研究所が設立された。日本語に堪能で、日本研究を行なっていたホーレーは、完全にこの活動に組み込まれたのである。時局柄、急な要請があったのであろう、英国大使館が日本政府と交渉する中で触れているように、フランク・ホーレーは大使館の嘱託身分となった。ゆくゆくは外交官特権を得て、蔵書の安全が保障されるという見通しも、ホーレーにとって魅力的であったろう。事実、ホーレー逮捕の一週間後には外交官旅券が発給の予定であった、と妻俊子は筆者に語っている。[26]

しかしながら、ホーレーの日本研究は持続している。この時期からホーレーは、和紙の研究を手がけ始めた。上質の和紙についての情報を各所に求め、そのための図書も集めている。この和紙の研究は、終戦後再来日した段階で再び開始された。[27]英国文化研究所でのホーレーの姿は、照山越子の論文に暖かく描かれている。

大戦に突入するという時期であったゆえに、設立の当初から疑惑に包まれた英国文化研究所であった。当時、研究所で助手として勤務していた照山越子の「ホーレー先生の思い出」[28]の文中には、次のようにある。英国文化研究所の二階事務所には学者肌のフランク・ホーレーが勤務し、そこはロドリゲス、グーリック、レーマン、モリス、ギラン、アッカーなどという東洋通の人たちが集い、静かな雰囲気の外国人サロンであった。そして、そこへは多くの日本人が、英国を始めとする外国の情報を求めてやって来た。

「研究所につとめるようになって、私は二人の先輩にならって、氏を「ホーレー先生」とお呼びした。その頃の氏には「先生」とお呼びするにふさわしい学者の雰囲気をもっておられた。それは、所長になられる前、三高、文理大（旧教育大）、外語等で教鞭をとっておられたからか、それとも、身についていたものなのか、独特の雰囲気をもっておられた。身につけるものには無頓着で、胸もとにはいつも煙草の灰を払ったあとが白っぽく残っており、古書の入った風呂敷包を小脇にかかえて、のしっのしっと歩く姿には、浮世離れのした学者という雰囲気があった。そのせいか、その頃の氏はまだ三十そこそこなのに、私の目には老大家のようにうつっていた。」

「研究所が大使館の情報部に属していたにもかかわらず、二、三の人を除いては、大使館の人とあまり付き合っておられなかったのは、今にして思えば、学者肌の氏は職業外交官とは肌が合わなかったのかも知れない。ところが、面白いと言うのか不思議なことにと言うのか、研究所によく訪ねて来られたのは、オランダ公使館（当時）の若い書記官のヴァン・グーリック博士（著名な支那学者）とカナダ公使館（当時）のノーマン博士（明治維新の研究者、戦後は大使）で、氏は自分より年少の二人の学者外交官に強い敬愛の情をもっておられた。」

「ある時、偶然に顔を合わせたヴァン・グーリック博士、ノーマン博士、それにロゲンドルフ神父さまの三人が、ホーレー氏と一緒に外へ出て行かれたことがある。背丈が殆ど同じ位の四人が横に一列になって、銀座四丁目の方へと、長身痩軀、踵まである黒の長い僧服をまとった神父さまと、やや痩せぎみのノーマン博士を中に、巾広い二人が脇をかためるようにして、ゆっくりと歩いて行かれた姿は壮観だった。もう一人、どなたか、例えばギランさんでもアッカさんでも、いらして五人だったら、さしずめ「東洋通五人男揃い」というところだったろうに。」

大使館員とも余り付き合わず、研究所にこもって本を読みふけり、集まってくる東洋通の人々と学問的な雰囲気を楽しんでいたのかもしれない。英国大使館が、「大英帝国及び英国の文化を研究する人々に対して、控えめにいっても図書館としての役割を果たしていたことに、何の異議も無いであろう[29]」と主張する文化サロン的な場所を提供していたことを、裏付けている。

照山越子は、ホーレーが巣鴨に拘留中、ホーレーに依頼されて大学ノート七冊分の蔵書目録を作成した。難読の書名については、ホーレーと度々葉書で確認を行なっている。強制帰国の直前まで蔵書を持ち帰りたいと願ったホーレーは、せめて目録を手元にとどめたいと、その思いを照山越子に告げている。この時作成された目録によって、戦前にホーレーが集めた蔵書の総てが判明するのである。

蔵書に執着したホーレーは、帰国の時期を失った。その結果、開戦と同時に蔵書は接収されて、戦後、それらを奪還するために大変な努力を要した。条件が折り合い、ハワイ大学のシンクレアのもとに就職していたら、もしくは英国帰国の時期を逸していなければ、ホーレーは蔵書を持ち帰り、今日の宝玲文庫は日本には存在しなかったであろう。

〈附　記〉

当時のアルゼンチンと日本との関係について

太平洋戦争開戦の昭和十六年六月十四日から翌十七年半ばまでの日本とアルゼンチンの外交関係については『アルゼンチンと日本　友好関係史』（ホセ・R・サンチス・ムニョス著、一九九八年十一月日本貿易振興会刊）に詳しい。すなわち、開戦と同時に中立を保っていたアルゼンチン国に対して、交戦国双方から圧力が加わった。中立国として、対立する両国の利益代表者としての役割が発生し、クレーギー（Sir Robert Craigie）英国大使はその業務に奔走した。とりわけ、当時駐日臨時大使を勤めたエラスト・ビーリャ（Erasto M. Villa）の業績を、日本とアルゼンチンの微妙な外交事情に触れながら次のように記している。

「太平洋戦争が勃発した一九四一年当時、エラスト・ビーリャ（Erasto M. Villa）二等書記官が、ロドルフォ・モレノが出発した一九四一年六月十四日以来、臨時大使（日本国外務省の外交団リストでは「臨時代理大使の任にある公使」と記載されていた）の任にあった。

運命はこの若い館員をして、この極めて困難な情勢に対処し、一九四一年から四五年まで、凄惨な戦争を続けることになる。国に妻と息子（一九四三年に生まれる）とともにとどまらざるをえないこととしたのである。彼は勇気、献身と強固な職業意識をもってそれを成し遂げた。一九四一年に戦争が勃発した時、日本にはデル・ポトロ海軍武官が、また神戸にはレモイネ総領事とサンティリヤン書記（官房関係）が、さらに横浜にはビダペエレ領事がいた。

両国間の友好関係は変わりなく続いていたが、公式な局面においては戦争に関連する問題が発生していた。米国という米州の一国が攻撃を受けたということにもかかわらず、アルゼンチンは中立を保っていた。カスティーリョ副大統領の政府は、オルティス政権以上に厳格に絶対中立を貫いていたが、政治指導者の大半や国民世論と同様に連合国側に好感を抱いていた。米州の他の国々は当時、枢軸国に対し宣戦を布告するか、国交を断絶していた。

ブエノスアイレスにおいては、富井周大使が、この戦争におけるアルゼンチンの立場を尋ねるために直ちにルイス・ギニャス（Ruiz Guiñazú）外相を訪ねた。外相の言葉は、「米州の連帯、米国および他のラテンアメリカ諸国との防衛のための援助および協力」を基本とするアルゼンチンの態度を成文化した十二月九日付政令が示すこと以上には及ばなかった。同政令により、アルゼンチン政府は戦争の拡大に対するその法的、立場を定めている。十二月十日、アルゼンチン政府は日亜間の有価証券の移転を停止したが、その規定には例外事項が定められていた。

事実、これらの宣言が行われ、措置がとられたとはいえ、両国の関係は形式的に引き続き正常に推移していた。東条英機首相は十二月十九日にメッセージを送り、アルゼンチン、ブラジル、チリおよびペルーの各国政府に日本が友好的感情を抱いていることを確認した。

在日アルゼンチン大使館は直ちに自国民の保護に加え、英国、オーストラリアおよびカナダの、また一九四二年四月末までについてのノルウェーの、そして非公式にギリシャの利益代表の業務に取りかかった。またこれも非公式にではあるが、ニカラグア、ベネズエラ、チリ、ホンジュラス、ドミニカ共和国およびエクアドルの利益代表をも行った。これらの国と日本との間では宣戦が布告されていたか、あるいは国交が断絶されていたか、のどちらかであった。

ただ一人の外交官として大使館に踏みとどまっていたビーリャ臨時代理大使は、時には領事として他の都市に赴くなど、何倍も働かなければならなかったが、とりわけ英国およびその属領の外交官および民間人の保護と情報収集で忙しく、このことはこれらの諸国の保護がスイス（連合国における日本の利益も代表していた）の代表の手に移った一九四二年半ばまで続いた。[30]」

一九四二年半ばからは、この英国利益代表の役割を、アルゼンチン同様に中立を保っていたスイス公使館が担うことになる。英国文化研究所とフランク・ホーレーの接収財産、英国大使及び大使館の職員と家族の権利についての交渉は、総てこのひとりの外交官が行なった。この時期の『アルゼンチンと日本　友好関係史』の英国に関わる記述はクレーギーの著書「Behind the Japanese Mask」(Hutchinson & Co., 1945)によっている。

このフランク・ホーレーの逮捕について、クレーギー英国大使は、同著書（百四十四頁）の中で次のように記している。

「戦時体制の発生によって逮捕されたもう一人の職員は、英国文化研究所のディレクター・ホーレー氏であった。彼の仕事は文化的な活動、そして、英国と日本帝国に関する非政治的な情報を与えることに厳しく限られていた。したがって、彼の逮捕は甚だ無意味で残酷な行為であった。開戦後の数週間で、日本の権威者は他の三人の職員、ビッグズ氏（横浜での副領事）、Ham 氏（事務職員）とスティーヴンズ嬢（総領事館速記タイピスト）を逮捕した。警察のこれらの逮捕について何も知る手立てがないことは、最も心を乱すことであった。[31]」

この文章に続けて、大使はアルゼンチン駐日臨時大使エラスト・ビーリャの活躍について、最大限の賞賛と感謝の言葉で詳述している。

c.f.《**英国文化研究所関係書類**》（原文はタイプ打ちの英文）

BLIC1001 文書

(3/14/42)

COPY

セニョール Villa へ（15/4/42）手渡された写し

英国文化研究所

東京市牛込区砂土原町三丁目二番地。

英国文化研究所は半官的団体で、大使はロンドンのブリティッシュ・カウンシルに対してその財産の監督の責任があり、蔵書と家具は現在の建物から英国大使館へ移されるべきであることを、外務省へ示唆してきた。二月二十日に飯塚氏に渡された覚書の写しを添付する。外務省は、しかしながらこの件でなんらの措置も講ぜず、現場では対処できず研究所は公的団体とは見なされない、と主張した。

政府が日本における英国の利益を保護しているように、特殊な財産に対しても責任を有することになるであろうことを示唆する。アルゼンチン公使館はこの件でじきに外務省と交渉を始めるであろう。他の理由はさておき、問題の家財を大使館へ移すことは、それらが現在置かれている建物は合衆国市民の所有になるものであり、いつでも日本当局が公用に接収できるので、恐らく好都合であろう。

一月二十三日にセニョール Villa へ手渡された研究所の地位に関する覚書の写しを参照の便宜のために添付する。問題の文書はセニョール Villa への機密の情報であることを強調しておく。

BLIC1002 文書

No. 19 (8/14/42)

(鉛筆手書きで British Council とある)

覚書

英国文化研究所

英国大使はスイス公使に対し、英国文化研究所の規約・歴史・役割を説明する覚書をここに同封して提出する。研究所の法律顧問である McIvor・Kaufmann・Smith・Yamamoto 事務所の山本氏によって、一九四〇年二月に東京地方裁判所に提出された規約の写しも添付する。

研究所は、現在も拘置所にいる所長の F. Hawley 氏が拘留された一九四一年十二月八日まで、覚書の「三」に示した役割を果たしていた。日本当局はその日以来、英国大使館員が研究所に近づくことを許可していない。

去る二月十九日、英国大使館担当の日本外務省員に対し、英国大使は、諸外国との文化的関係に関わる半官的な団体であるブリティッシュ・カウンシルに対して研究所の財産を監督する責任があり、研究所の蔵書と家具は保管のため大使館へ移されるのが妥当であろう、と提案した。引渡しが審議中の蔵書はことに真価を認められるであろうことを付け加えた。

外務省はこの件でついに措置を講じることなく、四月十五日付け覚書（本覚書に添付の二件）がアルゼンチン共和国へ手渡された。前の文書で述べた諸点に加えて、研究所が使用していた建物は合衆国市民の所有になるものなので、建物の中身を移動することは日本当局が公用に接収する場合に都合が良いことを指摘した。

進展のないことが明らかになったので、五月十一日、更なる覚書がセニョール Villa に手渡された。その中で、Robert Craigie 卿は日本を離れる時に研究所の件が妥当な状態であることを切望しているので、もしセニョール Villa が文書ごとに口座の安全な保管のため、なんらかの措置を取られるならば非常に喜ばしいと述べた。今のところ日本当局はこの要求に同意していない。

もしムッシュ Gorge が、家具や蔵書が良い状態にあることを確かめるために研究所を訪れるべく手配して頂けるならば、まことに有り難く思う。ムッシュ Gorge が上記の要求に関して外務省になんらかの措置を講じてくださるならば、Robert Craigie 卿も深く感謝するであろう。

研究所の住所は、東京市牛込区砂土原町三丁目二番地。（建物は以前オーストラリア公使館が使用していた物件）

英国大使館

東京

一九四二年五月二十二日

BLIC1003 文書

（鉛筆の手書き書き込み「This is giving to copy to S. Villa for information only.」）

英国文化研究所は、一九四〇年二月に設立された。その趣旨は、規約の第二条第一項に次のように述べられている。「国際文化の交流、特に日本の国民と大英帝国諸国民の間の文化の交流、日英両帝国におけるそれぞれの文化の研究の振興、大英帝国に関する正確な情報の供給、日英両帝国の国民間の友好関係の促進と人類の福利の増大」規約（添付）の第二条第二項に、その目的に従って研究所が行うべき活動の一覧を含む。

2. 規約の第一条第一項によれば、研究所は「財団」（財団法人 juridical person）である。一九四〇年二月、東京市登記所へ研究所を財団として申請したが、開戦に及んで当局は申請を認可しなかった。

3. 認可をしないという当局の怠慢の故に、研究所の存在について何の公示もなされなかった。しかしながら、規約の第二条の項目(a)(b)のもとに、大英帝国及び英国の文化を研究する人々に対して、控えめにいっても図書館としての役割を果たしていたことに、何の異議も無いであろう。そしてこれが正しいことは、多くの警察や警察官の代理人を含む来訪者が頻繁に訪れたことによって、事実上証明されたと思われる。研究所は、開戦まで妨害を受けることなくこのようにして役割を果たし、蔵書も徐々に増えていった。

4. 研究所は、一九四一年十月の初めに、京橋区銀座西四丁目三番地から東京市牛込区砂土原町三丁目二番地へ住所を移した。現在借用中の土地建物の所有者は、米国市民である Miss Emma R. Kauffman である。

5. 研究所と英連邦政府との関係は、第三条第一項の(a)(c)(e)及び第四条第一項(a)(b)と第八項で説明されている。英国大使は職務上の権限により会長を務め、オーストラリア公使もまた出席するよう非公式に招かれ、また出席することへの承諾を示したことは、第四条第一項(a)から、了解されるであろう。しかしながら、John Latham 卿の正式の出席を取り決めるための、規約に基づいて必要とされる手続きは、開戦のためにとられなかった。英国大使館とオーストラリア公使館の代表者もまた役員会に出席する。

ブリティッシュ・カウンシルは、研究所の基金の五分の三を出資し、毎年の助成金を提供し、所長の給与を支払っており、政府の部局ではないが大蔵省の補助金を受けている半官の団体で、日本の国際文化振興会(Society for International Cultural Relations)と極めて良く似ている。その立場の故に、Hawley 氏は外務大臣発行の「嘱託」(非外交官)の身分証明書を有していた。これらの考慮すべき事柄によって、研究所は半官的団体と見なされるであろう。

6. 基金に関しては、五万円と現在の残高三万円は、現時点では英国大使館の会計官が保管し、大使館員が撤退する時が来たならば、研究所のために保管するべく直ちにアルゼンチン大使館へ手渡す意向である。しかしながらその日までは、現時点の円による請求にみあうだけの現金を要求することは可能である。その場合には、英国大使館による研究所の負債証明が添えられるであろう。

BLIC1004 文書

英国文化研究所

規約

（寄付行為）

I．名称及び住所

(1)財団、［Zaidanhojin juridical person］は、The British Library of Information and Culture と称し、日本名を（空欄）とする。

(2)財団のおもな事務所は、日本国東京都京橋区銀座西四丁目三番地に置く。

II．趣旨及び目的

(1)基金の趣旨は、国際文化の交流、特に日本の国民と大英帝国の諸国民との間の文化の交流、日英両帝国におけるそれぞれの文化の研究の振興、大英帝国に関する正確な情報の供給、日英両帝国の国民間の友好関係の促進と人類の福利の増大、とする。

(2)前項の趣旨を遂行するため、財団は以下の活動を行うものとする。

(a)許可された人々による調査に有用な大英帝国と日本帝国に関する図書館の設立。

(b)大英帝国の公刊物の供給。

(c)英語及び日本語による文献の著述・編纂・翻訳・出版。

(d)文献及び他の文化的な事物の寄贈と交換。

(e)日本における英国研究及び大英帝国における日本研究の講座開設の促進。日本人講師を大英帝国の多く国々へ派遣し、英国人講師を日本帝国へ招聘する。
(f)教師と学生の交換の促進。
(g)日本及び英国文化の研究者の便宜をはかる。
(h)展示会・講座等々の開催。
(i)日本の学会、大学、その他の教育機関及び個人との文化的関係の確立。
(j)文化的な映像物の図書館の設立及びこの種の映画フィルムの供給と交換。
(k)理事が財団の趣旨の実現に貢献し得ると考える他の諸活動。

Ⅲ. 資産

(1)財団の資産は以下の資金及び財産からなる。
(a)財団の設立時の基金五万円は、ブリティッシュ・カウンシル（諸外国との文化的関係促進のための組織）よりの出資金三万円と、添付の一覧にある法人・個人よりの出資金二万円からなる。
(b)基金・補助金・寄付の利子。
(c)ブリティッシュ・カウンシルよりの補助金、年間二千五百ポンド。
(d)毎年の寄付金、見積で八千円。
(e)土地建物借用のための「権利金」及び「敷金」二万四千八百円、家具及び備品の概算価値七千円、これらは総てブリティッシュ・カウンシルの寄贈による。
(f)その他の収入。

⑵基金は、本申請の当局による承認から十日以内に全額払い込まれ、東京の日本の銀行へ固定預金として預けられる。財団が存続する限り、基金の五万円に手をつけられることはない。財団解散時には、基金の処分は理事に任されるものとする。

⑶財団の支出は次のものによって支払われる。
(a)ブリティッシュ・カウンシルよりの年度毎の補助金。
(b)寄付。
(c)預金利子。
(d)前会計年度よりの繰越金。
(e)出版物の売り上げ金等の収入。
(f)その他の収入。

Ⅳ．役員

⑴財団の役員は以下のものとする。
(a)理事会
英国大使（職務上の権限によって会長）
横浜及び東京の英国学術協会の会長
神戸英国学術協会会長、Byas 殿
理事会が随時指名した者

(b)役員会（理事会の承認による）
H. Byas 殿（長）
A. D. M. Ford 殿（財務）
A. G. Hard 殿
J. T. Headerson 殿
F. Hawley 殿（所長）
(c)監査役（理事会の承認による）
Maurice Jenks, Percival, Isitt and Company
(2)理事会は理事長の要請で招集される。臨時理事会は理事長または二名の理事の要請で招集される。
(3)理事長は、理事及び役員の合同会議を少なくとも年二回招集する。臨時合同会議は、理事長あるいは二名の理事、または役員会の要請で招集される。
(4)役員及び監査役は理事会によって指名される。
(5)役員会は、財団を代表しその運営において理事会への責任を有する理事長を選出する。
(6)役員会は必要とされる頻度で定期的に開かれる。臨時役員会は、長あるいは二名の役員の要請で召集される。三名以上の出席者を定足数とする。
(7)監査役は、毎年財団の財産を監査し財政報告をする。
(8)所長の給与はブリティッシュ・カウンシルが支払う。他の役員は無報酬とする。
(9)役員会の長の任期は第一に三年とする。役員がその任を果たし得なくなった場合には代理人の出席を認める。

監査役の任期は第一に三年とする。

後任者が指名され任に就くまで、辞任は効力を持たない。

⑽役員会は、現行の規約に従うという条件の下に、運営のための規定を定める権限を有する。

V. 会計

⑴財団の会計年度は、四月五日より翌年の四月四日までとする。

⑵役員会は会計年度毎に以下の書類を監査役に提出する。
1. 業務報告
2. 財産目録
3. 貸借対照表
4. 次会計年度の予算
監査役は上記及び他のすべての書類を監査し、監査報告とともに理事会へ提出して承認を得る。

⑶各会計年度終了時には、創設時の寄付者・後援者・理事・役員による総会を開き、研究所の年間報告を提出し承認を得る。

VI. 改正

これらの規約の改正は、理事会及び役月会の合同の決議をもってなされ、所管官庁の認可を受けて効力を持つ。

BLIC1005 文書

	name	yen
1	R. M. Allardyce	20
2	Babcook & Wilcox	500
3	Arthur Balfour & Co.	500
4	Harold Boll, Taylor, Bird & Co.	200
5	R. G. Bell	100
6	Berrick & Company	200
7	G. Blundell & Co. Ltd.	500
8	F. J. Blyth	50
9	The British India Steam Navigation Co.	500
10	G. N. Brookhuret	100
11	Brunner, Mond & Co. (Japan) Ltd.	500
12	Butterfield & Swire (Japan) Ltd.	1000
13	A. Cameron A & Co. Ltd.	1000
14	T. W. Chisholm	50
15	B. V. Clarke	15
16	J. D. Collier	100
17	Cooper, Findlay & Co. Ltd.	500
18	Cornes & Co.	250
19	H. Jasper Cox	100
20	M. J. Cox, Reuters, Tokyo	50
21	Dodwell & Company	500
22	The Dunlop Rubber Co. Ltd.	1000
23	The Eastern & Australian Steamship Co.	500
24	I. M. Esses	20
25	H. L. Everingham	50

26	E. J. Ezra	200
27	J. G. Findlay, Esquire	100
28	M. Fitzgerald	100
29	S. Foley	25
30	Frazar & Co., Osaka	125
31	Frazar & Co., Tokyo	125
32	A. Goldman	100
33	E. Griffith	100
34	J. H. Hallett	50
35	A. F. Handcook	10
36	H. E. Hayward	100
37	C. W. Haynes	75
38	Helm & Co	100
39	T. P. Hopworth	25
40	Alfred Herbet, Ltd.	500
41	R. T. Holder	200
42	Hongkong & Shanghai Banking Corporation	1000
43	F. J. Horman-Fisher	50
44	Jardine, Matheson & Co.	500
45	Jarmain, Davis & Co. Ltd.	50
46	E. A. Konnerd	25
47	N. K. Lamport	50
48	G.W. Land	250
49	Lane, Crawford & Co.	100
50	Lloyds Register of Shipping	500
51	Makower, McBeath & Co. Pty. Ltd.	250
52	A. McDonald	100
53	Marcus, Harris & Lewis	20

54	J. C. Marks	25
55	C. K. Marshall Martin, C. B. E.	400
56	C. T. Mayes	25
57	Members of the staff of the Chartered Bank of India, Australia and China	200
58	D. L. Milne Day	20
59	Morganite Carbon K. K.	50
60	G. A. Morton	25
61	J. E. Moss	25
62	Doctor J. Ness-Walker	25
63	Nickel & Lyons, Ltd	100
64	A. Ormiston, Esquire	10
65	F. T. Orr	20
66	F. Owstom & Co.	200
67	Peninsular & Oriental Steamship Co.	500
68	The Rising Sun Petroleum Co.	740
69	Sale & Co.	1000
70	A. A. F. Shearer	50
71	Showa Menka K. K.	500
72	O. Skinner	20
73	H. A. Stewart	100
74	G. D. Stokes	15
75	W. M. Strachan & Co. (Agencies) Ltd. Tokyo	100
76	W. M. Strachan & Co. (Agencies) Ltd. Kobe	50
77	Strong & Co.	1000
78	E. H. Summer & Co.	500
79	The Union Insurance Society of Canton	750
80	E. F. Walker	25

81	J. B. Watson	50
82	V. B. Wilson	100
83	S. Winston	50
84	J. Witkowski & Co. Ltd.	100
85	J. B. Wolstenholme	50
86	Douglas M. Young	25
		20,000

BLIC1006 文書

No. 121（9/14/42）

英国文化研究所

英国大使館は、スイス公使館へ送った英国文化研究所に関する五月二十二日付第十九号文書において、書籍及び家具等の大使館への移送を取り決めるか、蔵書が安全に良好な状態にあることを保証するか、可能な限りの措置をとるよう公使館に依頼した。

大使館は、公使館がこの件に関していかなることでも成し得ると確認できるならば非常に喜ばしく思う。すでに説明したように、蔵書の内容はかなりの価値を有するもので、Robert Craigie 卿はそれに関してブリティッシュ・カウンシルに対する責任がある。従って、可能ならば、蔵書に関して何がどのようになるのか、とりわけ、通常ならばこの仕事を引き受けるべきである所長の Hawley 氏がいまだに勾留されていることについて、協会に対して帰国時になんらかの報告書を提出できることがもっとも重要である。また、Robert Craigie 卿は、開戦以来何も知らされていない研究所の日本人職員に対して、大きな責任を感じていることも述べなければならない。

英国大使館
東京
一九四二年六月二十三日

BLIC1007 文書

（手書きの日付）11/14/42

COPY

No. GG. 9. 1. 4.-cf

英国大使館への覚書き

スイス公使館は、一九四二年六月五日付の大蔵省告示第三百三十三号の翻訳をここに同封いたします。

東京、一九四二年六月五日

（仮署名）C. G.

スイス公使館

東京

BLIC1008 文書

一九四二年六月五日付け官報の告示の翻訳

大蔵省告示第三百三十三号

敵産管理法第四条第一項の規定に依り、敵産管理人を左の通り選任す。

昭和十七年六月五日

大蔵大臣　賀屋 興宣

敵国財産

英国文化研究所に属し又は其の保管する一切の財産

管理人

東京市日本橋区室町二丁目一番地 三井信託株式会社

BLIC1009 文書

No. 152（10/14/42）

覚書

英国文化研究所

六月二十三日の第百二十一号覚書（9/14/42）がスイス公使館へ手渡されて以来、英国大使館は英国文化研究所に関して次の詳細を確認してきた。

(a)所長の Hawley 氏は、英国文化研究所の職員に給与を支払い解雇した。この関係についてはそれ以上の問題が起こらないよう、警察と協定できたように思われる。

(b)三井信託株式会社が、建物とその中身を引き受けたと聞いている。

(c)建物の賃貸料は払われておらず、この支払いに応じるため、家具と蔵書を売却すべきだという提案が出されていると思われる。

2. 先の覚書、特に五月二十二日付第十九号（8/14/42）で述べたように、研究所の地位にかんがみ、Robert Craigie 卿は研究所の件が日本の民間会社に託されているのは遺憾なことと考えている。Robert Craigie 卿は、スイス公使館が研究所を直接監督することは可能であろうと推測している。

3. ブリティッシュ・カウンシルの所有する蔵書を、必要のない家屋賃貸料を支払うために解体しようとする案を、Robert Craigie 卿は憂慮している。従って彼は、土地建物はもはや請求されないこと、借用契約は期限切れと見なされるであろうことを、日本当局は知らされるべきであると示唆するつもりである。また、可能ならば、蔵書がスイス公使館の保護の下に手を付けずに保管されるように協定が結ばれるべきである、と勧告するつもりである。もしこの方針での取り決めに役立つならば、Robert Craigie 卿は、現在までの賃貸料を含む未払の債務に見合うような家具の一部（蔵書ではない）の売却に、異議を唱えないであろう。しかしながら、スイスの保護の下に蔵書全体を保管するという明確な保証を伴わない限り、卿はいかなる申し出にも公的な同意を与える用意はないであろう。

英国大使館
東京
一九四二年六月三十日

英国文化研究所

註

（1）拙論「フランク・ホーレーと琉球研究」『琉球・沖縄』昭和六十二年、雄山閣刊。
拙論「宮良當壯とフランク・ホーレー」『宮良當壯全集』月報十七、第一書房刊、昭和六十三年月発行〔本巻収録〕。

拙論「ハワイ大学宝玲文庫「琉球コレクション」成立の経緯」『生活文化研究所年報』第五輯、平成三年十一月刊〔本巻収録〕。

拙論「フランク・ホーレー「琉球コレクション」」『生活文化研究所年報』第六輯、平成四年十二月刊。

拙論「フランク・ホーレーと関西アジア協会」『生活文化研究所年報』第七輯、平成五年十二月刊〔本巻収録〕。

拙論「フランク・ホーレーフと和紙研究」『生活文化研究所年報』第八輯、平成六年十二月刊。

拙論「フランク・ホーレーの日本研究と辞書編纂」『生活文化研究所年報』第九輯、平成七年十二月刊〔本巻収録〕。

拙論「フランク・ホーレーと研究社『簡易英英辞書』の編纂」『生活文化研究所年報』第十輯、平成八年十二月〔本巻収録〕。

拙論「『トラベラーフロム東京』（ジョン・モリス著）にみるフランク・ホーレーの逮捕・拘留」『生活文化研究所年報』第十輯、平成八年十二月〔本巻収録〕。

拙論「フランク・ホーレーの家族のこと」『生活文化研究所年報』第十二輯、平成十一年三月刊〔本巻収録〕。

拙論「フランク・ホーレー「琉球コレクション」訂正・加筆」『生活文化研究所年報』第十二輯、平成十一年三月刊。

拙論「戦前ＵＨ（University of Hawaii）文書にみるフランク・ホーレー」『生活文化研究所年報』第十三輯、平成十二年三月〔本巻収録〕。

（2）前掲註（1）拙論「『トラベラーフロム東京』（ジョン・モリス著）にみるフランク・ホーレーの逮捕・拘留」『生活文化研究所年報』第十輯〔本巻収録〕

（3）昭和十七年十一月四日付、スイス公使館宛ホーレー俊子書簡。

（4）大蔵省編『第二次世界大戦における連合国財産処理』大蔵省印刷局、昭和四十一年一月刊。記載には「ドフランク・ホーレー」とあり、誤植と判断した。

（5）前掲拙論「フランク・ホーレーと琉球研究」『琉球・沖縄』。
（6）柄沢日出雄「フランク・ホーレー文庫蔵書について」『三田文学』一九六一年、七月。
『慶応義塾図書館史』第四章「大地震から戦争へ」・第五章「罹災から再建へ」、昭和四十七年四月一日刊。
（7）THE BRITISH COUNCIL The First Fifty Years by Frances Donaldson, Jonathan Cape, Thirty Bedford Square London, 1984
（8）［敵産管理法の概略］

開戦を控えた昭和十六年には、戦時における敵国外国人資産の凍結を目的とする戦時立法が準備され、在日外国人の財産調査が実施された。戦時中に敵国所有の資産が移動することを阻止するために、この敵産管理法は作られ、十二月二十二日に公布された。この法律の最初は、第一次世界大戦にさかのぼる。法律によって、日本政府は必要に応じて敵国又は敵国人の財産に関して管理人を選任して管理せしめることが出来たのである。財産管理人が決定され、彼らによって敵性外国の会社は資産や株券が処分されたり、経営を日本人と交代するなどの行為が行なわれた。敵国においても同様の法律が用いられ、日本人の在外財産が凍結された。敵産管理法は、戦時下において日本の資本が交戦状態の外国に流出するのを防止することを意図して制定された。

この法律は、従来備えていた法律である。外国為替管理法や資産凍結令では不十分であると日本政府は考えた。そこでまず、敵国人及び敵国財産の調査を行い、昭和十六年九月には、それを十七巻もの調査記録として作成した。この時実施された調査は「外国人ノ財産ニ関スル調査要綱」に基づいており、調査対象を次のように定めている。

「(1)調査の対象は、外国系本邦法人、外国法人の本邦内支店、出張所、本邦にて個人営業をなす外国人、本邦居住外国人で、教師、学生、外交官等並びに年収五千円以下の者を除いた。

また、外国居住者の本邦内に於ける財産の保有又は管理人も調査対象とされた。

(2)調査事項は、（イ）法人については、沿革、資本金関係、資本金以外の支配関係、営業概況、最近における資産、負債関係等であり、（ロ）個人については、略歴、渡来の目的、職業、最近一カ年間の収支概要、海外旅行歴等相当詳細な内容を対象とし敵産の現状把捉に努めたわけである。」

この調査の結果が、この法律の実施の基礎となった。

日米開戦後の十二月二十一日、この法律は直ちに公布された。敵産管理法は全文十一カ条で構成され、主たる内容は、政府が必要に応じて敵国又は敵国人の財産を、管理人を選任して管理せしめ、管理人に対してその財産を処分することを認めた物である。この法律の目的について、当時の大蔵大臣賀屋興宣は、「本邦の在敵国財産の要償担保」、敵国に対する「報復」、「敵国財産の積極的利用」であることを述べている。

大蔵省編『第二次世界大戦における連合国財産処理』大蔵省印刷局、昭和四十一年一月刊。

（9）照山越子「ホーレー氏のこと、思い出すままに」『生活文化研究所年報』第十二輯、平成十一年三月刊。

（10）英国文化研究所文書、BLIC1004 文書。

（11）前掲註（10）

（12）英国文化研究所文書、BLIC1005 文書。

（13）『朝日新聞』、昭和十四年九月十五日。

H. VERE REDMAN の著書として、次の日本関係著書がある。

JAPAN IN CRISIS: AN ENGLISHMAN'S IMPRESSIONS, George Allen & Unwin Ltd, Museum Street, London, 1935. 219pp.

THE PROBLEM OF THE FAR EAST, Victor Gollanz Ltd, London, 1935. 341pp.（茂木惣兵衛との共著）

戦前、商科大学（現一橋大学）の教授を務める。また、記者として、The Quarterly Review, Contemporary Japan, Oversea Education, Fort-nightly Review, The Times, The Manchester Guardian, The Japan Advertiser 各紙に記事を記している。

（14）『朝日新聞』、昭和十四年十月三十一日。

（15）青木聰「英国極東情報局の正体　日本での暗躍振りを衝く」、『話』昭和十五年一月号。

（16）英国文化研究所文書、BLIC1001 文書。

（17）英国文化研究所文書、BLIC1003 文書。

（18）英国文化研究所文書、BLIC1002 文書。

（19）『官報』第四六一九号、昭和十七年六月五日、「大蔵省告示」第三百三十号。

（20）英国文化研究所文書、BLIC1008 文書。

（21）英国文化研究所文書、BLIC1006 文書。

（22）英国文化研究所文書、BLIC1009文書。

（23）昭和十三年三月二十日、シンクレア宛ホーレー書簡。前掲書（1）拙論「戦前UH（University of Hawaii）文書にみるフランク・ホーレー」『生活文化研究所年報』第十三輯〔本巻収録〕。

（24）昭和十四年七月十二日、シンクレア宛ホーレー書簡。前掲書（1）拙論「戦前UH（University of Hawaii）文書にみるフランク・ホーレー」『生活文化研究所年報』第十三輯〔本巻収録〕。

（25）昭和十五年九月二十五日、シンクレア宛ホーレー書簡。前掲書（1）拙論「戦前UH（University of Hawaii）文書にみるフランク・ホーレー」『生活文化研究所年報』第十三輯〔本巻収録〕。

（26）ホーレー俊子談。

（27）前掲註（1）拙論「フランク・ホーレーと和紙研究」『生活文化研究所年報』第八輯。

（28）前掲註（8）照山越子「ホーレー氏のこと、思い出すままに」『生活文化研究所年報』第十二輯。

（29）英国文化研究所文書、BLIC1003文書。

（30）ホセ・R・サンチス・ムニョス『アルゼンチンと日本　友好関係史』、一九九八年十一月、日本貿易振興会刊、九十〜九十一頁

（31）Sir Robert Craigie, BEHIND THE JAPANESE MASK, Hutchinson & Co., 1945

『トラベラーフロム東京』（ジョン・モリス著）にみるフランク・ホーレーの逮捕・拘留

研究社の『簡易英英辞書』の編纂を終えた後、フランク・ホーレーは英国文化研究所（British Library of Information and Culture）に所長（Director）として勤める。英国文化研究所は昭和十五年二月に開設されたが、日米開戦によって事実上閉鎖され、戦後においても再開されなかった。

昭和十六年十二月八日、日米の開戦と同時に日本在住の米国・英国籍外国人は敵性外国人の指定を受けた。殆どが逮捕され、動産・不動産などの財産は日本政府によって接収された。ホーレー夫妻は、十二月八日早朝に青山の自宅で逮捕され、そのまま拘留された。夫妻は巣鴨拘置所に送られたが、俊子夫人のみは取り調べの後に釈放された。ホーレーは翌年の七月まで拘留され続け、釈放後直ちに捕虜交換船「龍田丸」で英国へ送還された。横浜を出航したのは七月二十九日で、残されている彼のパスポートの記載によれば、八月二十七日にロレンソ・マルケス（現在のMaputoでモザンビーク共和国の首都）へ到着している。その地で、ヨーロッパで逮捕された日本人捕虜と交換され、十月十日に英国リバプールに到着した。

捕虜交換船「龍田丸」の船上で、ホーレーは友人のジョン・モリス（John Morris）と八ヶ月ぶりに再会した。英国に到着するまでの三ヶ月の間に、お互いの体験を語り合ったことであろう。帰国後、モリスは *Traveller From Tokyo* を著した。(1)

ジョン・モリスはインドで英国将校として務め、日本政府から英語教師として、また外務省の顧問として招かれた。一九三八年以降四年間日本に滞在することになり、東京大学で教鞭を取った。戦後の昭和二十一年に、ＢＢＣの特派員として再び来日し、六ヶ月間取材活動を行なった。そのときの日本滞在記は、*The Phoenix Cup: Some Notes on Japan in 1946* として翌年に、The Cresset Press 社から刊行されている。(2)

Traveller from Tokyo は多くの読者を得て、度々版を重ねている。筆者の手元には、次の四種の *Traveller from Tokyo* がある。

1. *Traveller from Tokyo*, The Cresset Press, London, 1943, pp.163.
2. *Traveller from Tokyo*, Readers Union, The Cresset Press, London, 1944, pp.150.
3. *Traveler from Tokyo*, Sheridan House Publisher, New York, 1944, pp.253.
   Foreword by Joseph C. Grew [U.S.Ambassador to Japan]
4. *Traveller from Tokyo*, The Book Club, London, 1945, pp.152.

本書の初版は一九四三年にロンドンで刊行されて、好評を得、翌年にはロンドンとニューヨークで改版されている。その翌年の一九四五年には、再びロンドンで改版されている。モリスは、日米開戦後も八ヶ月の間逮捕されずに日本に留った。それは外務省の顧問として招聘されたこと、華族とも親交があったことなどによる特別な措置であった。従って本書は戦時下の日本の情報として、また日本理解のための絶好の書として当時高く評価されたのである。これら四種の本は、内容的には完全に同一で、米国版のみに昭和七年から十七年まで駐日アメリカ大使を務めた Joseph C. Grew の序文が付されている。

当時、Joseph C. Grew は知日家として著名であり、著書 *Ten Years in Japan*(一九四四年刊、日本語翻訳版書名『滞日十年』)を記している。Joseph C. Grew は序文の中で、日本人の生活・思考・行動を西洋の物差しで計ろうとしても理解できない、としている。Joseph C. Grew は序文の中で、モリスは真珠湾前後の四年間の東京生活を、事実に基づいた鋭く経験に富む観察者として、学術的な視点から書いていると、高く評価しているGrewが最も興味深いとしているのは、モリスが後書きで、来たるべき勝利の後に日本の戦後プログラムとして、Defeat/Occupation/Demilitarization/Opportunity の四段階を提示していることである。一九四四年六月十五日付け「Inside Japan」も Grew の序文を引用して、AMG(米国軍事政府)はこの本のお陰で日本占領のマニュアルが準備できたようなものだ、と高く評価している。また、同年六月二十三日付けの *New York Herald Tribune Weekly Book Review* 誌では「One of the Few First-Hand Accounts of Life in War-Time Tokyo」の副題のもとに「In Japan After Pearl Harbor」の見出しを組んでいる。そこでは、かつて日本で *The Advertiser* 誌に関わった Wilfrid Fleisher がジョン・モリスの著書を取り上げ、コメントをまじえて最近の日本の様子を伝えるものと評している。(3) 同様に、*The Saturday Review of Literature* 誌の七月十五日号においても、Henry C. Wolfe のほぼ同様の内容の書評がある。(4)

本書の構成は、前置きと後書き挟まれた二部からなっている。第一部「日本における生活」は来日から開戦まで、第二部「真珠湾攻撃以後」は開戦から帰国までのことである。特に、第二部は日米開戦当時の在日外国人の様子を知る上で極めて興味深い。モリスは多くのジャーナリストを友人に持っていた。彼ら、すなわち東京にいた外国人にとっても、真珠湾攻撃は予想だにしない出来事であったこと、開戦の後に、彼らが日本の警察によってどのように逮捕されたかが、時間的経過にそって詳しく具体的に記されている。第二部では、日本の警察や司法制度と、拘置所における待遇に多くの紙面がさかれている。モリス自身は外交官特権により逮捕を免れた。これらの情報は拘留されたホーレーから交換船の中で直接に得たものである、とモリスは記している。

また、筆者の手元には同年八月二十四日付けの書類の写しがある。ホーレー自身の署名はないものの、書類には彼の名前がタイプされ、明らかにホーレーの筆跡による訂正がなされている。文体は箇条書きに近い、証言記録の体裁である。察するに、ロレンソ・マルケスに到着の前に、拘留中の覚え書きとして作成され、ホーレーがその控えを保管していたものであろう。内容の殆どが、モリスの著書に記されている通りであるが、独自の箇所も存在する。

かつて、筆者はホーレー俊子夫人に、開戦当時の状況について取材した。以下はその概要である。逮捕前日の日曜日まで、ホーレー夫妻は日光の金谷ホテルに滞在していた。帰宅した翌朝に二人は逮捕された。当時ホーレーは、「日本が米国と戦争を始めるなどということは考えられないことだ。日本はそんな馬鹿ではない。」と語っていた。逮捕の当日に英国大使館で外交官としてのパスポートの発給を受ける予定であったという。警察の対応がもう半日遅れていたなら、少なくとも巣鴨拘置所に拘留されることはなかったであろう。

日本人であるホーレー俊子夫人が拘留所から釈放されたのは、逮捕後しばらくしてからであった。夫人は日本政府に接収されたホーレーの蔵書を取り戻すために各方向と交渉し奮闘する。このとき大きく力となり、夫人に代わって戦時中立国であったスイス領事館を通じて、蔵書返還のための要望書を書き送ったのはジョン・モリスであった。このことは既に述べた[5]。

フランク・ホーレーの逮捕、拘留、拘置所内における処遇、そして本国送還の問題は、彼の生涯で重要な出来事である。それ故に、ジョン・モリスの著書の中でホーレーに関わる部分を訳しここに紹介する。

The Cresset Press, London, 1943.

トラベラーフロム東京
ジョン・モリス著

第二部　真珠湾攻撃以降　一九四一年十二月七日から一九四二年六月二十九日まで

1　開戦

一九四一年十二月七日は、他の日曜と殆ど変わることのない日曜日であった。私はやや遅く目覚め、昼食前にレコードを二、三曲かけ、午後はバージニア・ウルフについての記事を書くことに費やした。それは活字になることはなく、今日も日本の警察の保管室にあると信じている。

私の記事は *Japan News Week* に載せるはずのもので、このアメリカの新聞は開戦にもよく耐えてその独立性をなんとか保ち続けていた。両国の態度を公正に批判する極めて率直な社説によってこれをなそうとしたのである。同じく公正の精神から、二週間毎の戦況の概要を、英国とドイツの大使館それぞれから提供された通りに、隣り合うコラムとして掲載した。これらを同時に扱うことで、しばしば面白い読み物となった。しかしながらドイツと日本の関係が近くなるにつれて、ドイツ大使館は、ドイツの公的発表を否定するような英国側の概要を止めることが望ましいとほのめかした。編集長はこれをにべもなく断ったので、ドイツ大使館はドイツ側の概要を彼に提供することを止めた。
開戦前の数ヶ月間、新聞社のために働く仲間三、四人が、日曜の夜毎にPaul Ruschの家に集まっていた。Paulは日本の最良の友の一人であった。初め、彼は、一九二三年の地震の後に日本人を救援するYMCAのボランティアとして来日した。後に彼は教育的伝導師となり、数年のうちに、恐らく世界で最良の少年のための社会奉仕団体を、殆ど自力で作り上げた。この団体は、戦争がPaulの活動に終止符を打つまで順調に完成に向かっていた。彼はまたアメリカン・フットボールを日本に紹介した人物としても知られている。

Paulの晩餐会はすべての客から高く評価されていた。彼はご馳走の楽しみに大変な心配りをしたが、極めて熟練した料理人で、全部自分で用意して料理したものをよく食べさせてくれた。このようなご馳走では、彼の故郷のケンタッキー料理が際立っていたものだ。我々が配給のためにあらゆる楽しみを諦めねばならなくなってからだいぶ経っても、彼の歓待は続いた。どのようにしてこんなことができたのか我々には分からなかったし、いまだに彼の秘密である。

十二月七日の夜、我々はいつものようにPaulの家に集まった。*Japan News Week* 編集長のW. R. Willsと同紙の編集支配人のPhyllis Argallと、そして大使館付きのBryant英空軍司令官と私であった。我々の日曜の集いに外交団の一員が加わるのはそうあることではなかった。のみならず、彼は他の利点ももたらした。深夜にタクシーをつかまえることを殆ど不可能にした燃料制限も大使館員には適用されなかった。彼らは夕食に外出するときに個人の車を使っていたので、この特権を持たない仲間を自宅に帰る前に家まで送って行くようになっていた。このことが起こったのがいつになく雨降りの夜だったので、Bryantの乗用車がPaulの家の前に止まっているのを見て喜んだ。少なくとも慌てて帰る必要もなく、雫をたらしてバスの前に並ぶ必要もなく、郊外電車の混んだ終電で吊革にぶら下がる必要もない。しかしながら、もちろん、Bryant に会えることも本国の最新ニュースを聞けることもうれしかった。何が本当に起こっているかを知る機会は、大使館の誰かにたまたま会ったときだけであった。というのは、東京の英国人が大使館に行って日々の公報（戦況報告）を手に入れることは理論的に可能であっても、英国民でさえ英国大使館を定期的に訪れることは警察の深い疑惑を招くので、実際にはできることではなかった。事実、日本が参戦してからは多くの同朋が自国大使館を定期的に訪れた「罪」で逮捕された。日本の警察は、人が危険な目的のためよりも一杯のお茶を飲むためにそこへ行くことを認めたがらなかった。

夕食のあと我々は火を囲んで話をした。我々の殆どが、日本がいつかは参戦することは分かっていた。しかし、その瞬間がそこに迫って来ているとは誰一人考えていなかった。もし誰かが、静かに談笑している我々に、既に日本の艦隊が真珠湾のすぐ前にいると告げたなら、我々はその考えを笑ったであろう。危機が手の届くところにあるという暗示さえ誰も受けていなかった。我々は Paul の家を十一時頃に辞し、Wills と Phyllis Argall を送った後、Bryant は自分の家からそう遠くない私の家の方向へ連れていってくれた。夜も更けてきたし彼は朝早く起きなければならないので、彼の家に近い交差点で私を落としてくれるよう頼んだ。そこで彼は車を止め、車の中で最後の煙草を飲み、私は車を出て歩いて家へ向かった。道は寂れていて、思い出しても人影ひとつなかった。後に知ったことだが、警察は Paul の家で誰が夕食を取ったかを正確に知っていたばかりでなく、交差点の車の中で Bryant と私が話をしていたことも見張っていたのだ。私が家へ帰るまでずうっと着けられていたことは疑いないのだが、日本の警察の能力が高いので、全く気付かなかった。四年間の日本滞在の間、私は見張られているという疑いを抱くような場面を思い起こすことができない。しかしながら後になって受け取った報告書によれば、その間中警察が私を見張っていたことは明らかである。

その翌朝、私はいつものように八時半に朝食に下りた。この時間、レコード放送の番組が毎日あるので、朝食をとりながら聞くのが常だった。ラジオのスイッチを入れると、シンフォニーの替わりにアナウンサーが日本語で早口で話しているのが聞こえた。同じことを繰り返し繰り返し言っているように思われたので、それが何なのか知ろうと思った。私が理解し得た限りでは、アナウンサーは日本とアメリカ合衆国が交戦状態にあると言っていた。（真珠湾への攻撃は約一時間後まで公にされなかった。）正しく理解できたか定かではなかったので、コックを呼んでニュースは本当なのか尋ねた。「そうです。でも朝御飯を食べてください。仕事に遅れますよ。」と彼女は言った。どうすべきかはっきりしないので、何よりもまず、隣に住む Reuter（ロイター）社の特派員の Richard Tenelly のところへ行って話し合おうと考えた。しかしながら我家のドアを出るや否や、Tenelly の家の外を四、五人の警官が警備しているのが見えた。彼らは、チーフが中にいるので会ったほうがいいと私に言った。すぐにチーフが出てきたのでどうすればよいのか尋ねた。「あなたを逮捕せよという命令は受けていません。いつものように仕事をしたほうがいいでしょう。」と彼は言った。私が十時に講義があると言うと、行って講義するよう勧めてくれたが、Tenelly には会わせてくれなかった。

大学に着くと、私はまっすぐ教室に向かって講義の用意をした。学生の態度に変わったところは何もなく、我々は何事もなかったように講義を進めた。しかし講義の終りに、文部省の指示を受けるまではこれ以上教えないほうがいいと言われた。そうこうするうちに、現在の私の立場が厳密にいってどういうものなのか外務省へ行って確かめたほうがいいという考えが浮かんだ。既に説明したが、私はもともと外務省の後援で日本へ来た。そのことは文書にはされていないが、戦時においては私に事実上外交官特権と同等のものが与えられるはずであった。外務省は混乱の中にあった。私が話をした役人は、街の普通の人々と全く同じくらいこのニュースに驚き唖然としているように思われた。戦争を回避すべく最後の瞬間の試みを行うとみせかけるために来栖氏をワシントンへ送ったことは、かつてなされた最も卑劣な外交行為であると今日では広く信じられている。というのは、来栖氏の折衝の進行中に、一方で、真珠湾攻撃の計画が練られ、実際に日本海軍はその位置に動いていたからである。(6)すべての真実が知られるようになるかどうか疑わしいが、十二月八日朝の日本外務省の役人との会話の記憶を呼び戻してみると、日本政府は誠意をもって行動したと信じたい。真珠湾への軍による攻撃が東京の政府の前もっての承認なしに行われたことは、ありそうなことだと私は考える。(7)この意見が一般的に受け入れがたいものであることは私もよく分かっている。しかし、日本軍の指導者たちは既に、本国政府の前もっての承認なしに一九三一年に満州を奪取したことで、独立した行動を取る先例を確立していたことを思い起こすべきである。外務省から、私は逮捕されないという趣旨の命令が既に出されていると告げられた。しかし、二、三日あるいは少なくとも状況がどのように展開するか分かるまでは家にいたほうがいいと付け加えられた。しかしながら、私自身が不安を感じなければ近所に出かけることに差し支えはなかった。それでもやはり、家に帰る前に英国文化研究所（British Library of Information and Culture）の所長である友人のフランク・ホーレーを訪ねることにした。これは British Council の保護のもとに最近つくられた機関である。日本との長年にわたる緊密な関係にも拘らず、平和時にはこのような研究所を設立する価値があると誰も考えなかったのは驚くべきことである。英国の機関は、既に存在する英国のものへの興味と敬意を増大させることに極めて多大な影響を与えることができたであろう。結局、British Library（英国文化研究所）は両国の関係が緊張するまで開かれず、その初めから警察の疑惑を受けることとなった。しかし短い期間であったが、評価しうる仕事をした。多くの教師や学生が、警察の疑惑を受けることもありながらも、British Council によって英国から送られた精選された書物を利用できたのである。

ホーレーの家に着いてみると、彼と日本人の妻はその日の朝早く警察の分署へ連れて行かれていた。ホーレーの料理人は、彼と接触を保とうとするのは無分別だと思うと言った。主人たちのために食事やベッドの世話をしていた彼女自身は、接触することを拒否した。

2　日本の警察制度

私がホーレーの話を聞いたのは、約八ヶ月後、本国送還船の上でだった。その話をここで少し詳しくしよう。というのは、それが日本の警察組織と刑務所管理についてかなりの光を投げ掛けるからである。

しかしながらそうする前に、日本警察の組織を簡単に説明したほうがよいであろう。日本には通常の警察と憲兵の二つの別個の警察隊がある。警察の任務は公的秩序の維持に限られてはいない。彼らは〝危険思想〟として表れるものを厳しく統制している。この言葉は、伝統的な日本の考え方に反するいかなる活動にも適用される手ごろな表現である。彼らの主たる関心事の一つは共産主義の根絶である。

憲兵は軍の明確な部門を構成しているが、他の国々の憲兵と異なるのは、それ自体が独自の方針を持っていることである。それは極めて保守的な愛国主義に立っている。二つの主な任務のうち軍の規律の維持の方はあまり重要な位置を占めていない。隊の活動のうち重要でないほうの部門に従事している隊員は、ちょうど我々の〝Red Cap〟と似た任務についている。彼らは通常の軍服を着用し、〝Military Police〟を意味する表意文字〝憲兵〟と書かれた白い腕章をしている。

憲兵の主たる任務は極めて広い意味での国防である。それはスパイ行為の防止と対抗的スパイ活動の実施である。この隊は多くの意味でドイツのゲシュタポの写しだが、隊員は軍の階級は持っているけれどいかなる種類の制服も着用しないことに注目すべきである。警察は軍人を逮捕できないが、憲兵は誰でも逮捕する権限を与えられている。実際のところ彼らの不興を買うのは民間人である。ついでながら、日本のどの警察署にも憲兵が連絡将校として配属されていることも注目されねばならない。理論的には、二つの隊は互いに緊密に協力し合って働くのだが、しかし実際にはかなり警戒し合っている。このことはかなりの欠点を助長しがちである。というのは、ある人物が警察に逮捕され、尋問の結果警察が維持しなければならないいかなる法をも犯していることが立証できなくて釈放されることはよくあることである。同じ人物が憲兵に逮捕された場合、恐らく咎めることが可能だと立証されるであろう。

ホーレーとその妻は一九四一年十二月八日朝六時三十分、国家総動員法を犯したとして逮捕された。この法律は、最近施行されたばかりだが、適応の範囲が非常に広いので、論理的には日本にいる誰でもが逮捕されることになり得る。例えば、新聞の完全なファイルを持っているとか、新聞に載った日本の戦争のニュースについて公の場で議論するといった、明らかに無害な行動をも含んでいる。実際に、私の学生の何人かは後に、学校へ向かう途中の電車の中で、アメリカによる東京空襲のことを悪気なく論じていたのを警官が耳にはさんだために逮捕された。

警察の分署に着くとすぐに、ホーレーと妻は引き離された。彼はポケットを空にされ、ネクタイとズボン吊りを手渡さねばならなかった。この二つは地下の小部屋に保管された。その後、彼らは五フィート四方の監房に入れられた。彼らは一つの監房に一人ずつ入れられたが、一般の日本人の囚人は一つの監房に四人ずつ閉じ込められ、身体の下に足を折り込むという正式な儀礼的やり方で終日座っていることを要求される。床に座り慣れている日本人でさえ、大変な苦痛に悩まずに正しい儀礼的姿勢で座り続けることができるのはせいぜい半時間であることは記憶されねばならない。髭の伸び具合からみて、数ヶ月はこれらの監房に入れられていると思われる若者を大勢見たと、ホーレーは話してくれた。この勾留の初めの段階の間は髭を剃ることは許されないし、どんな形の運動も許されない。その上、囚人の身体の状態がどうあろうと六時間に一度しか身体を楽にする機会を与えられない。便所は不潔だとホーレーは言っていた。トイレットペーパーの使用は許されず、冷たい水の蛇口が一つあるだけでタオルはない。食事は日に三度、一椀の御飯と小量の野菜である。

十三時間後、ホーレーと妻は拘置所（東京郊外の巣鴨にある）へ移された。そこはこの種のもののモデルと日本人が考えている所である。東京で逮捕された外国人の大部分が収監されたのがここである。着くとホーレーは服を脱ぐように言われ、身長と体重を計られたが、診察はなかった。次に彼は、拘置所の役人が前と後ろから身体の輪郭スケッチをする間中裸で立っていなければならなかった。これは識別する特徴の正確な位置を示している。二つの図は六インチ四方のカードに糊付けされ、その後ろには髪や歯についての詳細が記入された。このカードは囚人が刑務所を出るときにはいつも添えられるのだが、これは囚人が逃げたときに担当の看守が最寄りの警察署に識別の目的ですぐに手渡せるようにするためである。これらの図の作成に約三時間かかったが、その間中ホーレーは薄い綿の着物一枚で、しょっちゅう脱ぐことを要求された。次は強制的な入浴で、衣服の着脱も含めて七分以内に終えるように要求された。これは日本の刑務所で入浴に許される時間の標準である。ホーレーは自身の服を着ることが許可された。ネクタイは許されなかったが、ズボン吊りは昼の間は使ってよく、夜に監房に鍵をかける前に手渡した。日本人の囚人はいかなる種類の外国の服も着ることは許されず、伝統的な衣類を着なければならない。

強制的な入浴の後、ホーレーは監房に連れて行かれ、最初の食事が運ばれた。監房は縦横六フィートと九フィートでセメントの床の上を薄い日本の敷物で被っている。小さな戸棚と水洗便所と冷たい水の蛇口を取り付けた洗面台がある。家具はなく、床の上に座らなければトイレのシートに座るしかない。そのほか監房を掃除する小枝の箒と紙の塵取、床の埃を入れる木製の屑箱が置かれ、ゴミは週に一度集められる。二×四フィートの覆いのない窓が一つあるが、金網で覆われた曇りガラスで六インチ以上は開けられないように上が蝶番でとめてある。冬はいかなる暖房もなく、夏は監房の中は息苦しい。監房の中央から三十ワットの電球が下がっている。これは夜中点灯され、すべての囚人は見回りの看守が顔を見ることができるようにその中で眠ることが要求されるので、覆いのない明かりのまぶしさを避けることはできない。監房のドアは鉄製で、さしわたし三インチの覗き穴が付いている。この穴は日中は閉じられているが夜は開けてある。

多少の差はあれ、これが東京で逮捕されたすべての外国人が置かれた状態である。そして他の場所ではその状態は著しく悪かった。しかしながら、日本の基準からすれば置かれた状態は良いもので、日本人の囚人に与えられた待遇は疑いなくずっと苛酷なものであったことはとても重要なことである。しかしながら、この国でもアメリカでも、新聞は外国人の取り扱いの野蛮なやり方に憤慨して批判している。多くの場合彼らが手荒く扱われたことは全く本当である。しかしながら彼らが外国人だからではないと私は思う。一般的に言って、外国人に対するいかなる差別もなかった。彼らは、先に述べたように、全体としては同じ状況に置かれた日本人よりは良い待遇を受けた。悪いのは日本の司法制度全体で、そのことを弁護すべきことは何もない。

ここに公判を待つ人々の獄中生活についての短い記事がある。囚人たちは夏は七時冬は六時に起こされる。三十分後にそれぞれの監房は開けられ、看守長の点検がある。半時間後朝食が運ばれるが、米に小麦か大麦を混ぜて炊いたもので少量の野菜スープが添えてある。売店があって、公判を待つ人々は余分の食糧・石鹸・歯磨き粉・トイレットペーパーなどの雑貨を買ってもよい。外国人の囚人は刑務所で用意された普通の欧風の食事を摂ることを許されている。彼らは日本食で生活することは要求されない。しかしながら、判決を受けてからは通常の日本人の囚人と同じように扱われる。

囚人たちは自分で髭を剃ることは許可されないが、四日に一度ぐらい床屋へ行くことを許される。天気が良ければ囚人たちは毎朝十時に十分間運動を許される。運動は二十五フィート×六フィートの屋外の監房で行われる。これらの監房は壁はあるが屋根はなく、養鶏場のようだと私に説明してくれた。囚人は監房を離れる際にはいつも屑籠に似た形の大きな籠で頭部を覆うよう要求される。この目的は囚人が互いを認識しないようにするためである。例えば刑務所から公判の行われる建物まで連れていかれるときのように、通りに出るときでさえ着用させられる。十一時には監房の点検が行われ、その間囚人は籠を被って自分の監房の外で待つ。

昼食は十一時三十分に出され、少量の魚が付くほかは朝食と同様である。夕食はやはり同じで午後四時に出される。四時半、朝に行われたと同様の点検があり、五時に囚人は夜のために自分の監房に閉じ込められる。日中は監房のドアは外から鍵なしで開けることができるが、夕方の点検以降はドアは鍵をかけられる。就寝は夏冬ともに七時だが囚人は八時まで起きていて差し支えない。しかしながらこの時間までにどの囚人も実際にベッドに入らなければならない。

公判を待つ囚人は、月に六冊の本が許可される。これらは新本でなければならず、手渡される前に刑務所の当局によって検閲される。検閲に最低一ヶ月かかるので、勾留から四週間は一切何も読まずにいる。

どの囚人も、十日に一度葉書を一枚書くことを許され、当局が適当と考えるものならどんな手紙も受け取ってよい。しかしながら、囚人は書くために二フィート半四方より大きくない（！）特別な監房に連れていかれる。冗談ではない、二フィート半四方である。書くものは与えられるが、書くための監房には何も持ち込んではいけない。トイレットペーパーでもハンカチでもある。葉書を書くのに時間の制限はない。しかしながら、監房があまりにも狭いのでその中で向きを変えることさえ不可能なことは分かるであろう。夏には温度があまりにも高いので、特別の身体の持ち主でなければ二、三分以上はその中に留まっていられない。

囚人が判決を受けた後は状況は著しく悪くなる。囚人服のみが許され、夏は薄い木綿の着物一枚、冬はそれよりほんの少し厚いものである。下着は許されない。支給される着物は、軽い罪で刑務所にいる者は青、重い罪で申し渡しを受けた者は血の色である。頭は剃られ、顎は月に一度手入れされるだけである。判決を受けた囚人は公判を待つ者よりも三十分早く起き、夕方は一時間遅くベッドに入らねばならない。彼らは働くことを要求されるが、殆どが孤立した監禁状態において、朝の日の出から夜になって監房に施錠されるまでである。仕事は、マッチ箱・ボール紙箱・簡単なおもちゃ・封筒を作ることや刑務所用に既に裁断してある衣類を縫うことである。すべての道具や針などは就寝時間の前に引き渡す。

すべての囚人について寝具は二枚の日本式の蒲団に限られ、一枚は下に敷き一枚は身体を覆うものである。しかしながら、公判を待つ者は家から送られた余分の寝具を用いてよい。枕が一つ与えられる。これは長さ八インチ厚さ四インチのソーセージのような形をしている。籾殻が詰められている。

入浴は五日に一度で、宣告を受けているか公判待ちに過ぎないかにはかかわりない。入所のときの強制的な入浴同様、七分以内に済ませなければならない。

一旦判決が下ると、囚人は刑務所当局から与えられる食料だけで暮らさなければならない。事情がどうあれ、売店で余分の食料を買うことも、判決後の最初の一年間は手紙を書くことも受け取ることも許されない。

巣鴨拘置所に拘留されたおよそ八ヶ月の経験の結果、実際の刑務所当局は人道的だと述べるのが公平だと考える、とホーレーは話してくれた。規則の許す限り、管理下にある人々が耐えられるようできるだけのことをした。しかし司法警察は極めて違っていると言わなければならない。私の物語を敢えて中断して、ここで日本の刑事手続きについて述べねばならない。私の信じる限りでは、この記事はその種のものとしてはある意味で疑いなく最初のものである。というのは、この戦争の前には外国人は日本の刑務所の中を実際に経験していないし、勿論日本人も更なる投獄の危険に身を置かずにはこれらのことを書けなかったからである。次に述べる情報の大部分は日本国民の大多数にとってさえも耳新しいことと思う。

警察が逮捕する前には、令状を発行する局の長官の許可をまず得なければならない。しかしながら長官は、警察が疑惑の根拠を納得させなければ令状を発行しない。

令状が発行されると、〝特高〟として知られる平服の警官の一団によって実際の逮捕が行われる。法律は被疑者の求めに応じて逮捕を認める令状を示すことを必要としている。少なくともこの戦争に関連して逮捕された一、二の外国人は、私の知る限りでは逮捕状を示すよう要求したがどちらの場合も拒否された。

逮捕後、被疑者は警察署か拘置所のどちらかに拘留される。このことは、ホーレーが見た囚人の中には外見から既に数ヶ月間そこにいた者がいるということを意味する。（略）

4　個人的なこと

私自身の話に戻らねばならない。ホーレー夫妻を救うために何もできないので、私は家に帰った。そこには八人の警官がいた。あらゆるものが無秩序の中にあった。本は床の上に散らばり、衣類は戸棚から引き出され、寝具は部屋の中央に積まれていた。そして彼らは私に尋ねた。「家の中に短波送信機を隠しているか。おそらく機関銃を、あるいは少なくともライフルを持っているのではないか。」否、私はこのようなものは何ひとつ持っていなかったが、隅々まですっかり調べるまで彼らは満足しなかった。彼らは私の手紙を調べ、写真を調べて私の肺の大きなX線写真とともに持ち去った。これらは私が定期的な比較のために長年保存していたものである。それらは私の元に戻らなかった。それらが実際に秘密の要塞の写真ではないと警部に信じさせることができなかった。彼らはまた私の本から二、三十冊を持ち帰るために選んだ。それらはみんな赤で製本されていて、日本の警官の心の中では赤い表紙の本は何かコミュニズムと関係があると思われたからである。これらに加えて一年も前の新聞の山である。幸いなことにこれらの新聞は揃っていなかった。そのときは知らなかったのだが、最近は新聞を連続して所持することとは刑事的な罪になったのである。警察が立ち去ってすぐ、学生の一人が無事かどうかを見に立ち寄った。「いま不思議な光景を見ましたよ。」と彼は言った。「いったい何です？」と私は聞いた。そこで彼はどんなふうか描写してくれた。私のうちの方へ歩いてくる途中、彼は英字新聞の重さによろめく警官の一団のそばを通り過ぎたのである。

7　日本の友人たち

これらの月日、私の友人たちに何が起こったのか知る術がなかった。初めの二、三日、私は彼らの家のいくつかを訪ねたが担当の警察がいるだけだった。彼らはいかなる情報も提供することを拒み、私に離れているように言った。私の同朋の大部分が拘留されたことは勿論知っていたが、しかし誰が刑務所にいて誰が収容所にいるのか知ることはできなかった。しかしながら、ある夕方ホーレー夫人の訪問を受けて私はびっくりした。私が夫の最も親しい友人であることを知っていたので、牢獄から解放された彼女がとった最初の行動は私に何が起こったかを知ることだった。英国人と結婚した日本人として彼女は微妙な立場にいた。しかし自らの安全を顧みず、慎重にするよう私が頼んだにも拘らず、この勇敢な女性は私を訪問し続け食料が切れないよう気を付けてくれた。彼女のこの非常に大きな自己犠牲にお返しをすることはできない。私はホーレーの居所を知った。彼の妻はまた他の共通の友人についての情報も与えてくれた。彼らの多くを彼女は牢獄の廊下で見かけたのだ。

英国とアメリカのジャーナリストは皆刑務所にいるが、教師・宣教師・ビジネスマンの大部分は東京か横浜に収容されていることが明らかになった。私は警察に収容所を訪ねる許可を申請したが拒否された。（略）

註

（1）巻末には London. November 1942 June 1943 の記載があり、完成の時期を語っている。

（2）占領下の日本についてジョン・モリスの論文として、以下のものがある。

Morris, John. "Japan Under the Occupation." *Fortnightly* 166: 301-8 (Nov. 1946)

Morris, John. "Some Thoughts on the Japanese Problem." *United Empire* 36: 226-28 (Nov. 1945), Royal Empire Society.

（3）Book Review "Traveller From Tokyo" by Wilfrid Fleisher, *New York Herald Tribune Weekly Book* Review (July 23, 1944). In Japan After Pearl Harbor: One of the Few First-Hand Accounts of Life in War-Time Tokyo の見出し。Wilfrid Fleisher は The Advertiser 誌にかかわり、著書「*Our Enemy Japan*」がある。

（4）Book Review "Traveller From Tokyo" by Henry C. Wolfe, *The Saturday Review of Literature* (July 15, 1944) 誌。

（5）拙論、「フランク・ホーレーと琉球研究」『琉球沖縄』昭和六十二年十月、雄山閣出版刊。
拙論、「ハワイ大学宝玲文庫「琉球コレクション」成立の経緯」『生活文化研究所年報』第五輯、平成三年十一月刊〔本巻収録〕。

（6）〔原文註〕一九四一年十二月七日、日本が真珠湾攻撃に着手した一時間後に、日本大使は来栖三郎氏とともに国務長官に文書を手渡した。数分後、国務長官自身が日本大使に対して次のように述べた。「この九ヶ月間あなたと交わした会話の中で私は一言も虚偽を述べてはいない。これは記録によって完全に確認されるのである。私の十五年にわたる公的生活の中で、これほど卑劣な虚偽と歪曲に満ちた文書を見たことがない。あまりにも卑劣で虚偽と歪曲の規模が大きいので、今日まで想像さえ出来なかったし、この地球上のいかなる政府もそんなことは口にしえない。」

（7）〔原文註〕これを書いてから、このように信じているのは私一人ではないことを知った。先のニューヨークタイムズ日本特派員の Otto D. Tolischus は一九四一年十二月七日の出来事について次のように述べている。「ルーズベルト大統領が平和を求める最後の訴えとともに個人的な書簡を天皇に宛てて送っていたことを、私はそれまで知らなかった。それは送付されるのが、恐らく故意に遅れ、Grew（在日アメリカ大使 Mr. Joseph C. Grew）が東郷茂徳（日本国外務大臣）に手渡すことが出来たのは真夜中より前ではなかった。Grew は後に、東郷自身はそのとき戦争が間近いことを知らなかったと確信している、と語ってくれた。
Tokyo Record (Hamish Hamilton, London, June 1943, p. 223.)

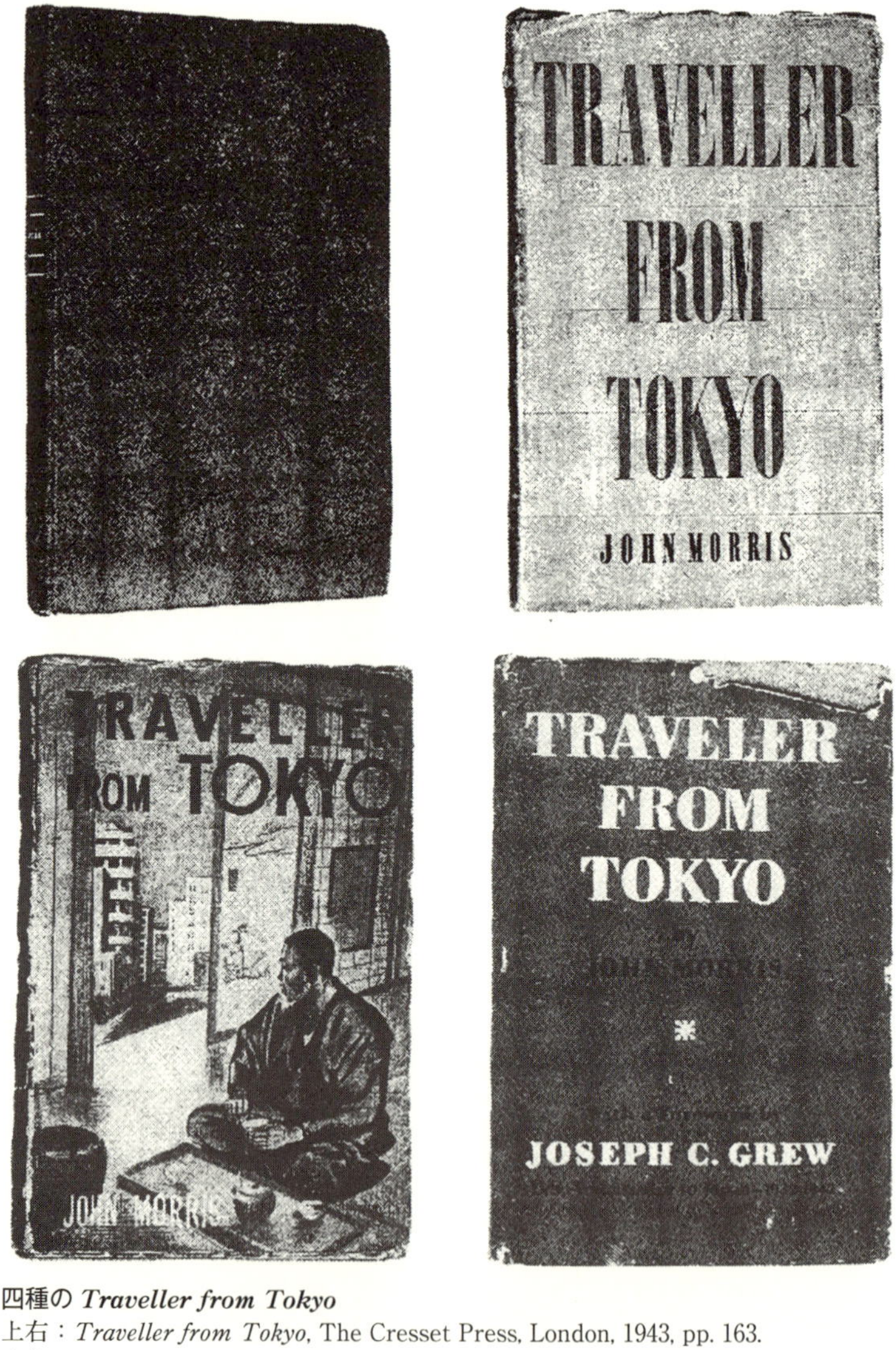

四種の *Traveller from Tokyo*

上右：*Traveller from Tokyo*, The Cresset Press, London, 1943, pp. 163.

上左：*Traveller from Tokyo*, Readers Union, The Cresset Press, London, 1944, pp. 150.

下右：*Traveler from Tokyo*, Sheridan House Publisher, New York, 1944, pp. 253.
Foreword by Joseph C. Grew [U. S. Ambassador to Japan]

下左：*Traveller from Tokyo,* The Book Club, London, 1945, pp. 152.

ロンドン・タイムズ特派員フランク・ホーレー（その一）

昭和十六年十二月八日、太平洋戦争の開戦と同時に逮捕されたフランク・ホーレーは、他の二百七十名の敵性外国人と共に、巣鴨拘置所に七ヶ月間収監された。翌十七年七月三十日にクレーギー駐日英国大使ら二百七十名と共に交換船龍田丸で横浜港を出航し、捕虜交換地であるアフリカのロレンソ・マルケスに送られ、九月十日に本国リバプール港に到着した。昭和六年に二十四歳で出国して以来、初の帰国であった。戦時中のホーレーの足取りは、断片的にしかたどれない。帰国して間もなく、ロンドン大学ＳＯＡＳにおいて戦時日本語教育の教師を務める。これは英国文化研究所に勤務する直前にも話のあった職である。その後、同じく戦前に日本で滞在経験をもつジョン・モリス（John Morris）と共に、ＢＢＣ（英国放送）に新設された日本語放送の設置メンバー（顧問）となる。そして、英国外務省に勤務して情報関係（Ｇ２）の任務のために、米国ワシントンにある英国大使館に所属した。ワシントンのＧ２では「入手した日本兵の日記や戦場の指示を翻訳」した。これらの仕事は、ホーレーの日本語の力と十年間の日本生活の経験、そして何よりも日本研究の学識が、大きく期待された結果であった。終戦の一～二週前に、ホーレーはロンドンに戻り、日本に戻るための仕事を探している。八月二十二日には、ブリティッシュ・カウンシルへ提言書を送っている。提言書の意図するところは、かつての英国文化研究所で従事していた職務への復帰と、日本帰国への可能性を見出すことであった。日本には、残した妻俊子と蔵書約一万六千冊が待っている。なんとしても帰りたかったのである。[1]

太平洋戦争の後、フランク・ホーレーは東京で六年間、山科で十年間生活し、生涯を終える。ホーレーがロンドン・タイムズ日本特派員として再び来日したことの意味は大きい。日本情報に通じた戦勝国の代表的報道特派員として、経済力に支えられて戦後の混乱期に帰ってきた。日本人の知人も多く、知日・親日派の外国人の知り合いも多い。ロンドン・タイムズ紙の特派員となったことで、開戦前の日本での生活とは一変した。地位と経済力が備わったのである。宝玲文庫の蔵書の大半は、この戦後時期に形成される。多くの貴重図書が破格の値で市場に出回った。図書の価値が判り、それを入手し売買できる者にとって市場は「宝の山」であった。ホーレーもその中のひとりであった。さらに、外国紙の特派員という立場は、日本に詳しい外国人ということ以上に、その発言力は大きかった。特派員という肩書きで座談会や講演に出かけ、また、日本の新聞において提言を行なった。戦後の日本人にとって、戦勝国ジャーナリストの発言は様々な方面にわたって大きな影響力を持っていたのである。

1. ロンドン・タイムズ特派員への道

ロンドン市内のフリート街にあるタイムズ社の文書室に、フランク・ホーレーに関する個人記録が保存されている。その中には、ホーレーの入社に至るまでの経緯と彼の人間関係を語る一連の記録があり、興味深い。ここでは、それらの記録から、ホーレーが何時どのような経緯でタイムズ社の特派員となり再来日したのかと、日本における特派員活動の内容について、タイムズ社に残された書簡の控えと筆者の手元に有る記録をもとに紹介することにする。[2]

一九四五年十一月二十四日、ホーレーは外務省から一通の書簡を受け取る。それには、日本には英国外務省として提供できる仕事の無いことが記されていた。(3) ホーレーは日本に戻ることを念願して、伝手を頼ってその可能性を探していた。(4) しかし外務省からの回答はこれであった。その数日後、ホーレーはロンドン・タイムズ社から面会の書簡を受け取る。タイムズ社との出会いである。

一九四五年十一月二十八日、一部の論文と添付されたメモがタイムズ社の中を行き来した。そのメモの冒頭に二人の宛名、続けて「読み終えたら返してください」とある。本文には簡潔に、「I think that this man ought to be worth an interview. R. M. B. W」（会ってみる価値があると思う）と記されていた。差出人はR. M. B. W.、宛先はMr. Casey と Mr. Deakin。宛名の個所に鉛筆でチェックマーク、下方には「I shall be glad to see him, if you wish. RD」（お望みなら、喜んで彼に会います）と走り書きがある。R. M. B. W. とは、バーリントンワード（Robin M. Barrington-Ward）で、二十年間にわたりエディターを務めたドーソン（Geoffrey Dawson）に替わり、一九四一年にエディターとなった。キャセイ（William Casey）は、一九四八年からエディターとなり、当時はアシスタント・エディターであった。デーキン（Raluph Deakin）は海外担当編集長をしていた。面会して人物評価をするよう求めるエディターのメモに対して、担当部署の二名が了承し、その確認の印が付けられたメモが、戻ってきた。この一枚のメモによって、タイムズへの道が開かれたのである。(5)

明くる年、一九四六年一月七日、フランク・ホーレーは滞在先であるトラベラーズクラブの用箋を用いて、バーリントンワードに次の書簡を送っている。

「バーリントンワード様

本日、タイムズに立寄ったところ、あなたが悪性のインフルエンザを患っていらっしゃると聞きました。全快なさること、ご自愛なさることを願っています。

わたくしはこの一、二週間というもの、タイムズ紙の一員として東京へ行くことの可能性について、ずっと考えております。あなたのお役に立ちたいと心から願い、そして、あなたの求める任務を果たせるものと確信しております。どうぞ、全快の後に何らかのお知らせをお聞かせください。(6)」

エディターであるバーリントンワードと個人的に知り合ったホーレーは、東京へ行くために特派員として採用されることを彼に要望した。その時期は、メモが廻される数日前、前述の英国外務省からの知らせが届いた十一月二十五日より後の二十五日から二十八日と推測される。タイムズ社の内部でどのように進展しているかを知らないホーレーは、年が明けた一月七日(月曜日)、タイムズ社に様子を伺いに出かけた。バーリトンワードの近況を聞くに及び、見舞いを兼ねた催促を行なったのである。

一ヶ月が経過した。二月に入り、具体的な連絡が得られないホーレーは、再び催促の手紙をバーリントンワードに送った。二月十一日月曜日、次のように記している。

「デーキン氏の話では、再びインフルエンザを患われ、たいへんご様子が良くないように伺いました。どうぞ、全快されますように。

デーキン氏から、ロンドンで研修を受けたのちに、わたくしを東京へ派遣することについて検討されていることを聞きました。心から感謝申し上げます。派遣していただければ、仕事についてあなたのご満足が得られることを確信しております。現在、東京で報道官をしているレッドマン(Herbert Vere Redman)氏も、その仕事が最適であると考えていると確信しています。彼との長年の付き合いから、将来において二人が協力してタイムズ社と英国の利益のために働くでありましょう。レッドマンについてさらに付け加えれば、わたくしには東京のアメリカ当局で長い経歴を持つ多くの友人がいます。マッカーサーの最高幹部のひとりは、充分に協力してくれます。当然にして、あなたとデーキン氏とにわたくしが優秀な特派員であることを納得していただくために、速やかに仕事に着手したいと考えております。

わたくしの出発について準備の必要から、オタリー（Ottaley）氏も、あなたの結論を聞きたがっています。ご返事お待ちします。[7]」

この催促を受けて、バーリントンワードは早速に社内の了解を取り付けている。まず、十五日、上司となる外信部長デーキンに対して、ホーレー採用に異論の有無を問い、[8]十七日には承諾の返事を得た。[9]翌日、ホーレーに対して最終結論を伝えるための出頭日「二十一日木曜日、午後五時半」を知らせた。[10]

二十一日、バーリントンワードはホーレーと会い、採用は決定した。その時、条件について話し合っている。当初、週給十ポンドを提案したところ、承諾が得られなかったことをマネージャー（Kent）に報告し、十二ポンドまで引き上げる了解を求めている。それでも、当時におけるホーレーの年収の半額程度であることをバーリントンワードは付記している。[11]

三月一日から五月三十一日までの間、タイムズ社特派員となるための新人研修がなされた。新聞記事は紙面が制限され、当然ながら簡潔にして明快を記事が求められる。日本から記事を送るには、電報を利用する。文字数はそのまま経費に結びつくことになる。特派員の打電記事は、わずかに編集者によって訂正されるが、記事の冒頭には「From Our Correspondent, Tokyo（本紙特派員、東京）」と記載される。特派員としての日常業務とともに、これらの記事作成技術を研修したのである。研修が終わろうとする四月二十五日、バーリントンワードはマネージャーに対して、ホーレーの研修成果を「Hawley has made an excellent beginning here and won golden opinions all round.」と高く評価している。ホーレーは特派員として優れた出発をし、すべてにわたり賞賛すべき評価を得ているのだから、すぐに東京へ送るべきだと述べている。そのために給与を決定しなければならない、として年俸九百ポンドと日額二ポンドの手当を求めている。[12]

このようにして、ホーレーはロンドン・タイムズ紙特派員となり、東京へ戻る準備がかなったのである。しかしながら、ホーレーにとって、「簡潔」な記事を送ることは大きな負担であった。ロンドンから度々、記事の長さが指摘された。報道とホーレーとの視点の違い、簡潔さの認識の違いが、このあと絶えず問題となる。

フランク・ホーレーをロンドン・タイムズ特派員として、バーリントンワードに引き合わせ、そして推薦したのはピゴット（F. S. G. Piggott）であった。ピゴット将軍はロンドン大学SOASの日本語学校設立の中心人物であった。[13] 開戦直前、ホーレーはロンドン大学SOASの日本語講師として就職が確定していたが、英国文化研究所設立のために東京に留まり、開戦を迎えた。帰国後は、短期間ではあるが、SOASで戦時対策としての日本語を教え、そこで学んだ教え子たちは日本研究者となった。この時期の、ホーレーへの評価が、日本語に堪能で、日本情報に詳しく、膨大な日本文献を収集しており、そして、日本に知人も多数いる有能な人物として、ピゴットに信頼されたのである。

ピゴットは、四月三十日の書簡でバーリントンワードにホーレーを推薦して次のように絶賛の書簡を送り、バーリントンワードもこれに対して、感謝の返信を送っている。

「私も父同様、偉大なキャプテン・ブリンクレー（Captain Brinkley）と後年のヒュー・バイアス（Hugh Byas）と長年親しい友人であったので、特派員の名簿に最も新しく名を連ねる人物に私が関心を寄せるのは必然的なことです。私のようにホーレーの傑出した語学の知識を知っている者としては、貴方に届いているであろう（特派員として迎えることへの）賛同のコーラスに、声を添えたいと心から思っております。[14]」

ロンドンにあって、ホーレーは二つのことに専心している。ひとつは、日本の英国文化研究所の蔵書の行方である。これには、当然ながら自分の残してきた蔵書が含まれている。一九四五年八月二十二日、ホーレーは十三項目にわたる長文の書簡をブリティッシュ・カウンシルのセイモア（Seymor）とホワイト（White）に書き送り、次のように訴えている。[15]すなわち、戦前の英国文化研究所の主任を勤めた経験を基に、日本におけるブリティッシュ・カウンシル施設および日本アジア協会の図書の返還と活動再開の必要性。非アングロサクソン民族の支配下に日本を置くことの危険性。アングロサクソン民族の影響下に置き、民主主義を広めることは、軍国主義の一掃に役立つものである、という。そのために、日本での経験と知識、そして知人の豊富な自分を、是非とも現地へ派遣して欲しい、と訴えているのである。

次にホーレーが執着したことは、学位の取得であった。昭和九年に、日本からリバプール大学へ郵送で提出した修士論文は受理され、交換船で帰国した年に修士学位が授与された。ハワイ大学における就職が実らなかったのは、具体的には給与条件の問題ではあったが、条件の中に博士学位の有無が大きく関わっていた。[16]研究者としての地位を確保するために、是非ともこれを得たいと考えたのである。学位のことを考えたのはホーレーに限らない。日本の外交史やロシア革命期の研究をしたボレスロー（Boleslaw Szczesniak）[17]もまた学位を得ようとした。彼は、早稲田大学へ申請をした結果を確認すべく、この時期ホーレーに託している。四月十一日には、日本渡航前に満州語を教え、戦中は日本語を教えたロンドン大学から、学位取得の可能性についての回答が書簡で届いている。[18]出身の学部がリバプール大学であるため、ロンドン大学の在外大学院生としては認められないという、否定的な内容であった。博士学位の大切さが身に染みていたホーレーは、知人も多く因縁も深いロンドン大学で取得しようとするが、学位規則の壁に阻まれたのである。

外務省など関係機関からの紹介状をとりつけ、一九四六年七月六日、ホーレーはロンドン空港を出発。カイロ、バスラ、カラチ、カルカッタ、ラングーン、サイゴン、香港、上海、岩国を経て、七月二十八日、東京に戻りついた。終戦を迎えて一年を経過し、目覚しく復興してゆく東京に到着したフランク・ホーレーは、住居となる場所を探した。当初は、他の外国新聞記者と同様に、銀座に位置していた「記者クラブ」に昭和二十三年三月まで居住した。その後、代々木上原（「代々木上原一二二五番地　US HOUSE 664」）の接収家屋を使用することになり、昭和二十六年六月には高橋龍太郎邸（渋谷区猿楽町三十六番地）に転居する。[19]高橋邸は二十七年三月に接収解除となるが、ホーレーは九月の山科への転居にいたるまで、そこに居住する。

ロンドン・タイムズ特派員としてのホーレーの仕事は、主として記事の取材と配信、そして外国新聞社特派員という肩書きに求められる活動であった。これに加えて、琉球や和紙の研究を進めている。特派員の仕事は、次のような日常であった。すなわち、夜十一時ころにプレスクラブへ出勤、ニュースの検討、午前一時ころにロンドンに記事を打電、朝日新聞社などを廻り、昼頃に帰宅して昼食。この繰り返しであったという。ホーレーの仕事を助けた妻グイネスは特派員ホーレーの仕事内容を具体的に述べている。これらの仕事の補助を彼女は行なったという。[20]

1. 毎日の新聞を閲覧し、ニュース価値のある記事を切り抜く。
2. 政府機関からの新聞発表からニュース性のあるものを取り出す。

3. 共同通信社の日報を確認。
4. 日本で出版の英文雑誌、英米国の雑誌新聞の確認。
5. 日本人助手の作成したニュース報告書についての検討。
6. GHQ関係書類の検討。
7. 通信員会議への出席。
8. 在日連合軍理事会への出席。
9. 戦争裁判へ出席。
10. 関係者との面談。
11. タイムズ紙掲載記事の編集を確認。
12. 朝日新聞へ送るタイムズ紙記事の選別。
13. タイムズ紙の「二面」記事作成。

深夜の打電は、ロンドンとの時差が関係している。朝鮮戦争の始まる頃までは秘書の外には同僚もいなかった[21]。他社の特派員に比べて、極端にスタッフが少なかったという。昭和二十一年九月から、タイムズ社を辞めるまで、都合三千件の記事を配信したとホーレーは語っている。

2. タイムズ社に打電された記事の概要

打電記事は、手元に残された記事の原稿と掲載記事とによって分類が可能である。内容の詳細については、後日述べる予定であるが、ここではその種類と容量について紹介しておく。

タイムズ紙に掲載された記事そのものには、分類の項目や記者の署名は無い。すべて「From Our Correspondent Tokyo」とのみ記され、これが特派員によるものであることを知るのである。ホーレー自身が分類しているロンドン・タイムズ紙のファイル項目によれば、記事は「News & Telegram」「Turnover」「Mailer」「Background Reports」の四種に分類されている。現在のところ、最後の「Background Reports」を除いて、内容的に判別は難しい。ホーレーは連合国軍最高司令官マッカーサーと約二週間に一度の割合で単独に会見しており、その報告が「Background Reports」には納められている。筆者の手元にある記事原稿と掲載記事を分析すると、次のような特徴がある。

1. 当然ながらすべての記事が紙面に掲載されているわけではない。
2. 複数の打電記事が存在し、改訂、訂正記事が送られていることがわかる。
3. 打電記事には、打電の日と経由地、そして「hawley」の署名が記されている。

A. 「News & Telegram」昭和二十一年九月二日より二十六年十月一日

切抜記事　六百十二件
タイプ打ち原稿　八百八十六枚
電文　六通
手書き原稿　十一枚

B. 「Turnover」　昭和二十六年十二月二十三日より二十六年一月十五日

切抜記事　二十八件
タイプ打ち原稿　二百六十一枚
手書き原稿　十五枚

C.「Mailer」昭和二十一年九月十五日より二十二年二月二十七日
切抜記事　四十件
タイプ打ち原稿　百五十五枚
電文　六通
手書き原稿　二枚

D.「Background Reports」昭和二十一年十二月二十日より二十五年一月十八日[22]
記事原稿　三十八件
タイプ打ち原稿
電文　四通
手書き原稿　八枚

一般に、ロンドン・タイムズ紙の記事を検索するには、既存の「索引」（Official Index to the Times）を利用する。創刊時から現時点までが項目順に整理された頁から、該当記事の掲載個所（日と該当頁）を確定し、次にマイクロフィルム中の記事に到達する。索引には記事の見出しがそのままに記載されているわけではなく、記事の内部に含まれる語句を基に複数の索引が編纂されている。例えば、一九四六年九月十三日の記事は、紙面では「Japanese in Soviet Hands――Tokyo Demonstration」と見出しが掲げられているが、索引では「Prisoners of war・Japanese: Russian hands, in: demonstration in Tokyo for repatriation; statistics, "13 September 1946 TI (page 3 col d)"」と記載されている。当然ながら記者の署名は無く、紙面の見出しの下に「From our own correspondent Tokyo, Sep. 12」とのみ記載されている。索引を用いてフランク・ホーレーの執筆した記事を推測することはできない。また、実際に印刷された該当版によっては、内容が異なっている物もあるが、マイクロフィルムにも索引にも、それらの違いは記載されていない。この問題は、日本国内の新聞記事索引やマイクロフィルム版・縮刷版においても同様である。今日では、CD-ROM版のタイムズ・インデックスが利用できるが、編纂の原則は前述の冊子版と同様である。したがって、ホーレーが発信した記事をこれらの索引を利用して見出すことはできない。発信の控え、もしくはホーレー自身の残した切り抜き記事の貴重性はここにある。

3. 特派員フランク・ホーレーの日本占領観

フランク・ホーレーが再び日本に戻った昭和二十二年の十二月二十日、ホーレーは米軍第八軍に招かれ、彼の日本観について講演した。この内容は、彼の「Background Reports」ファイルの冒頭に納められている。戦前日本での十一年間の生活経験と豊かな日本知識、そして人脈的情報網を持つフランク・ホーレーの日本占領に対する感想は、アメリカの日本統治に対する期待であり、批評であり、そして米国に対する英国側の見解でもあった。

スピーチの原稿は八枚の罫線の無い白紙にペン書されている。冒頭の表題には鉛筆で、「Text of speech

delivered at OBAS, US Eighth Army, 20 Dec, 1946（米第八軍における講演原稿、一九四六年十二月二十日）」と、記されている。

冒頭に、占領についてのスピーチを行なうことを明らかにした後、自分のタイムズでの仕事の目的と、これは個人としての発言であること、そして、十一年間の滞日経験と、八ヶ月の巣鴨拘置所における独房経験のある自分には、日本の現状を判断する基盤がある、と述べている。続けて、マッカーサーの軍事的業績と「歴史的実験」を高く評価した後に、賛辞を込めて日本国憲法の制定について次のように述べている。

「マッカーサー司令官は日本人に、壮大な民主主義の機構を与えました。彼が日本の国会へ提出させた法令（特に憲法）を通じて、日本国民は、法令が撤回されない限り、以前には持っていなかった人権を保証されました。十一年間ここに住み、少なくとも最後の二、三年は、多くの友人の身に起こったように、いつ急に襲われて姿を消すことになるか分からなかった私にとって、実に大変な偉業でありました。あなた方の中で戦前にここにいなかった人には、日本において自由の気分がいかに素晴らしいものかは分からないでしょう。その気分は、少なくとも私が思いますに、下層の日本人まで浸透し、日本人はマッカーサー司令官が数世紀にわたる束縛から解放してくれたことに深く感謝していることを、街中で交わした多くの会話から私は知っております。」

しかし、占領終了の時期についてはホーレー自身の考えがあった。日本における民主化の歴史を省みて、楽観的な判断はなされるべきでない、というのである。近隣国の政治的状況を考慮して、共産化する危険性を示唆し、充分に時間を掛けて長期的にこれに向かうべきであるという。これについて、次のように語っている。

「このように重要な法令が施行されるにあたって、たとえ大部分の国民が望んでいるとしても、いかなる国においても遅れが生じていることを考えると、一年という短い期間にこれほど多くを成し遂げたことは大変な業績であります。その理由で、ＳＣＡＰの各（局）長や広報官等が、非常に大きな業績を甘んじて手柄にせず、日本は急速に民主化されていてすぐにすべてが良くなるだろうと示唆する傾向のあることを、私は残念に思います。日本人は民主化されていないし長い期間民主化されないだろうというのは、真実ではありません。あなた方には、成し遂げた偉大なことを誇りに思って良いあらゆる理由がありますが、あなた方の職務は緒についたばかりです。今その職務をなおざりにすれば、日本は民主化されずに世界平和の脅威となり続けるでしょう。日本が、もとのファシズムにもどるか或いは左傾化するかについて、議論があります。私個人としては、すぐ近くに極めて強力な隣国としてロシアがあるので、急に左傾化するかもしれないと考える方に傾いております。その道から日本を導き出すのは、あなた方しかありません。ロシアの側に立って戦う勇敢で強力な日本軍の脅威について、語る必要はありません。私よりあなた方のほうが、その危険をご承知に違いありません。

日本が急速に民主化されていると示唆することは、さまざまな理由から誤りです。世界でも最も自惚れの強い国民である日本人に対して、英国や米国が達成するのに何百年もかかったことを、一年で達成できると述べることは、誤りです。このような発言に対する一部の日本人の反応は、「いかにも、我々は世界で最も優れた国民であるから、世界中が成し遂げるために数世紀を要したいかなることも、一年で達成できる。」というものです。それが、先の悲惨な戦争に日本を巻き込んだ優越感へと導くのです。ここに一年間滞在している方々は、日本の新聞の微妙な変化に注目していらっしゃることでしょう。敗北感が減少し、戸惑い感が減少し、日本が結局は真に偉大な国であって世界を導くよう運命付けられているという風潮や、新しい気風がいたるところに見られます。この風潮は、憲法発布のときに殊に顕著でした。日本の指導者と新聞は、新しい憲法を有する機会を与えた米国人を褒め称えることはほとんどせずに、すべてを自らの手柄とし、戦争の放棄によって再び他の国々の上にあることを示したと主張しています。このことに、あなた方は微笑むかもしれません。しかしそれは、日本軍をグアム・シンガポール・フィリピンへと導いたと同じ風潮です。これが、日本は偉大な民主国家になりつつあるという考えが、一部の日本人にどのように影響を与えているかということです。それは他の日本人には異なる影響を与えています。潜んで決して表には出ない日本の真の指導者たちは、日本は民主的だと世界が信じるのが早ければ早いほど、連合軍が出て行くのが早ければ早いほど、古い地位を回復し始めることのできるのが早ければ早いほど、自らの立場を主張します。彼らは優れて知的能力に恵まれ、大きな資産を有しています。彼らを無視するのは賢いことではありません。

日本が急速に民主化されていると考えることは、それが外国に与える影響を考慮すれば危険であります。その考えは米国報道界によってあまりにも好ましいものとして受け入れられたので、米国以外の報道陣は、新しい見地からでさえすべてが落ち着いたので、日本に煩わされる必要はないと編集長が信じたために、ますます日本から引き上げていきます。米国では、報道が、マッカーサー元帥の日本占領を早期に終わらせることに影響を与えるかもしれません。そのようなことが起これば大変な悲劇で、元帥の偉大な業績は無に帰するでしょう。どうか、その根拠を疑わないで頂きたい。私は日本人と長い年月親しく暮らしたのであり、彼らの言語を話し且つ読むからであり、対等だったからです。そして、理解ある人々による長く辛抱強い占領がなければ、民主主義は決して根を下ろさず、この国は急速に伝統主義に戻り、おそらくはロシアの亜種となることを、私は知っております。」

日本人を民主化に導くためにはどのような人たちの役割が必要であるか。日本を知る者として宣教師を例に挙げて、具体的に提案をなしている。

「日本がかつて知っていた最も大きな文化的影響は、主としてウェスレリアンとメソジスト派アメリカ・プロテスタントの宣教師たちと、主にイエズス会とフランシスコ修道会のカソリック宣教師たちでした。それらの人々は、明治時代から戦争の直前まで、数え切れないほどの良い影響を与えました。わたしは、彼らの多くと、日本人会衆の多くを知っておりました。彼らの質素で簡素な生活と高い思想をいかに日本人が尊敬し、どれだけ多くの日本人が自らの生活のモデルにしようとしたかを知っております。もし、将軍からGIに至るすべての連合軍兵士が、自らを自国の大使であると信じるように教えられたならば、この国の民主主義の未来に関して、私はもっと幸せになれるでしょう。この国では、他の国より、精選された人々が必要です。日本人は、先生（sensei）・教師を尊敬するからです。あなた方が占領している国についてもっと学ぶこと、日本人・彼らの言語・文学・考え方を知るためにもっと努力すること、をお願いしたい。彼らは、疑いなく優れた才能を持った国民で、知るに値します。あなた方から、西洋の考え・西洋の科学・西洋の技術を手に入れた時、彼らは特には有難くは思いません。実際過去において、あなた方が彼らにあまり多くを与えたことを、馬鹿げていると考えていました。しかし、あなた方が彼らを知ろうという努力をしたとき、彼らはあなた方を尊敬します。これはあまりに理想的な望みで、おそらくは実現不可能でしょう。しかし、私は、日本に居る連合国の家族のそれぞれが、それぞれの人とその家族が、小さなコミュニティーの指導者として日本人を導き、生き方を彼らに示すところを見たいと思います。それこそ真の民主主義で、戦前この国でアメリカの宣教師たちが実践した民主主義です。」

連合国の支配権が及ぶとはいえ、占領政策が米軍主導によってなされることに対して、強い批判と議論があったが、結論的に米軍の役割が認知された。ホーレーは、このことに軽く触れ、「人的資源の提供」として、英国側の積極的関わりを、次のように提案している。

「私は、英国の占領地域である広島・岡山・鳥取・島根・山口と四国を訪ねて帰ったところです。英国人は、よくやっています。しかしながら彼らは、任せられればできるであろう良い仕事を、何もしていません。ご承知のとおり、彼らは、一千百万人の日本人のいる地域の軍政府で何の職務にもついていません。これら一千百万人の日本人は、百人の米軍政府士官によって統制されています。私の批判を、周知の事実の蒸し返しと考えないで頂きたいとおもいます。百人では、日本を民主化するのに実際多くのことはできないし、仕事をするのに少なすぎると思います。山口県だけで学校が三千校あり、米軍政府士官は最大で八人です。八人では、三千校を監督するのに多くのことはできません。どうか誤解しないでください。私は、日本をドイツのように分割することを提言しているのでありません。私は最高司令官に心より感嘆しており、その権威がひとつの地域によって減じられるのを見たいとは思いません。しかし、マッカーサー元帥とアイケルバーガー（Eichelberger）元帥の統制と監督のもとで、軍政府の担当地域を管理しそれによって日本の民主化を手助けするうえで、英国はある役割、ある大きな役割を果たすべきだと考えます。このように大変な仕事ですから、使える頭脳はすべて必要とされますし、我々は特定地域に多大な経験を有する多くの士官を含む、三万七千名を有しております。これが、私が思いますに、目をそらすべきでない人的資源であります。」

ホーレーは外国新聞社特派員として招かれて座談に加わり、肩書きのもとに論評が新聞に、雑誌などには座談記事が掲載されている。しかし、占領下の日本における報道機関の発言には自由が保障されていなかった。占領が進むにつれて、日本の報道機関に対してはもちろんのこと、米国側・英国側を問わず、連合軍への政策批判に対しては、厳しく規制がなされた。報道に対する過度の規制が問題となった。(22) したがって、この種の現況分析に基づく日本占領観は、占領期間が一年目を過ぎたこの時期に語られたことに意味がある。ホーレーは、開戦と同時に逮捕され、強制的に離日を強いられた。念願かなって再来日ができた。戦後一年を経過した復興期の日本を観察し、マッカーサーの占領政策について、称賛の言葉を呈しながらも提言している。この先、連合軍の報道規制は強化され、批判的な論調は検閲され払拭されてゆくことになる。ホーレーの望んだ長期にわたる日本占領は、一九五二年四月二十八日の対日平和条約発効によって終了した。朝鮮戦争の勃発や世界状況の変化は、マッカーサーの予測とは異なる結果をもたらした。以後、日本は独自の歴史を歩むことになる。戦後の経済成長と復興の成果は、日本に「自信」と「自惚れ」を与えた。日本文化を理解したホーレーの懸念は、決して杞憂でなかったことを知るのである。

註

（1）フランク・ホーレーに関する研究成果は、すでに紹介している。
拙論「フランク・ホーレーと琉球研究」『琉球・沖縄』昭和六十二年、雄山閣刊。

拙論「宮良當壮とフランク・ホーレー」『宮良當壮全集』月報十七、第一書房刊、昭和六十三年三月発行〔本巻収録〕。

拙論「ハワイ大学宝玲文庫「琉球コレクション」成立の経緯」『生活文化研究所年報』第五輯、平成三年十一月刊〔本巻収録〕。

拙論「フランク・ホーレー「琉球コレクション」」『生活文化研究所年報』第六輯、平成四年十二月刊。

拙論「フランク・ホーレーと関西アジア協会」『生活文化研究所年報』第七輯、平成五年十二月刊〔本巻収録〕。

拙論「フランク・ホーレーと和紙研究」『生活文化研究所年報』第八輯、平成六年十二月刊。

拙論「フランク・ホーレーの日本研究と辞書編纂」『生活文化研究所年報』第九輯、平成七年十二月刊。

拙論「フランク・ホーレーと研究社『簡易英英辞書』の編纂」『生活文化研究所年報』第十輯、平成八年十二月刊〔本巻収録〕。

拙論「『トラベラーフロム東京』（ジョン・モリス著）にみるフランク・ホーレーの逮捕・拘留」『生活文化研究所年報』第十輯、平成八年十二月刊〔本巻収録〕。

拙論「フランク・ホーレーの家族のこと」『生活文化研究所年報』第十二輯、平成十一年三月刊〔本巻収録〕。

拙論「フランク・ホーレー「琉球コレクション」訂正・加筆」『生活文化研究所年報』第十二輯、平成十一年三月刊。

拙論「戦前UH（University of Hawaii）文書にみるフランク・ホーレー」『生活文化研究所年報』第十三輯、平成十二年三月刊〔本巻収録〕。

拙論「開戦時の英国文化研究所とフランク・ホーレー」『生活文化研究所年報』第十四輯、平成十三年三月刊〔本巻収録〕。

ブリティッシュ・カウンシルへの提言書簡

1945/08/22 書簡　Frank Hawley ⇒ブリティッシュ・カウンシル Attention of Mr. Seymor and Mr. White
「対日戦争が終結した現在、日本におけるカウンシル業務に関連する様々の問題について検討する状況に至ったことを、私は歓迎します。私見によれば、主要な問題点は下記の如くであります。
(1)日本及び香港におけるカウンシル財産の返還。
(2)オーストリア政府によってB. L. I. C.（英国文化研究所）に寄贈された書籍の返還。
(3)日本における英国・オーストラリア・カナダとの業務連携。彼らは、B. L. I. C.（英国文化研究所）基金に対して約二千五百～三千ポンドの寄付をなしている。
(4)近い将来において、いかなる英国の文化的事業が可能であるかについての現在の日本においての確実なる予見に基づく調査。
(5)日本における、主権者たる政府との将来的関係。
以上のこと及びその他について、話し会うことができれば幸いであります。
1. 私は一九三一年から一九四二年にかけて日本に滞在しました。約四～五年間東京と京都において英語と英文学を教えました。東京外国語学校、東京文理科大学、京都大学。一九三六年～一九三九年の間、特に日本文学・歴史・言語学・文献学について個人的に専心しました。同時に、二件の日英辞書の編集者として研究社の辞書編纂作業に従事しました。一九三九年、ロンドン大学の東洋アフリカ研究所の講師として招かれましたが、日本におけるブリティッシュ・カウンシルの日本代表になるためにこれを断わりました。私は東京の英国大使館に所属し、二年間にわたりブリティッシュ・カウンシルの研究所を管理しました。それは British Library of Information and Culture（英国文化研究所）として知られています。私は最終的に、クレーギー卿（Sir Robert Craigie）の残りの人々と共に送還され、一九四二年一〇月、英国に着きました。

2. 東京におけるブリティッシュ・カウンシルの研究所の管理者として、カウンシルの財産の安全と保全について責任を感じています。他の品々とともに、移動できない、英国についての広域な内容の英語・日本語の図書がありました。交戦状態が生じる以前に、私はこれらを注意深く目録化しました。そして、一部ないし二部の目録の副本が日本において安全な場所に保管されているはずであります。その図書は一年ほど前に郊外へ移動されていることを信じるにたる理由があります。直ちに取り戻す努力を払い、散逸を阻止しなくてはなりません。香港においても同様に考慮すべき財産があります。それらは東京に移送されようとしましたが、戦況により香港へ引き戻されました。

3. 私はまた、日本における英国、豪州、そしてカナダとの責任のあります連帯関係についても関知しています。かれらは、図書館の活動に多大な援助を与えることが困難である代わりに、基金に対して最大限約二千五百～三千ポンドの寄付行為を行なっています。これらの人々は、研究所財産と確実な基礎を有する活動の復旧を確実に望んでいます。

4. 私はオーストラリア政府に対して責任を感じます。彼らは我々と共に親密に働き研究所の管理者の一員となることを確約しています。オーストラリア最高裁判事ラザム卿（Sir John Latham）は我々の仕事に対して模範的に関心を持っています Sir John のスタッフであるハード氏（Mr. Hard）はあらゆる面において我々と共同しています。オーストラリア政府は多方面にわたる貴重なコレクションを図書館へ寄贈しました。これらの物すべての保全を保証するために、私はただちに日本に帰りたいのです。

5. 私の考えでは、これらの物の保全は重要ではありますが、既に形成されていた研究の再構築の重要さに比べればさほどではありません。状況が緩和するや否や直ちに、日本における英国文化の活動を再生すること。

6. 私の意見でありますが、ブリティッシュ・カウンシルの事業は現存の施設を補足すべきであり、何物もこれにより置き替わることができません。個人的見解ですが、我々のなすべきは、我々アングロサクソンの生活に対する民主的な方法と思想について日本人が何物かを学ぶ機会を与えたいのです。もし仮に、日本を非アングロサクソン思想の影響下に置くことを許すならば、いずれにしても、最も不幸なことであります。我々は日本人に彼ら自身の再教育の機会を与え、このための機関に任命すべきであります。そうすれば、通常の人々は心情に変化をきたし、彼らの国民軍国主義を一掃するでありましょう。この底辺からの働きかけは、日本人の民衆意見に影響を与える最も効果的で経済的な方法であります。

7. 図書館が閉鎖されるまでの半年間、我々は警察と憲兵隊の監視下にあり、彼らの同国人たちが我々を訪れようとするのを最大限に妨害しようとした状況の中で、私と僅かの所員とは日本人によるあらゆる種類・階層についての多くの探求を行なうことを、完全には対処できませんでした。より自由な社会、芸術や文学、音楽や科学の面における英国の事業についての偽りのない純粋な関心が、現に存在していることを私は発見しました。我らの過去の「顧客」を呼び戻し、当然にして現在期待できる将来の「顧客」を失うことは、大変残念なことであります。

8．私の個人的な問題に関する限り、懸念していることがあります。私は日本言語のすべての形態において相当量の知識を持っています。私は東京のブリティッシュ・カウンシルにおいて二年間の経験を有しています。私は日本の学術・商業・出版関係に広い人脈を持っています。私は日本人と親密な関係において生活したことがありますので、彼らの背景や思想について知識があります。

9．私は数年の間、ブリティッシュ・カウンシルから離れていましたが、ブリティッシュ・カウンシルの顧問（Council's Legal Adviser）であるレイン氏（Mr. LANE）と非公式な連絡を取り続けていました。彼は、親切にも、カウンシルとしては仕事をさせるために私を帰したいと言ってくれました。今日、私はこの覚書の前項に記している事項について討議していただきたく、書簡を記しました。

10．私が日本において有益な仕事をし得る他の道があります。最近、美術・公文書（ドイツ・イタリア）について The Commission on Monument の長と商談したことがあります。かれは、親切にも委員会の極東部局は、当地でアメリカ陣営と仕事を共にする英国派遣団員の一員として私が日本へ赴くことを期待しています。当地で私はウーリー卿（Sir Leonard Woolley）と話しましたので、彼はおそらく外務省へ手紙を書いてくれているはずです。私は日本の文献学全般、特殊の分野についての文献や初版本について、そして、日本絵画と日本美術収集について多くの知識を持っています。私はまた、一九三一年以降に中国から略奪されたものについての知識も持っています。私は東京の内閣文庫と帝国博物館において働いた二年間に、多くの略奪品を見ました。

11．もし私が日本にいれば、外務省（Scarborough Commission）の役に立つでありましょう。もしこの国において東洋学が展開されるならば、個別の東洋事象について我々の図書が準備されているということは、最も重要なことであります。そして、アメリカでの経験からの判断ですが、この件に関してははるかに先行しています。本当に求められている物を選定できるのは勝れた文献学者のみです。私は状況を調査し有効であるものについて報告を成す者として、最適であります。

12. 最後に、私は日本アジア協会（Sir Robert Craigie 会長）図書館の運命が気掛かりであります。一九四〇年以後、私が担当していました。極東関係の大変すぐれた図書館でありました。多くのものは掛け替えのないものであり、我々は直ちに安全に保全すべく手段を講じるべきだと思います。

13. 私はサンソン卿（Sir George Sansom）と大変親しい関係にあり、彼はそのことを明らかにすることを快く許してくれております。

（2）ロンドン・タイムズ本社の文書室に、下記の文書が保管されている。

タイムズ文書

【1】1945/11/25　タイプ打ちメモ　R. M. B. W. (Barrington-Ward）⇒ Casey・Deakin
【2】1946/01/07　手書き書簡　Frank Hawley ⇒ Barrington-Ward
【3】1946/02/15　タイプ打ち書簡　Frank Hawley ⇒ Barrington-Ward
【4】1946/02/15　タイプ打ちメモ　(Barrington-Ward）⇒ Deakin
【5】1946/02/17　タイプ打ちメモ　R. D. (Deakin) ⇒ Editor（Barrington-Ward）
【6】1946/02/18　タイプ打ち書簡　Frank Hawley
【7】1946/02/21　タイプ打ち書簡　R. M. B. W. (Barrington-Ward）⇒マネージャー
【8】1946/02/25　タイプ打ちメモ　マネージャー
【9】1946/04/25　タイプ打ちメモ　マネージャー⇒ Editor
【10】1946/02/26　タイプ打ち書簡　マネージャー⇒ Frank Hawley
【11】1946/04/26　タイプ打ちメモ　マネージャー⇒ Barrington-Ward
【12】1946/02/27　タイプ打ち書簡　Frank Hawley ⇒ R. D. (Deakin)
【13】1946/04/30　手書き書簡　(Piggott）ピゴット⇒ Barrington-Ward
【14】1946/05/01　タイプ打ち書簡　Barrington-Ward ⇒（Piggott）ピゴット

（3）1945/11/24　E. A. Chapman-Andrews（Foreign Office）⇒ Frank Hawley
Mr. Mallet に宛てたホーレー書簡（1945/11/01）に対する回答書簡。

（4）1945/11/30　Lieut Colonel（英陸軍中佐）, Sir Leonard Woolley（The War Office）は、Sterndale Bennett（Foreign Office）にホーレーの人事を問う書簡を送っている。すなわち、日本の記録や公文書を扱うアーカイヴィストとしてホーレーを推薦した時点で、所轄が戦時局（War Office）か、それとも外務省かの確認と人事案が継続されているかの確認をした上で、ホーレーを最適任の候補者として推薦している。英国公文書館資料（F0371/46493）による。

（5）前掲、タイムズ文書【1】1945/11/25
この時、一片のメモだけが単独で回覧されたとは思えない。日本に帰国した後に再婚するカナダ人女性グイネスの証言では、ホーレーはタイムズ社に就職をするために、タイムズ紙に関する論文を記し、それを「友人」に見せ、その結果、特派員の職が得られたということである。この論文が添付され、内覧されたと筆者は察している。

（6）前掲、タイムズ文書【2】1946/01/07

（7）前掲、タイムズ文書【3】1946/02/15

（8）前掲、タイムズ文書【4】1946/02/15

（9）前掲、タイムズ文書【5】1946/02/17

（10）前掲、タイムズ文書【6】1946/02/18

（11）前掲、タイムズ文書【7】1946/02/21

（12）前掲、タイムズ文書【8】1946/02/25

（13）第二次大戦中、ロンドン大学東洋学校（SOAS）は日本語科教授ダニエルズ（Frank James Daniels）と、元駐日武官ピゴット（Francis Stewart Gilderoy Piggott, 1883～1966）によって、戦時対日要員を養成するための日本語集中講座が組織された。戦後英国において日本研究の指導者となった人たちのほとんどは、その中から育っている。例えば、ケンブリッジ大学のE・シーデル、D・ミルズ、C・ブラッカー、ロンドン大学のC・ダン、P・オニール、R・P・ドーア、シェフィールド大学のG・ボーナス、グラム大学のL・アレン、大英博物館のK・ガードナーらがいる。またロンドン大学のW・G・ビーズリー、

I・ニッシュ、オックスフォード大学のG・R・ストーリーも戦時の日本語将校としての訓練を他の機関で体験している。ロンドン大学東洋学校（ＳＯＡＳ）の成立経緯とそこで育った人物の紹介は、大庭定男『戦中ロンドン日本語学校』（中公新書868、昭和六十三年、中央公論社刊）に詳しい。

（14）前掲、タイムズ文書【13】1946/04/30

Captain Francis Brinkley (1841–1912)

J. E. Hoare, "Captain Francis Brinkley (1841–1912) :Yatoi, Scholar and Apologist", BRITAIN & JAPAN Vol. 3, Japan Library, 1999. 参照。

ヒュー・バイアス（Hugh Byas 1875–1945）

スコットランド出身。昭和六年から十年まで日本アジア協会の編集委員、昭和二年から四年、十一年から十五年まで日本アジア協会の役員をつとめる。大正三年から昭和五年までアメリカ資本で東京発行の『ジャパン・アドバタイザー』紙の編集長、昭和五年から十六年三月まで『ニューヨーク・タイムズ』『ロンドン・タイムズ』両紙の特派員を兼ねる。『ロンドン・タイムズ』特派員フランク・ホーレーは、バイアスの後任となる。米国へ渡った後は、エール大学に勤務。現在『ヒュー・バイアス文書』（マイクロフィルム）が同大学図書館に所蔵されている。

著書に『The Japanese Enemy; his power and his vulnerability』(1942)、『Government by Assassination; the Secret Power of the Japanese Militarists』(1942) がある。

（15）ブリティッシュ・カウンシル宛書簡前掲註（1）書簡

（16）拙論「戦前ＵＨ（University of Hawaii）文書にみるフランク・ホーレー」『生活文化研究所年報』第十三輯、平成十二年三月〔本巻収録〕。

（17）Boleslaw B. Szczesniak (1908–1996)

東洋地理学者。上智大学を経て米国 Notre Dame University 教授。著作として、以下のものがある。

戦後、早稲田大学から学位を得る事についての可能性の確認を、ホーレーに書簡で依頼している。学術雑誌 Imago Mundi（The International Journal for the History of Cartography）には、琉球や地図に関する彼の論文が掲載されている。

George Henry: [1854] 1962. The Opening of Japan. A Diary of Discovery in the Far-East, 1853-1856... (Edited by Boleslaw Szczesniak) [23p.]

Boleslaw Szczesniak, ed. and trans., The Russian Revolution and Religion, 1917-1925 (Notre Dame, Ind. : University of Notre Dame Press, 1959), 175-79.

Boleslaw Szczesniak, "Athanasius Kircher's" China Illustrata..., *Osiris* 10 (1952), 385-411

Boleslaw Szczesniak, The Seventeenth Century Maps of China, in: Imago Mundi XIII, 1956, 116-136;

Kôtaiô Monument inscription. Trans. By Boleslaw Szczesniak, in "The Kôtaiô Monument." 7: 1/2 (1951), 254-68.

Wen shi. *Wei-liao*. Trans. by Boleslaw Szczesniak, in "The Sumu-Sanu Myth: Notes and Remarks on the Jimmu Tennô Myth." 10: 1/4 (1953), 114-5.

Boleslaw Szczesniak, Journal of the American Oriental Society 72 (1952)

The Origin of the Chinese Language According to Athanasius Kircher's Theory

（18）ロンドン大学 R. L. Turner ⇒ Frank Hawley 書簡 1946/04/11

ホーレーの日本における学位取得に関する質問に対する返信。書簡を Edwards 教授に手渡し、Japan Section に確認を取った結果を伝えている。すなわち、ロンドン大学で修士学位を取得したものだけが博士課程に進むことができる。ロンドン大学以外の修士学位であれば、大学の三十マイル以内に居住することを条件としている。ホーレーの修士学位は、リバプール大学である。ホーレーの修士学位の取得については、拙論「フランク・ホーレーの日本研究と辞書編纂」（『生活文化研究所年報』第九輯、平成七年十二月刊〔本巻収録〕）を参照されたい。

（19）高橋龍太郎（一八七五―一九六七）は吉田茂内閣の通商産業大臣。

（20）（21）グイネス証言記録。

（22）Background Reports　内容。

このファイルには、タイムズ社に書留便を郵送した記事のタイプ打ちされた控え、郵便局受取控え、電文、手書「Background Reports」原稿、そしてＧＨＱからの通達書などが含まれている。本論では、その中のホーレーの講演原稿の一部を紹介した。

月日	形状	内　　容
461220		Text of speech delivered at OBAS, US Eighth Army, 20 Dec. 1946
470112	Report	Allied Council for Japan sits in Tokyo.
470510	Report	対談吉田健一　吉田茂の息子
470518	Report	共同通信記事 470518 について
470518	Report	対談 Mr. Gascoignes
470714	Report	記事 Tokyo War Guilt Trial 470310 について
470719	Letter	南朝鮮情報
470802	Print	GHQ FEC PIO Statement
470807	Report	対談 General H.D.G. Crerar
471106	Report	対談 Mr. Gascoignes 平和条約とマッカーサーの意図
471128	Report	対談　芦田均　外務大臣
471128	Report	対談マッカーサー
471212	Report	日本外務省機密文書　領土返還
471216	Report	News Week との情報交換について
471222	Report	「急伝受理」
471226	Letter	Deakin 書翰
471803	Report	日本におけるオーストラリア社会について
480513	Report	対談マッカーサー
480630	電文	「急伝受理」
480710	Letter	Deakin 書翰　地震記事についての情報不足について
480901	Letter	GHQ による郵便事情
480905	Typed	対談マッカーサー　メモ
480915	Report	対談マッカーサー
480917	Report	対談 Mr. Gascoignes
481002	電文	
481005	電文	
481918	Report	対談　芦田均　外務大臣
490212	Report	対談マッカーサー
490407	Report	対談マッカーサー
490415	Report	対談 Mr. Gascoignes
490713	Report	対談マッカーサー
490801	電文	
491120	Report	対談 Mr. Gascoignes
491214	Report	マッカーサーについて
500118	Report	対談　中西功
10	Typed	Indian Sir B. Rama Rau
**1002	Typed	The British withdrew their army-why should'nt we?

ロンドン・タイムズ特派員フランク・ホーレー（その二）

――ホーレー事件――

昭和二十五年五月三日の憲法記念日の声明で、マッカーサー元帥は「共産党は侵略の手先である」と非難し、非合法であることを示唆した。これは、その前々日の共産党による「来るべき革命における日本共産党の基本的任務について」（一九五〇年テーゼ草案）発表に応えたものであった。六月二日には、警視庁は連合国総司令部（ＧＨＱ）と日本政府の方針に従い、東京都内の集会とデモの禁止を発表した。さらに六日には、マッカーサーは吉田首相に対する書簡で、徳田球一を始めとする共産党中央委員二十四名の公職追放を指令した。この追放によって幹部を失った共産党は弱体化した。

フランク・ホーレーはこのことを取り上げ、「マッカーサー指令による共産党員二十四名の追放」と題する記事を六月六日にロンドンへ打電した。記事は翌日のロンドン・タイムズ紙に掲載され、さらにジャパン・タイムズ紙がこれを報道した。このパージを伝える報道によって、新たな事件が生じた。ホーレーの記事を知ったＧＨＱは、駐日英国連絡代表部ガスコインに対してホーレーを「好ましからざる人物」として対処するよう求めた。自由報道権に対する圧力と受け取った外国新聞各紙はこのことを大きく報道し、ついには英国議会においても取り上げられたのである。

ホーレー事件の概要

ホーレーの手元には、この報道記事についてロンドン本社の外信部長と交わした電文記事や関連報道記事が残されている。(1) 事件の経緯を主要な資料から再構成すると、次のようである。

六月六日に打電したホーレーの記事（レターサイズ用紙四枚分四千八百字）は殆ど原文のまま、翌日のロンドン・タイムズ紙に次のように掲載された。(2)

「コミュニスト二十四名のパージ
マッカーサー司令官の指令

本紙特派員発　東京　六月六日

日本のすべての指導的コミュニスト、少なくとも指導的コミュニストとして知られる人々、日本共産党中央委員会の二十四人は、今朝マッカーサー司令官から内閣総理大臣に対して出された指令によってパージされ、一九四六年一月四日の指令に基づき公職から除外・排除された。

これらの指令はいわゆるパージ法を成しており、ポツダム宣言条項の六項目の実行であり、「軍事的国家主義と侵略及びテロリズムと秘密国家主義団体の有力な人々」である代表的人物は公的機関から排除されるべきことを規定したものである。衆議院の六名の共産党員と、参議院に新たに選出された議員の三分の一が本日の禁止令に抵触した。

日本の占領は、パージに関する限り、マッカーサーによれば、懲罰的なものでなく防御的なものである。これまでのパージは主に、結果的に侵略をもたらした全体主義的政策に責任を負う人々に対して命じられてきたものである。しかしながら、今日、「新しい左の集団化」が日本の政治場面に自ら入り込んできたのである。その目的は、真実の曲解にあり、大衆を不穏化し、集団暴力を先導して組織的政府を転覆することにあった。このような、非合法への誘引を阻止されないまま許すことは、それが現状においていかに萌芽的なものであったとしても、日本の民主的制度の根本的な抑圧と、連合政策の否定と、日本民族の滅亡の危険を犯すものである。

個人としてのパージ

吉田内閣は、現在のコミュニストの指導者達二十四人を、党中央委員会のメンバーとしてではなく、個人としてパージされるべき旨告示することを決定した。政府発表では、共産党の禁止と非合法化は別に検討されるであろうとしている。（憲法は思想と良心の自由は犯すべからざるものであると規定し、さらに集会・結社・言論・報道の自由は保障されるとしている。）

日本人の反応は複雑である。とはいえ、多くの人々は追放された指導者達による「暴力的な地下活動」が可能なことに大きな懸念を抱いている。日本におけるコミュニストの脅威は極めて現実のものである。一般の心象は、最高司令官がこれを排除しようとする企てにおいて遅きに失し、今日避けがたいものになったために、元来彼が支持していた絶対的な政治的自由の理念がたとえ捨て去られたとしても、行き過ぎではないというものである。この法案によって共産党が著しく弱体化するとは、殆どのひとが信じていない。

アメリカ当局が今日陥っているジレンマは、次第に悪化している。先週のデモの禁止は日本の法において違憲である。公的集会、あるいはデモの許可申請はその是非が検討されるであろうと述べられたが、司令部の指令によって禁止は無制限に継続されている。土曜日まで、マッカーサー司令官は、自らの権威によらずに左翼分子のデモを禁止するよう警察を説得すべく、あらゆる努力を払った。

警察の抵抗

長い間、警察はいかなる行動をとることも拒否した。最終的に最大の圧力に耐え得なくなって、コミュニストの集会を抑圧する責任を負うことに同意した。しかし、依然としてこの地で勝利を示すことになるかもしれない政党に対して行動を起こすように強いられたことへの反応を隠そうとしなかった。日本中の警察はアメリカ当局に対して、支給された拳銃の返却を願い出ている。というのは、日本がコミュニストの衛星国になった場合に、民衆的憎悪を招くこと、あるいは招くことによって罪を負わされることを恐れるからである。

指導的経済団体は本日声明し、「コミュニズムはこの国の再建とは相容れないかもしれないが、現政府が特高警察を再び設置することを避けるために努力がなされねばならない」と述べた。今日、何処においても、連合軍当局の指示の下に、過去の全体主義の復活であるとして何ものも立ち向かうことが許されないという恐れがある。すべての種類の、自由の抑圧が予想される。経済団体の声明は、彼らが自らの政府をいかに明確に知っているかを示している。多くの日本人は、最高司令官が日本の古いことわざ「狼をもって虎を狩ることの危険」に目を開くことへの希望を表明している。現在の状況の興味深い側面は、日本政府がコミュニストに対して行動を取るべきであるという極めて的をしぼった示唆にもかかわらず、マッカーサー司令官自らが最初の行動を強いたことである。」

共産党による政治運動が、「日本の民主的制度の根本的な抑圧、連合政策の否定、日本民族の滅亡の危機」をもたらすものとして発せられたGHQの命令は、結果的にはマッカーサーが支持している「絶対的な政治的自由の理念」を捨てることになる、というのである。しかも、「集会・結社・言論・報道の禁止」は日本の憲法に違反する。

日本の指導的経済団体の意見として、日本に再び特高警察が設置されることの憂慮を紹介している。日本人の女性と結婚し、戦前の十年間を日本で生活し、大学で教鞭を取り、日本に多くの知人を持ち、開戦に際しては「特高警察」によって逮捕拘留を強いられた在日経験の豊かなホーレーの書いた記事には、説得力があった。

掲載された翌日の八日、受信したタイムズ社も記事を高く評価し、外信部長のデーキンは、「記事は六十ポンドの通信経費が掛かっているが、内容は素晴らしい（excellent）」と打電している。[3] ホーレーもこれに対して、通信費についてはロンドンの本社には負担させていない、と返事を打電している。[4] 通信経費を極力節約するように指示するタイムズ本社と、記事の簡略化に従おうとしないホーレーとの間で、通信費についての現実的な交信が、昭和二十一年八月のホーレー着任以来、続いているのである。

事件は八日に生じた。大使館で催されていた英国国王誕生パーティーの席上で、総司令部のアーモンド（E. M. Almond）米国陸軍中将が、駐日英国連絡代表部ガスコインに対して、ＧＨＱへの出頭を求めた。ガスコインはマッカーサーに会うためにＧＨＱへ出かけたが、マッカーサーは会見を拒否し、アーモンドと会見した。ガスコインはアーモンドからの伝言として、同日夜七時に出頭するようにホーレーに伝えた。ホーレーは出頭し、報道記事について議論がなされた。[5] この事実をホーレーは直ちにロンドン本社に報告し、善後策を問うている。[6] 翌日十日、返電で「報道操作は出来ないが、アメリカ当局と話し合うまで、沈黙せよ」との指示があった。[7]

ＧＨＱとの議論の中で、確認と訂正された事実関係は、「好ましからざる人物」として特定されること、「日本政府の憲法違反行為」についての是非、「警察が占領軍に拳銃の返還を求めている」ことについてであった。アーモンドの発言では、第二番目の憲法違反問題については、「憲法の補足的法令」で「その行為が日本全体の利益に沿うものならば、政府は憲法を無視することは認められている」としている。また、第三番目の「拳銃返還」問題については、ホーレーの報道表現が「いささか不正確」であったことを認め、訂正記事を「日本の警察」と題して、十二日のロンドン・タイムズ紙に掲載している。すなわち、拳銃の「返還」を希望したのではなく、「警察はGHQから提供された拳銃よりもさらに効果的な武器を求めていた」「英国の警察と同様に犯人逮捕などの状況下において拳銃を携帯したいと望んでいる」という訂正内容を打電したが、記事は前半の部分のみが掲載された(8)。

ホーレー自身にとっての重要な問題は、「好ましからざる人物」発言であった。GHQが報道に対して「好ましからざる人物」と特定した例は、過去に十件もある(9)。日本の占領政策を世界に報道する各国の報道機関は、自由な報道活動を求めて幾度もGHQと衝突している。昭和二十二年には、米国の雑誌『ニューズウィーク』誌東京支局長コンプトン・パケナム(Compton Pakenham)(10)が同誌一月二十七日号に「日本の追放の裏面　米国軍人の考え」を掲載し、問題となった。「経済追放は間違った政策だ」として、GHQ内部の対立を指摘した。マッカーサーはパケナムの発言を封じ、さらに反駁を発表し、『ニューズウィーク』誌二月十日号に掲載された。パケナムはGHQにとって「好ましからざる人物」とされた。パケナムはその後も批判的な記事を書き続け、これに対してMPとCIC(民間情報局)が尾行をおこなったという。パケナムが休暇で米国へ帰国した後、日本に再入国しようとしたが拒否され、最終的には二年後の二十四年四月まで日本入国は認められなかった(11)。

ホーレーにとって日本を追放されることにでもなれば、それまでの苦労が水泡に帰してしまう。やっと手にした日本への復帰。敵国財産管理法によって開戦と同時に日本政府によって接収され、戦後になりようやく取り戻した蔵書約一万二千冊。再開した日本研究。慣れ親しんだ日本での生活と、確保された外国紙特派員としての特権的身分。これらを失うことはなんとしても避けたかった。

ロンドン・タイムズ本社に支援と指示を仰ぐが、明確な返事が得られない。そこで、日本に駐在している外国紙に対して、「報道の自由確保」を目的とした論陣を展開することにした。十二日、ホーレーはガスコイン駐日英国連絡代表部に伴われ、アーモンドとの二度目の会見を行なった。ホーレーは報道機関に対してこの事件の経緯を発表し、各国の新聞はこれに応じた。自由世界における、報道に対するＧＨＱの圧力を問題としたのであった。

ＧＨＱは十三日、ＰＩＯ（Public Information Office）がこの問題について、次のような公式な至急声明を発表した。エコルズ（Col. M. P. Echols, PIO, GHQ）は、「アーモンド将軍とホーレー氏とによってなされた議論は個人的かつ極秘裏のものである。ホーレー氏によってなされたアーモンドに対しての公表声明を完全に否定する。ホーレー氏となされた会見は彼の占領に関する批評についてではない。[12]」と述べた。同じ内容は、十四日の『朝日新聞』にも掲載された。[13]

これらの事件発表を受けて、十三日と十四日には、外国新聞がこれを報道した。翌十三日に、ホーレーは外国紙報道に対して、声明を発表している。「我が社の編集長は現在の状況が複雑化しないことを望んでいる。したがって、十三日付けのマッカーサーのＰＩＯによってなされた声明に対して、コメントはしない。アーモンド陸軍中将との間において極秘裏になされた個人的な会見については例外とする。[14]」各紙は以下の見出しでこれを取り上げた。「戦渦のロンドン・タイムズ紙特派員、マッカーサー元帥電文記事に異議をとなえる」（『モントリオール・スター』紙）[15]、「ロンドン・タイムズ特派員、「好ましからざる人物」とされる」（『モントリオール・ガゼット』紙）[16]、「マッカーサー元帥の英国特派員への脅威、保安上の問題として糾弾、特派員報道は総司令部の方針に従うべし」（『マンチェスター・ガーディアン』紙）[17]、「日本の英国報道員は警告された、ロンドン・タイムズ特派員はマッカーサーの最高顧問から「好ましからざる人物」と呼ばれた」（『ニューヨーク・タイムズ』紙）[18]、「事件の裏面・警告を受けた記者はその任務を知っている」（『アルガス』紙）。各紙はこの問題を「報道の危機」と受け取ったのである。またホーレーの人柄を知っている友人たちは、コラムの形で事件の事情を詳しく紹介するなどしている。戦前の東京文理科大学でホーレーと同僚であったピーター・ルソー（Peter V. Russo, Ph. D.）は、十四日付の『アルガス』紙において次のように事件とホーレーの人物像について述べている。

「事件の裏面・警告を受けた記者はその任務を知っている

また一人、日本にいる外国人特派員が、職業上の瀬戸際に立たされている。

マッカーサー元帥の右腕アーモンド将軍は、ロンドン・タイムズ支局長のフランク・ホーレーに対して、SCAP（連合国最高司令官）の求めに応じて彼の打電記事を訂正しなければ、桜の花に別れを告げることになるだろうと警告した。その道の権威が本来そうであるように、ホーレーは問題について彼と同程度の知識を持つものでなければつかむことが難しい人物である。彼は用意された視察や政府発表で見解をまとめるようないい加減な記者ではない。また、決められた声で吠えたときだけ餅をもらうような、調教されたアザラシでもない。

二十年前、ロンドン大学で学んだホーレーは、大学卒業後の研究のため日本へ赴いた。彼の漢字の能書ぶりと、東洋学の理論ばかりでなく精神に魅了された外国人研究者であるという確かな経験を、研究者として嫉妬の痛みと共に思い出す。われわれは後に、共に文理科大学の講師となり、ホーレーは東洋学の研究者の筆頭にあった。SCAPの中には、ホーレーを理解できる人物がいなかったのであろう。もしいたら、彼の不満を理解できたであろう。研究者にとって、誤れる結論を導く前提条件を採ることほど腹の立つことはない。日本におけるマッカーサー元帥の方針を妨害するような記事もSCAP当局は発行すべきだという代表特派員達はいない。日本の現状をまじめに研究する人々と同様に、ホーレーはこれらの対象物に釘を打ち付けるという過ちを犯したのである。

今日と日本が敗戦した一九四五年の状況は、勿論極めて類似している。しかし、政治的突風に合わせて変化し続けているなら、ＳＣＡＰはすぐにも〝今日の目標〟を出して、頑固な特派員に如何に振舞うかを知らせるべきかもしれない。責任を負わねばならない込み入った事柄や人々のことを考えると、マッカーサー元帥には深い共感を覚える。しかし、問題を高級将校のカーテンで覆い隠そうとすることは処理する上で最も効果的な方法ではない[19]。」

十四日、タイムズ本社から、ホーレーの全面支援を記した電文が届いている[20]。この電文を、ホーレーは非常に心待ちにしていたことを、妻グイネスはその後に語っている[21]。

結局、日本においては、この問題はロンドン・タイムズ紙に訂正記事を載せさせ、ホーレーの問題点を指摘すること、そして、アーモンドとホーレーとの個人的な問題として決着がつけられ、ホーレーの追放も回避できたのである。ホーレーの手元にあったメモには、次のように記されている。これはホーレーがアーモンドとの最終的な話し合いの中で提示した内容と推察される。

「私はこの件に関してアーモンド将軍と話し合い、次のように確認した。ＧＨＱに関するかぎり、この問題は終了した。彼は以下のことを記録した。すなわち、〝私はすでに一件の記事を訂正した、個人的にはあなたがこの問題について終結してくれることを望みます[22]」。

事件後の余波

世界各国の主要新聞社がこの事件を報道し、その結果、英国議会でも取り上げられ、議員の質問が続いた。議会

の記録がロンドン・タイムズ紙に掲載されている。(23)

「ロンドン・タイムズ日本特派員

THOMAS氏（カーディフ西、労働党）は外務大臣に対し、日本にいる英国紙特派員の自由を保障するためにいかなる措置を講じたか、また声明を出すか否かを尋ねた。

ERNEST DAVIES氏：私は、日本にいる新聞特派員に与えられる通常の自由にいかなる侵害があったのかは知らない。特別な措置は講じておらず、またそのつもりもない。

THOMAS氏：次官はタイムズ社特派員の状況に配慮したのか。声明を出すのか。

DAVIES氏：いかにも、私はホーレー氏の件を知っている。マッカーサー元帥が、彼が異議を唱えているところのタイムズ社特派員による最近の報告の件に、駐日英国連絡代表部長の注意を促したことは事実である。政府はタイムズ社に対してこのことを指摘したが、それに対するいかなる動きも求めてはいない。

EMRYS HUGHES氏：（エアシャー南、労働党）。マッカーサー元帥が、英国特派員が東京からレポートする権利に干渉したことを、この答弁は意味するのか。

DAVIES氏：否。答弁が意味するのは、多くの特派員が彼らの誤りと考えるところをレポートの中で指摘する、そしてそれが彼のとった行動のすべてである、ということだ。

DRIBERG氏：（マルドン、労働党）。次官は、政府がこの件をロンドン・タイムズ社に指摘した、と述べたのか。それは政府がマッカーサー元帥を支持し、タイムズ社に特派員の自由に干渉するよう忠告したことを意味するのか。

DAVIES氏：否、もちろん否である。この情報が我々にもたらされたので、ロンドン・タイムズ社へこの情報を知らせることが我々の義務であると考えた。

THOMAS氏：次官は、ロンドン・タイムズ社が大臣の忠告を拒絶したかどうか述べることができるか。

DAVIES氏：我々はタイムズ社に何ら忠告をしてはいないし、我々の知る限りロンドン・タイムズ社はいかなる行動もとっていない。

ホーレー氏の件に関して合衆国からどのような申し立てを受け取ったかを尋ねたDEEDES氏（アッシュフィールド、保守党）への文書による回答で、DAVIES氏は、何もない、と答えた。しかしながらマッカーサー元帥は、彼が異議を申し立てているところの、ロンドン・タイムズ特派員による最近のレポートの幾つかについて、駐日英国連絡代表部長の注意を喚起したのだ。」（六月二十日付記事）

「下院　六月二十六日、月曜日二時半、議長着席

ロンドン・タイムズ東京特派員

E. HUGHES氏（エアシャー南、労働党）は、マッカーサー元帥が異議を唱え、英国政府がロンドン・タイムズ編集長の留意を求めたところの、ロンドン・タイムズ特派員によるレポートの経緯はどのようなものであったかを尋ねた。

外務次官、ERNEST DAVIS氏（エンフィールド東、労働党）：次のことをいま一度明らかにしたい。この件に関してロンドン・タイムズ社に対してとられた唯一の公的な行動は、外務省広報局が東京の駐日英国連絡代表部から受け取った機密報告の内容をロンドン・タイムズ社の代表へ知らせたという儀礼的な行動である。

これは日本のロンドン・タイムズ特派員へのマッカーサー元帥の態度に関するものだった。議員殿は、いかなる新聞社特派員の行動にも責任はないし、彼らの報告の内容を論じるのは私ではない。

HUGHES 氏：もしマッカーサー元帥の報告が外務大臣によってロンドン・タイムズ社へ渡されたのであれば、これらの経緯に異議の唱えられた理由を我々が知るのは当然ではないか。

DAVIES 氏：マッカーサー元帥がしたことは、申し上げたとおり、駐日英国連絡代表部を通じて我々にある情報を伝えたことだけで、それを我々はロンドン・タイムズ社へ伝えた。この件に干渉することを、我々の責任あるいは義務とは考えていなかった。」（六月二十八日付記事）

三回にわたり、英国議会で議論されたことは、英国のロンドン・タイムズ紙特派員の自由報道権が連合国総司令官によって犯されたか否かの問題であり、具体的には英国外務省がロンドン・タイムズ社に対して指示を与えたかどうかという問題であった。

さらに、八月には、雑誌『ネイション』(The Nation) が「マッカーサーとロンドンとの戦い[24]」と題してこの事件を取り上げげた。この事件は米国当局に対する英国側の批判が表出したものとしている。

フランク・ホーレーは、再び日本に戻り英国ロンドン・タイムズ紙特派員として仕事に着手した。昭和二十二年十二月二十日、第八軍に招かれて日本観についての講演をしている。そこでホーレーは、十一年間の滞日経験と八ヶ月の巣鴨拘置所における独房経験を説明した上で、アメリカの日本統治に対する期待、批評、そして米国に対する英国側の見解を述べた[25]。日本についての見識も深く知人も多いフラシク・ホーレーが、戦前の経験を踏まえて、強く進めようとするマッカーサーの民主化政策に期待したことは当然であった。「特高警察」に象徴される全体主義に対して、強い警戒感を抱いたのである。マッカーサーの政策も、占領五年を経過して次第に変化した。政治的野心と占領政策、政策的に利用しようとした国内共産主義勢力とその迫り来る危機感、そして朝鮮半島における軍事的緊迫は増大していた。六月二十五日には朝鮮戦争が勃発し、この事件の一ヶ月後の七月八日には、マッカーサーが吉田首相に対して書簡を送りその結果国家警察予備隊（七万五千人）を創設して、第八軍の役割に替わった。

また、後にホーレー自身が雑誌『七つのカーテン』（「マ司令部・ホーレー事件の内幕」昭和二十七年八月）において事件を回想する中で、この六月八日を「生涯、記憶から拭い去ることの出来ない最悪の日」と述べている。ホーレーはこの事件を、マッカーサーを取り巻く陣営の問題であると見ており、政策の変化に失望を示しながらも、マッカーサー自身の問題とはしていない。雑誌の記事では次のように書き結んでいる。「多くの欠点にも拘らず、元帥が当代の偉人だという結論には変わりがない。彼は哲学的な世界観を持つ、数少ないアメリカ人の一人であり、アメリカ有数の極東通である。日本が今日どうにか戦乱から守られて自由を享受しているのは、もっぱら元帥のおかげだ[26]。」

当時のマッカーサー元帥の姿を語るものとしてジョン・ガンサーの著書『マッカーサーの謎[27]』がある。ガンサーはジャーナリストとして世界各国の政治的「内幕」を取り上げ、多くの読者を得ている。この著書のなかで、マッカーサーと彼を取り巻く新聞記者との関係について、「マッカーサーは新聞報道を利用しなかった」し、「東京の新聞記者団は無学な警察まわりの記者の集まり（ギャング）に過ぎず、したがって自分の命令に服すべきだとの態度をとっているようだ」、と記している。しかし、ホーレーは昭和二十二年十一月二十八日の最初の会見日から、「二、三ヶ月おきにマッカーサーと単独会見」をおこない、占領政策や日本観についての報告を本社へ書き送っている[28]。

その後アーモンドは、ホーレーの長男ジョン（John Hawley）が事件について問い合わせた書簡に対する返信の中で、次のように答えている。

「私が首席補佐官（参謀長）代理および首席補佐官だった一九四六年六月から一九五〇年十月の間、ロンドン・タイムズ特派員のフランク・ホーレーをもちろん知っていた。（中略）マッカーサー元帥は、占領を報道する新聞の綿密な研究者で、彼の指揮下にある軍の行動に関するすべての新聞および東京における報道許可に目を通しており、彼の指揮による軍の行動に関するホーレーの話とあなたが言及しているホーレーによる話は、彼（マッカーサー）が不公平であり真実ではないと考えるものだ。この完結した話は彼を激怒させたので、直ちに私を呼び、ホーレーを呼びにやって彼にそう言うようにと私に命じた。彼は、用いるべき正確な言葉を私に述べた。マッカーサー元帥が用いたまさにその言葉で、私は能力の最善を尽くしてこれを実行した。私はその時ホーレーに対して、「マッカーサー元帥は占領地城からのロンドン・タイムズによるリコールを求める」と告げた。私のオフィスに来る前、ホーレーは直ちに駐日英国連絡代表部アルヴェリー・ガスコイン卿に会い、卿は直ちに私に電話してホーレーと共に私のオフィスに来ることを主張した。（中略）ジョン・ガンサーは私が報道を嫌っていると書いているが、まったくの誤りである。報道の人々がマッカーサー元帥を訪ねることに関しては、語勢の強い彼の発言をホーレーに伝えるよう私に求めたその時まで、私は何の役割も果たしていなかった。マッカーサー元帥は、補佐官のオフィスを通してではあるが、報道とのアポイントメントを自身で取り決めていた。（中略）ガスコインが「王の誕生日」に私の命で私のオフィスに現れたことに関しては、ホーレーが駐日英国連絡代表部に伴われて私に会いに来たのがその日だったからである。前もって、ホーレーと共に来たいという電話を連絡代表部自身からもらったので、私は「この特別な日のプログラムでお忙しいことは了解している」と答えた。彼の返答は「ホーレーと共に行きたい」というものだった。したがって、マッカーサー元帥と連絡を取ったところ元帥も承認し、「来させてよいが、私は会わない」と言った。このことを私は英国連絡代表部に伝えた。これが、彼が王の誕生日に私のオフィスに現れたわけである。[29]」

前述の雑誌『七つのカーテン』「マ司令部・ホーレー事件の内幕」（昭和二十七年八月）の中で、日本国憲法についてフランク・ホーレーが、述べている次の言葉は、現代において重く響いている。

「これから将来の長い間、日本の言論界は憲法二十一条の規定が、名実ともに遵奉されるように闘わねばならない。これは重要な責務だ。なぜかというと、万が一にも日本の言論界が膝を屈するならば、現代日本の民主主義的なすべてのものが、ガラガラと音をたてて崩れ去るからだ。（中略）旧総司令部の高級軍人にとっては、日本の憲法は不可侵の法典ではなかったのだから、憲法の長所をすべて永久に保持するのは、日本人自身の仕事だということである。日本の憲法が、都合次第で守ったり、無視したりする便利な道具に化す日が、再び訪れないとは、誰も保証出来ない。[30]」

註

（1）［ホーレー事件文書目録］参照。
（2）この事件を国内の新聞は次のような見出しで報じている。
『朝日新聞』昭和二十五年六月七日付、第八版、第一紙面。「共産党中央委員を追放」「マ元帥、政府に指令法と秩序無視の扇動」
（3）ロンドン・タイムズ社よりホーレー宛電文［Tlg ① LT-HW500608］
（4）ホーレーよりロンドン・タイムズ社宛電文［Tlg ② HW-LT500609］
（5）この時の時間経緯については、ホーレーの発表として外国新聞報道に詳しく述べられている。
（6）ホーレーよりロンドン・タイムズ社宛報告電文［Tlg ③ HW-LT500609］
（7）ロンドン・タイムズ社よりホーレー宛電文［Tlg ④ LT-HW500610］

（8）「JAPANESE POLICE」ロンドン・タイムズ紙　六月十二日打電、十三日掲載。

（9）ホーレーは、占領以来マッカーサーの攻撃を受けた十件の例として、次の名前を挙げている。Christian Science Monitor, Fortune, New York Herald Tribune, Columbia Broadcasting System, Newsweek, Daily Herald, Washington Post, Mrs. Nora Waln. 前掲注（6）

（10）コンプトン・パケナム（Pakenham, Thomas Compton）。日本で生まれた知日派のジャーナリスト。ダレスと鳩山一郎を結びつけた人物とされている。著書として、『Rearguard』, NY: Knopf, 1930 がある。

（11）住本俊男『占領秘録』毎日新聞社、昭和四十七年七月刊。「占領政策への批判起こる」と題して、『ニューズウィーク』誌におけるパケナムの活動を詳しく述べている。

（12）【GHQ PIO 1630 号 13June 1950】

GENERAL HEADQUARTERS
FAR EAST COMMAND
Public Information Office

Immediate released
1630 13 June 1950

AS result of queries from the press, Col. M. P. Echols, PIO, GHQ, made the following statement:

As has frequently stated it is not the policy of the Occupation to discuss personal matters concerning any of its members, Discussions such as were held between General Almond and Mr. Hawley were personal and confidential. General Almond, however, has authorized me to deny as completely misleading and misrepresentative the statements publicly attributed by Mr. Hawley. The conference with Mr. Hawley was not based upon criticism by him of the Occupation, but was directed entirely at the inaccuracy of statements contained in his dispatch of a nature tending to aid, support, and encourage subversive elements among the Japanese. The question involved was one of security, not journalism.

-0-

（13）『朝日新聞』昭和二十五年六月十四日付、第八版、第一面

「マ元帥　英代表部に通告　ホーレー記者の報道で

マッカーサー元帥は八日、総司令部参謀長アーモンド少将を通じ英代表部首席ガスコイン大使にあてて、ロンドン・タイムズ東京特派員フランク・ホーレー氏を「好ましからざる人物」と認めるむね口頭で申し入れた。ガスコイン大使は直ちにこのマ元帥の意向を英外務省に伝えた。右申入れはホーレー特派員が去る六日、本国に打電した記事中次の二点を問題としたものである。

一、日本の警察は東京地区の一切のデモを禁止したが、これは憲法二十一条違反である。

一、日本が共産化した場合の報復を恐れて、日本の警察の火器の所持をやめさせてもらいたいと要請した。

（ＵＰ共同）

エルゴズ渉外局長声明

総司令部発表

総司令部エルゴズ渉外局長声明は記者団からの質問に対して十三日次の声明を発表した。マ元帥参謀長アーモンド少将とホーレー氏の間に行なわれたような論議は個人的なものであり二人だけの間のものである。ホーレー氏と会談したことは同氏が占領政策を批判したから行なったのではなく、同氏が打電した記事の中に日本人の破壊的分子を援助し、支持しまた勇気づけると思われるような記述が含まれている不正確さだけを取り上げたものであった。」

（14）フランク・ホーレーのメモ。

（15）「渦中のロンドン・タイムズ紙特派員、マッカーサー元帥電文記事に異議をとなえる。」（『Montrial Star』紙六月十三日付）

「ロンドン・タイムズ特派員攻撃を受ける

Ｄ・マッカーサー元帥、急送便に異議を唱える

東京　六月十二日（ＵＰ）

ロンドン・タイムズの東京特派員フランク・ホーレーは、日本における出来事を批判した最近の急送便の故に、ダグラス・マッカーサー元帥から「好ましからざる人物」と見なされてきたが、そのことが本日明らかにされた。マッカーサーの見解は、

最高司令部の首席であるエドワード・アーモンド元帥によって、イギリス大使アルベリー・D・F・ガスコイン卿に対して、先週の火曜日に口頭で伝えられた。ホーレーは日本を立ち去ることもロンドン・タイムズ社に急送電文を提出する特権が無効とされることも求められていない。

マッカーサーは六月六日にホーレーが提出した急送便の中の二点についてはっきりと異議を唱えている。

1、東京のデモの総てを禁止することにおいて、日本警察が日本の憲法の二十一条を犯した。

2、日本がコミュニストになった場合の報復の恐れのために、警察が彼らの銃の無くなる事を願ったこと。

その急送便がロンドン・タイムズに掲載されたので、それが報道機関によって日本の新聞紙上にも発表された。

ホーレー、アーモンドに会見する

ホーレーはその状況について話し合うため、木曜日夜に一時間アーモンドと会見した。会見の後、その二点は思い違いであったと告げられたとホーレーは述べた。ホーレーは、アーモンドが次のように彼に対して述べたという。ホーレーが詳しくないところの、憲法上の補足的な法令は、「その行為が日本全体の利益に沿うものであるなら」政府に憲法を無視することを認めているのである。アーモンドはまた、日本警察とその銃に関する急送便は完全な間違いであると言ったと、ホーレーは述べた。ホーレーに従えば、警察は現在所有しているものよりもずっと効果的な武器を要求したとアーモンドは言った。ホーレーは彼の送った急送便が「いささか不正確」であったことを認め、訂正文を送ったと述べた。ホーレーによる会見の抄訳についてコメントを求められ、アーモンドは述べた。「特派員を含む職業の個人に対して何も影響を与えることはないであろうが、この指令によって論じられるのはその個人的な資質であろう。」

ホーレーは、会見の間中アーモンドは脅迫せず、彼を「好ましからざる人物」と呼ばず、またマッカーサーがホーレーの罷免を要求したことを示さなかった、と述べた。在日外国特派員の大多数を代表する委員会は、マッカーサーがホーレーの件は、アーモンドに託したと通告した。」

(16)「ロンドン・タイムズ特派員「好ましからざる人物」とされる。」(『Montrial Gazetto』紙六月十三日付)　Russel Brines による

「ロンドン・タイムズのレポーター、マッカーサーによって「好ましからざる人物」とされる

東京、六月十二日（AP）

ロンドン・タイムズの特派員は、本日、マッカーサー元帥の司令部によって、彼の書いた記事が占領軍に批判的であると見なされたために「Persona Non Grata」と申し渡された、と述べた。特派員フランク・ホーレーは、日本を立ち去ることは要求されていないし、記事を送る権利も制限されていない、と付け加えた。司令部の官吏はコメントを拒否した。ロンドン・タイムズも同様である。ホーレーは、日曜日にマッカーサーのスタッフの長であるE・M・アーモンド陸軍少将から、占領方針を告げるニュースを刊行する悪しき人物として、特派員は追放され得ると告げられた、と述べた。

特派員はすぐさまマッカーサーに対して、新聞記者に関する保護規則を明瞭にするように求めた。彼は直ちに、何の変更もないし何も企画されていないと答えた。マッカーサーは、彼の発言はホーレー氏とスタッフとの会話で扱ったどんな話とも関連し得ないと明言した。彼は詳しく述べなかったが、一方で書面による質問に答えて「この件はアーモンドに託した」と先に申し送ってあった。アーモンドは、この件は個人的な問題であるという理由の下にコメントを断った。このようなわけで、ホーレーによる説明が唯一利用できるものである。

アーモンドは六月八日のパーティーで、英国使節の長であるアルベリー・ガスコイン卿 に近づき、司令部に立ち寄るように求めた、とホーレーは述べた。そこでアルベリー卿は、タイムズの特派員は「Persona Non Grata」であると告げられた。ホーレーはその日遅く、アーモンドと最初の二つの会見を持った。アーモンドはPersona Non Grataであるとは言わなかった、とホーレーは述べた。彼らは、ホーレーが書いた、日本政府の政治的なデモ禁止は憲法違反である、という記事について話し合った。彼は、アーモンドの日本政府は「日本全体の利益に沿うものならば憲法を無視する」ことが出来る、といったことについて質問した。アーモンドが異議を唱えた。

もうひとつのホーレーの報道は、日本警察が占領軍に銃を返還することを望んだというものだった。ホーレーは、後にその報道が誤りだったことを知り、訂正文を送ったと述べた。ホーレーはアーモンドが彼に、「司令部の命令を厳守するように助言し」「マッカーサーの方針を妨害するようなニュースを公表する特派員は信任されない」と明言したと述べた。このことは、特派員達の間に、彼らが見たままにニュースを報道することによって問題が生じるかどうかという疑問を起こした。数人の司令部将校達は、新聞記者が友好的な急送便のみを送るのを好むことを明白にした。今や、特派員たちは、占領軍がコミュニストによる激しい闘争的キャンペーンに大胆に立ち向かうので、態度が硬化しているのかと考えている。」

(17)「マッカーサー元帥の英国特派員への脅威、保安上の問題として糾弾、特派員報道は総司令部の方針に従うべし。」

(『Manchester Guardian』紙六月十三日付)

「英国特派員へマッカーサー元帥の脅迫

「治安上の危険人物」として非難されるであろう

特派員達は「司令部の方針」に従うべきであるとの要求

東京 六月十二日

マッカーサー元帥のスタッフの長であるE・アーモンド陸軍少将は、ロンドン・タイムズ紙の特派員フランク・ホーレー氏に対して、占領軍に関して不正確な急送便を書いたことにより追放されるかもしれない、と告げた。

ホーレー氏はこれを公表する中で、アーモンド将軍が先週の火曜日に英国連絡部の長であるアルベリー・ガスコイン卿を招き、ホーレー氏の急送便は「客観的」でなく「主観的」であったと苦情を述べた。

その日遅く、アーモンド将軍はホーレー氏に司令部の方針に従うべきであると考える、と告げた。マッカーサー元帥の日本における方針を妨害するようなニュースを公表する代表者は信任されない。そのような人々は「危険人物」と見なされるかもしれない。彼の電文についての八ヶ月以上にわたる研究は、彼がコミュニズムと相容れないことを露わにしたので、将軍は、この危機にマッカーサー元帥の行政を何故に批判しなければならないのか司令部は理解に苦しむと述べた。ホーレー氏は、彼の急送便の一部がロンドンから逆に電送されて日本の新聞に公表されたという事実に、司令部は動揺させられたのだと、付け加えた。

警察とその武器

マッカーサー元帥は本日の公式声明において、特派員に対する占領軍当局の政策には何ら変更もないし、「特派員達に関する限り保護処置の変更は全く考えられていないし、これからも考えられないであろう。処置は占領の当初より実施されてきたし、誰に関しても明らかに全く満足のゆくものであった。」と述べた。訴えられた二つの電文は、左翼デモの禁止と、日本がコミュニストの衛星国になった場合の報復を恐れて火器を提出したいという警察の希望に関する物だった。ホーレー氏に従えば、アーモンド将軍は、「日本政府は日本国の利益にかなうものであれば憲法を無視できる」、けれども、警察のデモ禁止は合憲であると論じた。警察が武器の返却を望んでいることは断じてなく、より有効な武器を要求しているといわれる。

本日ホーレー氏に意見を求められて、アーモンド将軍は危険人物を「この占領と指令の舞台に関して真実でない情報を発表する人物」と定義した。マッカーサー元帥の司令部は、ワシントンに関係なく、ある特派員が危険人物か否かを決めようとすれば出来た。ホーレー氏が危険人物と見なされたかと尋ねられて、噂によるとアーモンド将軍は「今のところは」と答えという。日本のコミュニストに対するキャンペーンは、警察による左翼の組合会議事務所に対する反占領冊子の捜索と、反米宣伝を繰り広げたかどによる人々の逮捕によって、今日続けられている。三人の日本人コミュニストが逮捕され、マッカーサー元帥によるパージが始められてから逮捕者は十一名にのぼる。

集会の禁止

週末の間に、東京警察は、特別の許可のない限り週末の市街での集金を禁止する命令を出した。この命令は、無期限に実施されるが、占領当局に対するこれ以上のコミュニストのデモを防ぐために企てられたものである。

日本人のコミュニストに対するキャンペーンは先週始められたが、その時マッカーサー元帥は日本政府に対して政党の中央委員会の二十四名全員を公的な生活から追放するように命じた。彼が言うには、彼らは合憲の政府の力によって転覆の方法を準備することを期待して法と秩序を愚弄したからである。翌日、彼は共産党の新聞「赤旗」の編集スタッフ十七名を免職にした。新聞が、党の中央委員会のメンバーを追放するマッカーサー元帥の命令に抗議してゼネストを呼びかけたからである。」

(18)「日本の英国報道員は警告された、ロンドン・タイムズ特派員はマッカーサーの最高顧問から「好ましからざる人物」と呼ばれた」(『New York Times』紙六月十三日付)

(19)「事件の裏面・警告を受けた記者はその任務を知っている」(『Argus』紙六月十四日付)。

(20) ロンドン・タイムズ社よりホーレー宛電文 [Tlg ⑤ LT-HW500614]

You have paper's full support. No question of withdrawal. Please continue objective reporting events in closest tough with headquarters. Report their information and views but do not restrict yourself to official sources only. And record events in proper perspective for information.（社は全面的に支援している。退去の心配はない。司令部に厳しく迫って、出来事の客観的な報告を続けよ。彼らの情報および見解を報告せよ。ただし、公式な情報源だけに限定してはいけない。そして、情報のために、

総合的視野で出来事を記録せよ。）

(21) グイネス談、「裁判調書」。

(22) フランク・ホーレーのメモ。

I have discussed this matter again with General Almond and he authorises me to say that, as far as G.H.Q. are concerned, the case is closed. He has taken note that I have already corrected one mis-statement of fact and admits that the other statement of which complaint was made is on a question of constitutional interpretation which obviously must be subjective. Such being the case, I personally should be grateful to you if you could kill the story.

私はこの件に関してアーモンド将軍と再び話し合い、彼は私が次のように言うことにお墨付きを与えた。GHQに関するかぎり、この問題は終了したと。彼は以下のことを記録した。すなわち、私はすでに一件の事実の誤記を訂正し、不満の対象となっていた別の記述は、明白に主観的に他ならない憲法解釈の問題に関することであるのを認めていると。問題がこのようになっているので、もしあなた（ホーレー）が記事を没にできるのであったら、私（アーモンド）は個人的にあなたに感謝するのですけれど。

(23) ロンドン・タイムズ紙記事　議会欄　六月二十日・二十四日・二十八日付。

(24)『The Nation』「MacArthur's War with London」by Andrew Roth, 1950/09/09, P. 227.

(25) ホーレーの日本観についての講演内容を紹介した。拙論「ロンドン・タイムズ特派員フランク・ホーレー（その一）『生活文化研究所年報』第十五輯所収。

(26)「マ司令部・ホーレー事件の内幕」『七つのカーテン』鱒書房、昭和二十七年八月発行。

(27) ジョン・ガンサー『マッカーサーの謎』時事通信社、昭和二十六年五月。

(28) フランク・ホーレーの記録「Background Reports」前掲註（25）参照。

(29) ジョン・ホーレー宛アーモンド書簡。

(30) 前掲註（26）。

ホーレー事件文書目録

YMD	Document		
500607	Purge of 24 communist（共産党員24名の追放）	by Hawley	THE TIMES紙
500608	Tuesday's despatch exelent though expensive for information cost sixty pounds Times.（6/6の特電は60ポンドという高額情報ではあったが、素晴らしかった。）		Tlg ① LT-HW
500609	Dispatch ①（4月以来電報代はこちらの経費で支払っている。）		Tlg ② HW-LT
500609	Dispatch ②（報告）		Tlg ③ HW-LT
500610	We naturally cannot prevent agencies publishing, but recommend silence until you have opportunity discuss case with American authorities.（報道操作は出来ないが、アメリカ当局と話し合うまで、沈黙せよ。）		Tlg ④ LT-HW
500610	Explanation non complete Times（説明不足である）		Tlg ⑤ LT-HW
500612	Dispatch ③（報告②）		Tlg ⑥ HW-LT
500612	JAPANESE POLICE【Times note & Telegram 19500613】（訂正記事）	by Hawley	THE TIMES紙
500612	Hawley to LT（説明文を送付。状況を知らせてほしい。）		Tlg ⑦ HW-LT
500613	London Times Correspondent under Fire/Gen. D. MacArthur Objects to Dispatch		Montrial Star紙
500613	London Times Reporter Is Held Persona Non Grata by MacArthur	by Russel Brines	Montrial Gazetto紙
500613	HW's memo（タイムズの見解）		memo
500613	Immediate release（GHQの見解）		GHQ LTR
500613?	Dispatch ④		
500613	Gen. MacArthur's threat to a British Correspondent/May be Denounced as a "Security Risk"/A Demand that reporters shall follow "Headquarters Line"		Manchester Guardian紙
500614	Behind the news. Warned writer knows his job	by Dr. Peter Russo	Argus紙
500614?	British Newsman Mac's staff row over Jap story		?

500614	Times Backs Correspondent/Press Freedom to be Aired in House/Reuters Issues statement in case		Montrial Star 紙
500614	British Reportor in Japan warned/ London Times Correspondent Called Persona Non Grata by Top MacArthur Aide	by the Associated Press	New York Times 紙
500614	Telegram（社は全面支援）		Tlg ⑨ LT-HW
500614	Dispatch ⑤（感謝）		Tlg ⑩ HW-LT
500616	Telegram		Tlg ⑪ Russo-HW
500619	Telegram		
500620	The Times Corrospondent in Japan		THE TIMES 紙
500623	AP World Service		British spokesman
500623	Telegram		
500624	Gen. MacArthur's Complaint（議会質問）		THE TIMES 紙
500626	Russel Anderson to Lois Johnson		LTR
500628	The Times Dispatches from Tokyo（議会質問）		THE TIMES 紙
500812	The Menace of General MacArthur		The New Statesman and Nation
500909	MacArthur's War with London bv Andrew Roth		雑誌 / Nation

フランク・ホーレーと関西アジア協会

1．はじめに

昭和六年に来日したフランク・ホーレー（Frank Hawley）は、昭和三十六年に山科で他界するまで、日本と多彩な関わりを持った。すなわち、戦前においては「お雇い英語教師」、英語辞書の執筆、英国文化研究所所長の職を経ながら日本文化についての論文も執筆している。開戦にともない英国へ強制送還され、戦時中はロンドン大学戦時日本語学校の講師・英国放送（BBC）日本語放送の創設メンバー・連合国軍における日本占領戦略の要員として働いた。戦後は昭和二十一年七月にThe Timesの特派員として再び来日し、三千件を越える戦後日本の報道記事を世界中に送り出した。その間、琉球関係を含む広範な日本関係の図書の収集を重ねた。ホーレーは来日十年目の開戦時（昭和十六年）において、すでに一万六千冊を越える図書を所有しており[1]、また昭和三十六年の死亡時に、所有していた図書すべての売立金額が二千八百万円を越えた。このことと、書籍の取り引きを通じて親しく関わった反町茂雄の紹介文とにより、フランク・ホーレーの「ブック・コレクター」としての印象が強調されることになった[2]。

フランク・ホーレーの蔵書の一部であったいわゆる「琉球コレクション」は、その質と量において高く評価されているが、「人物フランク・ホーレー」についてはほとんど知られていない。[3] とりわけ晩年、The Timesをやめて山科に移ってからの十年間の生活において、研究活動を継続し、学会を組織し、著書を完成させたことについては、全く紹介されていないのである。

戦後における多くの学術学会活動再開の実際は、困難を克服してゆくための個人の献身的な活動によって支えられていた。東京に拠点を置き、当時既に九十年もの歴史をもつ「日本アジア協会」であっても、活動の再開は容易なことではなかった。新聞広告において活動再開の呼び掛けを行ない、連合軍の占領支配下で出発した戦後「日本アジア協会」の歴史は、それ自体が興味深いものである。[4] また一方で、「関西アジア協会」と称し、関西の在日外国人を中心とする日本・アジア研究を目的とした学会が戦後間もなく京都で創設され、昭和四十年頃まで着実に研究会活動と出版活動を重ねた。フランク・ホーレーは「日本アジア協会」の再建に加わり、山科へ転居の後、「関西アジア協会」において中心的役割を果たした。

ここでは、学会「関西アジア協会」の成立・会員・組織・研究会・出版活動などの実態と、この学会に深く関わった人物としてのフランク・ホーレーについて明らかにしたい。

2. 「関西アジア協会」の成立

「関西アジア協会」が何時、誰によって、どこで設立され、どのような活動内容であったのか。残された資料からこれらを推測してゆく。

資料としては、現在、次の物が筆者の手元にある。

一、フランク・ホーレー旧蔵の「関西アジア協会」関係資料（会報・議事録通信など）[5]。

二、ドン・ブラウン旧蔵「日本アジア協会」「関西アジア協会」関係資料（会報・議事録通信など）[6]。
三、フランク・ホーレー宛、P. D. Perkins 書簡[7]。
四、フランク・ホーレー宛、その他の個人書簡[8]。
五、関係者（宮良當壯・鈴木秀三郎）の日記[9]。

「関西アジア協会」は、その名称の示す通り一八七二年に創立された「日本アジア協会」を意識したものであるが、本部支部の関係にあるものでは無い。しかし、「日本アジア協会」の関係者によって設立されたためか、規模に大小の違いはあるものの、運営や活動の形態はほぼ同様である。

「関西アジア協会」設立の時期については明確な資料は無い。但し、戦後の再建間もない一九五〇年一月九日付の「日本アジア協会」の会報（Annual General Meeting〔年度総会〕）に、以下の記事が紹介されている。前年度の学会の活動を報告する中で、

「Dr. Hessel と Mr. Hauchecorne の尽力により、私達の会の関西グループが京都において組織され、何度か例会をもっていることに対して感謝する。この会もしくはこれに類似した小組織は、単に東京における例会に出席することが出来ない会員に対して便宜をもたらすのみならず、地方において大きくは取り上げられないにしても、その人にとっては興味深い研究課題に向かうことを勇気づけるものである[10]。」

とある。一九四九年の段階で、名称はともかくも、関西において Dr. Hessel と Mr. Hauchecorne を中心とする「日本アジア協会」の「関西グループ」が活動を始めたことがわかる。

また、フランク・ホーレー及びドン・ブラウンの手元に残された「関西アジア協会」の委員会議事録（通信文）によれば、一九五三年の十二月八日火曜日の午後三時から四時四十五分まで、京都大学人文科学研究所において委

員会が持たれている。[11] 但し、この日が通算で何回目の例会であるかは記載されていない。また、例会期日が記された初期の例会案内通信文によれば、一九五四年九月十八日土曜日午後三時三十分より同志社大学の新島会館において、第十三回目の例会が開催されている。例会が毎月定例の曜日・時刻に開催されていることを前提に、その第一回目の開催時期を推測するならば、一九五三年九月頃に最初の例会が持たれたことになる。またその終末の時期は不明であるが、一九六五年九月二十五日に第百十三回目の例会がなされていることから、少なくともその時点までは連続した活動があったことを確認できる。

フランク・ホーレーは、一九四六年以来勤めていた The Times を退社して、一九五二年秋に山科に移った。京都は彼にとっては馴染みの薄い場所ではなかった。昭和九年の四月に、東京外国語学校の英語教師（講師）を辞め、第三高等学校の英語教師（講師）として京都吉田の教官官舎に移り住んだ。一年間ではあったが、彼にとって京都は、教師としてまた研究者として情熱を傾けた街である。その当時、学生についての感想を京都帝国大学新聞[12]に載せている。京都に引っ越したのが一九五二年の何時であるか、正確な日付はわからないが、ホーレーの英国時代からの友人（Paddy O'neill）からの十二月十一日付けの書簡が残っており、それには、ホーレーの父親の死亡と山科への転居を知って驚いたと記されている。[13] また、研究活動や学会活動が実際に開始された時期については、正確には分からないが、十二月十六日には「日本研究に畢生の情熱」と題する記事が読売新聞に掲載され、ホーレーが紹介されている。[14] 翌年一月十三日、ホーレーは外人登録を済ませている。[15] また、残されている荷物運送伝票の日付や、東京時代に共に琉球関係図書の解題研究を続けていた言語学者・宮良當壮宛ての書簡、[16] そして以後 Perkins と共に関西アジア協会において重要な役割をなす鈴木秀三郎の日記の記事などによって、その間の行動を推測し得るのである。鈴木の日記によれば、九月十八日に Perkins の事務所でホーレーと会い、それまでオーストラリア軍将校に利用されていた山科の接収家産を、ホーレーの京都の住まいとして紹介している。[17]

これらを整理すると、次のようにして「関西アジア協会」の活動は開始されたことになる。「日本アジア協会」の再建に刺激され、関西においても一九四九年にDr. Hesselらによる「関西グループ」が結成された。この時点では、会の結成以外の活動は始まっていなかったであろう。一九五二年九月頃にホーレーが山科に移り、その後約一年を経た時期から具体的な学会活動が開始された。その活動の開始において、事実上ホーレーが深く関与していたであろうことは、ホーレーが「日本アジア協会」の戦前の委員であり、また戦後の再建委員のメンバーでもあったこと、[18]また後述するように一九五四年・五七年・五八年度の「関西アジア協会」会長であったこと、さらに彼の友人Melvin McGovernの[19]談話からも推測し得るのである。

3.「関西アジア協会」の活動

「関西アジア協会」の活動は、毎月定期的に開催される「Meeting」(「例会」)と「Meeting of the Council」(「評議委員会」)、年に一度の「General Meeting」(「総会」)、そして「OCCASIONAL PAPERS OF THE KANSAI ASIATIC SOCIETY」(「関西アジア協会会報」)の刊行であった。

「関西アジア協会」の活動を知る材料としては、会報として配布された通信文がある。これらをもとに、確認できる限りの「関西アジア協会」の例会活動を日程順に発表者・題目とともに一覧としたものが【資料1】である。

「Meeting」(「例会」)は大概、土曜日の午後三時半頃から京都市内の会場で、毎回一人の研究発表が行なわれた。夏頃には定例の会の代わりに「Fieldtrip」と称する野外見学の会がもたれ、歌舞伎の舞台裏や市内の寺院、遺跡発掘現場などを見学している。通常の研究会の会場としては、最初の頃は同志社大学の「新島会館」や「アメリカ文化センター」などの公的施設を利用しており、後半は個人の邸宅を会場としている。

【資料1】を見てわかるように、例会での口頭発表者は必ずしも会員に限定されてはいない。非会員が講師となり、その後に入会する例もしばしばあった。内容としては、会員の日頃の研究を紹介する他に、学会の興味関心の範囲で発表者として専門家を随時招いている。日本人としては、

岩村忍（京都大学教授・1954. 09. 18）
鈴木秀三郎（1957. 02. 23）
下店静市（同志社大学講師・1957. 07. 20）
山下コスケ（京都大学教授・1955. 12. 17）
佐伯好郎（1871/1965 広島県生まれ、東京専門学校卒業、広島県廿日市町町長・1957. 04. 27）
石田ｉ（同志社大学教授・1957. 09. 28）
竹村健一（フルブライト給費生・1958. 01. 18）
江馬務（京都女子大学教授・1958. 12. 13）
有賀鉄太郎（京都キリスト教大学・1959. 12. 19）
湯浅八郎（元ＩＣＵ学長・1962. 09. 29）
山根徳太郎（大阪市立大学教授・1958. 08. 23）
九十九豊勝（あやめヶ池民俗館館長・1959. 06. 20）
ナイトウヒロシ（英文毎日・1960. 09. 24）

白畑よし（京都国立博物館・1963. 06. 22）などの名前が並んでいる。外国人の会員にはU. A. CasalやChales S. Bavierなどのように日本研究の著作を持つものもいたが、全般的には必ずしも総ての会員が日本研究の専門家であったわけではない[20]。また、国外から京都を訪れた研究者や、関西の大学に研究留学している若手の研究者も発表者として並んでいる。この特徴は「日本アジア協会」と類似している。純粋に学問的な「学会」活動と幾分は異なるが、専門的な精緻な研究を含む、幅広い「学問的」関心に基づいた社交の世界である。発表された研究内容は会報「OCCASIONAL PAPERS OF THE KANSAI ASIATIC SOCIETY」に掲載されることもあった。

毎年七月八月の例会は休会となり、その代わりに「見学会」(Fieldtrip) と称する野外活動が行われている。外資系の会社ではこの時期には長期の夏期休暇が設けられたり、また、外国人の会員たちの中にはこの時期は避暑を兼ねた旅行を行なうものがいたためではなかろうか。具体的には京都の寺院・庭園の見学（1955. 07. 30/1961. 05. 27/1962. 06. 24）や遺跡見学（1958. 08. 23）、そして歌舞伎見物や楽屋裏訪問（1965. 05. 29）が講師を招いて行われた。また、通常の例会でも、木版画の制作や指踊の実演を行なっている。

一九六一年一月十日には、会長職もつとめ、博識と豊かな人脈を有していた会の中心的人物であったフランク・ホーレーが逝った。一九六二年九月十六日には、会創設以来ホーレーの強力な補佐役であった鈴木秀三郎を失った。続けて翌年一九六三年二月には、会の書記役として当初から関わっていたP. D. Perkinsが死去した[21]。「関西アジア協会」の活動がこれらの重要な機動力を失って、どれほどの痛手を蒙ったかは、想像に難くない。実際に、例会の会場も京都アメリカ文化センターや新島会館から、Miss DorothyやRev. Jon G. Youngなどの個人住宅に移っている。また、一九六二年頃からは、人脈の関係であろうか、講師として、訪日の日本研究者が目立つようになり、若手の留学生も加わるようになった。

学会誌としては「OCCASIONAL PAPERS OF THE KANSAI ASIATIC SOCIETY」（「会報」）があり、現在のところ第十号までの刊行とその内容が確認できる。掲載された論文は都合二十一件である。（【資料2】「OCCASIONAL PAPERS OF THE KANSAI ASIATIC SOCIETY 掲載論文一覧」を参照。）

一九五四年度に創刊号が発行された当初とその次の第二号までは、タイプ印刷・片面刷りの形式で、簡便な綴じの論文集（全十頁・全十三頁）であった。翌年度の号からは掲載論文数も増え、頁数も増加するが、一九五九年度あたりから再び掲載論文の数も減少してゆく。サイズも何度か変更されている。会報の充実の時期とフランク・ホーレーが会長であった時期とが重なることになるが、これはホーレーの人間関係、およびホーレー自身の「出版意欲」に関わるものである。一九五九年度の第八号にはホーレー著書についての書評が掲載されている。正確にいえばホーレー著書「Miscellanea Japonica II」として出版予定の「Whales & Whaling in Japan」の、offprint（抜刷）[22]についての書評である。

ホーレーの著述が会報に載ることはついになかった。取り分け、戦後におけるホーレーの学術論文は、一般の学術雑誌・刊行物の概念枠を越えていた。彼は山科において二冊の著述をなしている。第一冊目は「An English Surgeon in Japan in 1864—1865（日本：1864/1865における英国外科医）」と題する翻刻と解題論文であった。[23]その次は、「Whales & Whaling in Japan（日本における鯨と捕鯨の研究）」と題する大著であった。[24]出版の予定が大幅に遅れた為に、本篇の一部を抜刷（offprint）としてではあるが、第一冊と同様に、特別に漉かせた白石紙に、当時開発した両面印刷の方法で刷り込んで製本した書物を予約者に配布した。[25]これが第二冊目である。ホーレーの死後作製された

第二冊目の本篇を加えれば、戦後に三冊の著作があった。紅柄染めで製本されたこれらの書物は、装丁の面から美的にも優れ、趣味の領域にも及ぶものである。しかしこれは、十度を越える校正の末ようやく印刷に取り掛かる手はずとなった頃にホーレーは死去した。

「関西アジア協会」の活動で、具体的に追うことの出来るものを幾つか紹介する。会報が出来上がると、これらは交換雑誌として関連の学会へ配布され、関西アジア協会の活動状況の紹介が求められた。筆者の手元にある記録によれば、一九五五年一月十一日付の会報には「ロンドン日本協会会報」(Bulletin of the Japan Society of London)が、交換雑誌として受理されたことが報告されている。[26] また一九五七年の九月十六日には、同会(Japan Society of London)に対して、会報の誌上で「関西アジア協会」が紹介されたことの礼状をPerkinsが送っている。[27] 同様に、一九五七年十月二十五日付の会報には、「パキスタン・アジア協会」(Asiatic Society of Pakistan)に対して、交換雑誌の感謝状をPerkinsが書き送っている。[28] 翌五八年には、「スイスアジア協会」(Society Suisse d'Eudes Asiatique)(一九四〇年設立)から、創刊号に遡っての会報送付の要請がなされている旨の報告が、CasalからPerkinsへ出されている。[29]

会員拡大の方法についても、提案がなされている。評議員会は名誉副会長であるRev. R. A. Hessel(大阪府堺市の提案であるところの、大阪もしくは神戸において京都で行われた例会(研究発表)を再度行うこと(local chapter)を、票決したことが一九五八年一月六日付の会報に載っている。[30] しかしその後、三月一日付けのRev. R. A. Hessel宛てホーレーの書簡によれば、再度委員会を開催した結果、この提案が否決されたことを伝えている。[31] さらにまた、国際文化振興会関西支部の会員名簿を利用しての会員獲得を試みてはどうかという、Rev. R. A. Hesselからの提案も寄せられている。[32]

学会の宣伝認知と会員獲得を目的とする諸活動は、どの学会においても悩みの多い問題である。「関西アジア協会」も同様に、これらに努力し、会員からは積極的な提案が寄せられている。また、寄付を集める努力もなされている。H. V. Redman や Ruth Sasaki も出版基金としての出資を行なっている。[33]

4.「関西アジア協会」の「会則・組織」

会の組織内容を知る手掛としては、「OCCASIONAL PAPERS OF THE KANSAI ASIATIC SOCIETY」の巻末に掲載された役員名簿と「関西アジア協会会則」とがある。歴代の役員を一覧したものが【資料3】である。活動開始の当初、会は「President（会長）」「Secretary（書記）」「Treasurer（会計）」の三役と一般会員選出の「Council（評議会）」、これにこの三役から任命された「Member of Publishment（編集委員）」が加わっている。一九五五年度からは会則に記された通り、「副会長」職が定まっている。また、一九五七年と五八年度はホーレーが二度目の会長を務めた時期であるが、その時期には、規定に位置付けのない「名誉副会長」が設けられ、U. A. Casal、Rev. R. A. Egon Hessel、岩村忍、W. Van West ら四名の名前があげられている。Egon Hessel と一九五八年及び翌年に編集委員として加わる Je an-Pierre Hauchecrone は、一九四九年に、「関西グループ」活動開始に関わった者として、「日本アジア協会」に対して紹介された人たちである。役員の任期は一年で、毎年、十二月に「General Meeting」（総会）が開催された。

会は会則にしたがって運営された。ホーレーの手元には三種類の会則がある。これらは「1953/54」年の記載のある会則〔1〕と、それを改訂する2件の案文会則〔2〕〔3〕【資料4】である。会報およびホーレーと Perkins

の間で交わされた書簡によれば、幾つか条文に改訂案が出され、暫くの間懸案となり、その後に決定された。

これらを比較してみると、その改訂案においては、「名誉副会長」の地位と権限をめぐって議論が交わされ、総会における会員の参加資格が変更の内容となっている。改訂の主旨を見てゆくと、次の通りである。

基本的には次の点が改訂されている。会則〔1〕では第一章・第二章に分けて記されていた会の「名称」と「目的」が、会則〔2〕以降では第一章にまとめられた。次に、会則〔1〕では書記の役務として記されている「副会長」を会則〔2〕以降では役職として位置づけ、書記とは分離している。会則〔1〕の第二章に記されている編集委員についての規程が、詳しくなっている。会則〔1〕第四章の会計年度が変更され、会則〔3〕では会費金額の明記が避けられている。会則〔3〕では、実情に合わせて、関西地域に居住する会員数の三分の一を定足数としている。改訂案として会員に事前に公開した会則〔2〕を整理して、会員の意見を容れて調整をしたものが会則〔3〕であると考えられる。一九五四年に掲げられた会則が、会の活動と会員の実情とで整理されていったのである。

「関西アジア協会」の会員については、四冊の会員名簿（一九五五年度・一九五七年度・一九五八年度・年度不明）が残されている。さらに、会報に新入会員として紹介されているものを加え、これらを一括して名前順に整理したものが【資料5】である。名簿原本はローマ字表記で氏名・住所・電話番号が記されているが、入力の便宜から氏名と居住地区のみに限定した。今日の何れの学会においてもそうであるように、「関西アジア協会」においても会員名簿に掲載された会員が実質的に常に会に関わっているとは限らない。初年度のみの会員もいれば途中の年度は記載されていないものもいる。何れにしても、これらの名簿から京都・大阪を中心として和歌山・大津までの地域の総人数二百五十三名もの会員が確認できる。日本人会員の氏名は、確定の出来た会員については漢字表記に努めた。

その他は、カナ表記に換えた。

これらからわかるように、会員の大半は京都在住のものだが、大阪・奈良・滋賀を含めた文字通りの関西地域の研究会であった。[34]

5．フランク・ホーレーにとっての「関西アジア協会」

「関西アジア協会」にとって、フランク・ホーレーの存在は大きかった。「日本アジア協会」の再建に続くかたちで、関西における「アジア協会」を目指して発足したこの会は、ホーレーの山科転居により具体的な活動を開始した。生涯において彼の学会活動を実務的に支えてゆくことになる二人の友人（P. D. Perkins と鈴木秀三郎）を得て、ホーレーは第三の人生を歩むことになった。すなわち、戦前のお雇い外国語教師や辞書の編纂、英国文化研究所の所長を務める「学究」生活は第二次大戦の開戦により中断されたが、戦後は The Times の特派員として再び来日。日本文化に極めて造詣の深い「特派員」として、復興に向かう戦後日本の姿を世界に伝えた。昭和二十七年、ホーレーは一転して総ての仕事から離れて山科に転居、研究と著述、そして「関西アジア協会」の生活が始まったのである。

ホーレーの記録を追跡してゆく中で、数々の果たせなかった彼の「計画」に出会う。例えば、昭和九年に新聞記事に「日本精神を研究するために本居宣長」を研究して近く論文完成、[35]と紹介されたが、論文は未発表である。「紀元二千六百年祭」を前に、国際文化振興会は大きな企画を進めた。その一環として「外国人のための日本語辞典」刊行が予定され、ホーレーは執筆編集者として大きく関わることになるが、[36]これも未刊で終わる。戦後は、東京で

「和紙」を研究し「紙漉重宝記」を翻訳すると新聞に掲載され[37]、また一方で宮良當壮と「琉球書誌解題」を準備[38]、これらはともに未刊である。山科に移り、昭和二十七年に記者の質問に答え、近い目標は「日本の和紙と印刷の歴史」を学位論文として京都大学文学部へ提出予定、と語っている[39]。一時的な論稿や紹介論文、翻訳は別として、大きなまとまりのある研究として完成したものは、「日本における鯨と捕鯨の研究」のみであった。しかも、この著書は三分冊の第一冊であり、ホーレーの死後ようやく出版されることになった。この叶わなかった計画の中にこそ、ホーレーの学問への「願望」の輪郭を見いだすことが出来る。

かつて、ホーレーは訪問取材記者の質問に応えて、

「私は思想的に（小泉）八雲とは違うんです。彼が自分の国民性を失って日本人になろうとした事は自他共によくない事でした。英国人が日本人になろうとしても限界があるのです[40]。」

と、英国人としての限界性を充分に認識している。また同様に、訪問取材記者（磯部祐一郎）の、将来の仕事についての質問に応え、次のように語っている。

「私は将来、書誌学つまり bibliography ですね、これを書きたいと思っています。だが日本語では書きません、日本語では川瀬一馬さんの『日本書誌学之研究』のような立派な本がある、ですから私は英語で書きたいと思っているのですよ。私がしたいと思うことは、日本研究にあって、combination の仕事でお手伝いしたい、ということですね。早い話が、日本人で英語が出来る人は、日本を知らない。アメリカへ行って講演が出来ても、日本のことはあまり知っていない。その反対に日本を知っている人は英語を知らない。私はこれをうまく combine しなければいけないと思います[41]。」

これら計画された研究著作やインタビューへの回答から伺い知れるのは、「良き日本紹介者」であろうとする、

英国人ホーレーの姿である。「より正確に」「より理解を広めるために」「日本文化の良さを伝えたい」、これらはホーレーの一貫した姿勢であった。翻訳を通じて世界中に、源氏物語の素晴らしさを紹介したアーサー・ウェーリー（Arther Weley）の功績をホーレーは高く評価したのである。かつて、ホーレーは源氏物語を評価して、これを「世界的古典」にするためには、英文説明の付された丁寧な源氏物語語彙辞典が必要である、と述べている。[42]

特派員の仕事を離れてからの、山科での生活は、ホーレーにとって彼の理想に近い状況であったであろう。接収家屋とはいえ、大きな洋館建てに住み、研究仲間を集めての「関西アジア協会」活動は、彼にとっての一つの世界であった。

晩年、体調を崩したホーレーは、Perkins に対して「関西アジア協会」退会の意向を表明している。この申し出に対して Perkins の熱心な慰留が続く。[43] ホーレー自身にとっても、刊行を約束した著書が最終段階に至っており、出来上がり次第、京都大学へ学位請求の手続きを取ることになっていた。[44] また、来る年には研究に伴う大きな奨学金がほぼ約束されていた。[45] まさに、これからホーレーの理想が次々と現実となって行こうとする年の春、一九六一年一月十日、数々の思いを残して死去した。

その後、十三日に掲載された死亡公告記事を、東京の南方同胞援護会で比嘉良篤と共に読んだ坂巻駿三が、直ちに琉球関係図書の買取に動いたこと、そしてハワイ大学の「宝玲文庫〔琉球〕資料」が設置された経緯については、すでに述べておいた。[46]

註

（1）戦前のフランク・ホーレーの琉球研究と戦時敵国財産管理法の適用によって処分された蔵書の経緯については、すでに記している。

拙論、「フランク・ホーレーと琉球研究」『琉球・沖縄』、昭和六十二年十月、雄山閣刊。
(2) 昭和八年六月に『弘文荘待賈古書目』第一号を発行し、フランク・ホーレーがそれを見て『ヤング・ジャパン』二冊二十五円を注文した。これが最初の接触である、と反町茂雄は記している。当時、東京文理科大学と東京外国語学校の外国人英語教師をしていた。その他にも、ホーレーと取り引きした古書について触れるなかで、反町のフランク・ホーレーの位置付けは、「コレクター」に終始している。それは、反町の顧客に対する評価であった。反町のホーレーについての個人的な記述については、訂正を要する箇所も多い。これらは、随時、筆者が書き改めてゆきたい。反町は次の著作において、フランク・ホーレーと古書について記している。

反町茂雄『一古書肆の思い出』1、平凡社刊、昭和六十一年。

反町茂雄『一古書肆の思い出』2、平凡社刊、昭和六十一年。

反町茂雄『一古書肆の思い出』3、平凡社刊、昭和六十三年。

反町茂雄『一古書肆の思い出』4、平凡社刊、平成元年。

反町茂雄『古典籍の世界』上・下、文車の会刊、平成五年六月。

反町茂雄『蒐書家・業界・業界人』八木書店刊、昭和五十九年。

反町茂雄『天理図書館の善本稀書』八木書店刊、昭和五十五年。

(3) フランク・ホーレーに関する研究として、筆者はすでに次のものを記している。
前掲拙論、「フランク・ホーレーと琉球研究」『琉球・沖縄』昭和六十二年、雄山閣刊。

拙論、「宮良當壮とフランク・ホーレー」『宮良當壮全集』月報十七、第一書房刊〔本巻収録〕。

拙論、「ハワイ大学宝玲文庫「琉球コレクション」成立の経緯」『生活文化研究所年報』第五輯、平成三年十一月刊〔本巻収録〕。

拙論、「宝玲文庫「琉球コレクション」」『生活文化研究所年報』第六輯、平成四年十二月刊。

Frank Hawley and his Ryukyuan Studies, in: British Library Occasional Papers II: Japanese Studies, 1990, pp. 91-101.

（4）太平洋戦争において中断された「日本アジア協会」の再建は、終戦後ほどなく着手された。当時の様子をDouglas Moore Kenrickは次のように記している。

「終戦後一年を経た一九四六年十二月十三日、戦前からの会員四人（Dr. E. H. Norman/カナダ・Vere Redman/イギリス・Glen Bruner/アメリカ・Professor Arundel del Re/イタリア）がカナダ領事館へ集まり、学会再建を決定した。彼らは再編成委員会を結成し、学会の位置付けを明確にし、知り合いの会員名簿を編纂し、会員総会の準備に着手した。銀行口座の存在は、法律的にもまた実際上からも重要な問題であった。それは、学会が消滅してはいないということの、実質的な証明であった。（中略）

第一段階は、戦時中の委員会を維持し学会を持続させようと努力していた姉崎正治と連絡を取ることであった。彼は大変意欲的であったが、健康的にすぐれなかった。実際的な行動は難しかった。当時の日本人にとっては交通の問題は現実的な重大問題であったにも関わらず、鮎沢は無私の支援をしてくれた。学会は上栗に期待することが出来た。彼は戦時中に委員会を世話し、会報（Transaction of the Asiatic Society of Japan）を大切に保管してくれていた。」

by Douglas Moore Kenrick, "A CENTURY OF WESTERN STUDIES OF JAPAN", in: THE TRANSACTIONS OF THE ASIATIC SOCIETY OF JAPAN, Third Series: Vol. XIV. 1978, p. 240.

（5）フランク・ホーレー旧蔵の「関西アジア協会」関係資料（会報・議事録通信など）

フランク・ホーレーの残した資料には次のものがある。

「KANSAI ASIATIC SOCIETY」のヘッドノートに、通常は「You are cordially invited to attend the **th regular meeting of the Kansai Asiatic Society at ***」、もしくは「The **th meeting of the Kansai Asiatic Society will be held at the ***」の文面で始まる会報。Ａ4判、タイプ打ち、印刷物。

「KANSAI ASIATIC SOCIETY」のヘッドノートに「A meeting of the Council of the Kansai Asiatic Society was held at ***」の文面で始まる議事録報告書。Ａ4判、タイプ打ち、印刷物。

「Corrigendum」「KANSAI ASIATIC SOCIETY」の冒頭で始まり、「President, K. A. S. 」の署名で終わる訂正文。Ａ4判、タ

イプ打ち、印刷物。

「Member List of the Kansai Asiatic Society」(会員名簿)三種。

残念なことに、一九五六年度の「関西アジア協会」関係書類の総てが欠落している。
(6)ドン・ブラウン(Donald Beckman Brown 1905―1980)。
明治三十八年、米国オハイオ州クリーブランドに生まれる。一九二九年、ピッツバーグ大学卒業後、昭和八年来日。ジャパン・アドバタイザー紙編集委員。戦時中は米国国務省勤務。戦後、GHQ情報局情報媒体関係担当官として再び来日。「日本アジア協会」の再建後、評議員、編集委員として尽力。一九五四年より六四年まで副会長を務める。昭和五十五年五月死去。七十四歳。「日本アジア協会」再建時にフランク・ホーレーと共に活動。「日本アジア協会」会報の編集に携わっていた。協会に残されたドン・ブラウンのファイルには、前述の例会案内を含む「関西アジア協会」会報が残っている。フランク・ホーレーの死去した一九六一年以降の物が存在し、最も日付の新しいものとして一九六五年九月十二日付がある。ドン・ブラウンは「関西アジア協会」の会員ではなかったので、これは「日本アジア協会」に向けて活動案内として発送されたものであろう。
(7)フランク・ホーレー宛、P. D. Perkins 書簡。
フランク・ホーレーの手元には P. D. Perkins からの書簡が数多く残されている。その内容は、私信と「関西アジア協会」書記としての連絡書簡に別けられる。ともに「P. D. and IONE PERKINS」・「パーキンズ・オリエンタル・ブックス」もしくは「KANSAI ASIATIC SOCIETY」のヘッドノートの印刷された便箋(A4判)を用いてタイプ打ちされている。ホーレーが会長として在任した期間(一九五四・一九五七・一九五八年度)の書簡が主である。
(8)フランク・ホーレー宛、その他の個人書簡。
フランク・ホーレーの手元には約六百通の書簡が残されている。これらの内に、「関西アジア協会」関係の物も数多くある。そのほとんどが私信で、会長としてのホーレーに宛てた物が大半である。
(9)関係者(宮良當壮・鈴木秀三郎)の個人日記。
「宮良當壮日記」は『宮良當壮全集』(第一書房刊)に所収されている。宮良とホーレーとの付き合いは、ホーレーの特派員時代に始まる。東京猿楽町の戦時接収家屋のホーレー邸を、個人的研究協力者として宮良は定期的に訪問していた。そこでは、主にホーレーの所蔵する琉球関係の資料についての共同研究がなされ、必要に応じて宮良は教示をしていた。その時点で両者の共著として「琉球関係図書解題」の刊行が予定されていた。目次を含む計画書が残されている。このことについては、前掲註（1）拙論、「フランク・ホーレーと琉球研究」『琉球・沖縄』に述べておいた。

鈴木秀三郎の日記は公刊されていない。後掲註（17）参照。

（10）「日本アジア協会」会報。一九五〇年一月九日付の Annual General Meeting（年度総会）の会報。"Report of Council for the Year 1949" The Asiatic Society of Japan（Tokyo）Annual General Meeting（9 January 1950）。

（11）「KANSAI ASIATIC SOCIETY」のヘッドノートの議事録報告書。A4判、タイプ打ち、印刷物。

「A meeting of the Council of the Kansai Asiatic Society was held at the Jinbun Kagaku Kenkyusho in Kyoto at 3 PM on Tuesday December 8. All Council members were present except Mr. Reinhardt who was absent because of school work. ****」とあり、日付と曜日から一九五三年の物と判断される。当時の会員として岩村忍（一九五六年度編集委員・一九五七年度と五八年度の副会長）がおり、他にも京都大学関係の会員が存在することを考慮すると、会場の「人文科学研究所」は同志社大学ではなく京都大学であると推測される。

（12）『京都帝国大学新聞』昭和九年六月二十一日付、第六面。

「日本雑感」と題してフランク・ホーレーの署名記事が掲載されている。東京と京都の古書店の印象を比較して述べるのに始まり、源氏物語の翻訳者としてのアーサー・ウェーリー（Arthur Weley）を日本文化の優れた紹介者として高く評価している。続けて、現在の自分の仕事に触れ、第三高等学校学生による日本文化理解への期待を語っている。

（13）Paddy O'neill 書簡、一九五二年十二月十一日付。

（14）『読売新聞』一九五二年十二月十六日付、第八面、京都版。

見出しに「日本研究に畢生の情熱　永住の決意固める一英人学究」「古代印刷史に専念」「明春、学位取得を目指す」と題して、ホーレーを紹介している。これは記者が山科の邸宅を訪問しての記事であるらしく、膨大な蔵書の様子や、書斎でのスナップ写真が掲載されている。文中に「来年（一九五三年）早々」に「古代印刷史」の学位論文を京都大学文学部に提出予定であること、「琉球書目」を準備中であることが記されている。

（15）フランク・ホーレー「外人登録証明証」。「A4―1-11　351138」

（16）宮良當壯宛書簡。「宮良當壯日記」昭和二十八年一月十五日。所収。
「△ホーレー氏より転居通知アリ（京都市山科区御陵平林町一の二〇）」（日記記事）

（17）鈴木秀三郎、明治二十六年、高松定一の次男として名古屋に生まれる。外務省嘱託、東京日日新聞、名古屋毎日新聞専務取締役を経て、情報局、国際文化振興会に関わる。戦後は京都に転居して、文筆活動に専念。昭和三十七年九月死去。著書として『エロ・グロ・パリ』（平凡社）、『ロベスピエル物語』（昭和九年、学芸社刊）、『ドオミエと彼の時代』（昭和十二年、泰山堂刊）、『本邦新聞の起源』（昭和三十四年、西北書店刊）、『CRYPTO-KIRISHITAN RELICS IN JAPAN』（「潜伏切支丹遺物考」、一九七五年刊）がある。
鈴木秀三郎の日記（未刊行）には、以下のように出会いが記されている。鈴木秀三郎も戦前は東京で過ごしていたが、東京時代に面識があったかどうかは、目下のところ不明である。
鈴木の日記によれば、

「（昭和二十七年九月）
十八日、水、晴　東京よりフランク・ホーレー氏 Frank Hawley 来訪、パーキンス事務所にて会ふ、トミスタバンにて昼食後京都へ新住の為、連調（終戦連絡調整事務局）京都出張所に同道、接収解除家屋賃借の件相談す。山科にあり、直ちにタクシーにて下見に行く、かつて第一軍団通信部隊のアーレン大佐居住のところにて一度訪問せる既知の家なり所有者芝原氏と会談す、レント四萬八千円にて賃借契約成立す、（接収中は四萬六千円なりし由）、三千坪の広大なる庭付随す、同内に英国風洋館建つ、付添日本人看護婦及男児ジオン。」

とあり、山科の住居は鈴木の紹介によるものであった。なお、鈴木秀三郎については、前掲『CRYPTO-KIRISHITAN RELICS IN JAPAN』の「鈴木秀三郎伝」「あとがき」（鈴木武夫著）に詳しい。

(18) 前掲註（4）、p. 244。「日本アジア協会」は、戦前会員のうちから姉崎正治ら十一名を再建委員会の委員として選出した。フランク・ホーレーもその中の一人である。

by Douglas Moore Kenrick "A CENTURY OF WESTERN STUDIES OF JAPAN". 前掲註（4）、p. 244.

(19) Melvin P. C. McGovern、アイオワ州生れ。長崎絵・根付のコレクターとして知られているメルビン・マクガバーンは、停年で米軍属を離れて後はハワイで過ごし、一九九二年十二月二十一日に他界する。一九五三年・五四年度の「関西アジア協会」評議員。筆者は、生前に数度面談し「関西アジア協会」について質問をした。その折、マクガバーンは「それは、彼の会だ。」という意味の表現をとった。フランク・ホーレーが会の発起人であったか否かの問題は別として、この言葉は、ホーレーと「関西アジア協会」との「実質的」な深い関係を示している。

(20) U. A. Casal (1888–1964)

"Acupuncture, cautery and massage in Japan." Folklore Studies, vol. XXI, 1962.

"The five sacred festivals of ancient Japan; their symbolism and historical development." Tokyo, Sophia University, 1967.

"The goblin fox and badger and witch animals of Japan." Folklore Studies, vol. XVIII, 1959.

"Japanese art lacquers." [n. p.], [n. d.].

"Japanese cosmetic and teeth-blackening", TASJ, vol. IX, Tokyo, 1966.

"The Kappa", TASJ, third series, vol. VIII, Tokyo, 1961.

"The lore of the Japanese fan", Monumenta Nipponica, vol. XVI, nos. 1-2, 1960-61.

"Random notes on the prestige of "writing". "Kobe, [n. d.], Extract from Asiatische Studien/Etudes Asiatiques, vol. XII.

"The saintly Kobo Daishi in popular lore (A. D. 774-835)", [n. p.], 1959. Folklore Studies, vol. XVIII. 1959.

Chales S. Bavier.

Tr. by C. S. Bavier. Dai-Bosatsu Toge（Great Bodhisattva Pass）, Tokyo, Shinju Sha, 1929.

(21) フランク・ホーレー　一九六一年一月十日死去。

鈴木秀三郎　一九六二年九月十六日死去。，
P・D・パーキンス　一九六三年二月二七日死去。
P. D. Perkins は、『夕刊京都』新聞（昭和三十八年三月一日付）の記事「先斗町を愛したパーキンスさん、故国アメリカを捨て京で逝く」によれば、昭和初期に来日し、十年から第三高等学校の英語講師をしたとある。その後、外務省に関わり、戦時中は情報活動に従事し、戦後は京都に日本関係図書の販売店を持った。また外国人研究者を対象とした、自費出版業務も行っていた。経歴からホーレーや鈴木秀三郎、Don Brown との接点も多かったものと察せられる。小泉八雲の著作についての研究を行っていた。戦前においてホーレーと知りあっていたか否かの確認は取れていない。Perkins は、かつて、友人に次のような書簡を送っている。Perkins の人となりと研究に対する意識が表われているのでここに紹介する。現在の仕事の内容を説明するなかで、次のように記している。

「一般の図書を通常の方法で売ることが日々のパンとバターをもたらしてくれますが、我々の真の存在理由は、研究や図書館のために出版物を供給することにあります。これは、東洋の分野では個人としても会社としても他にしていないことで、この仕事をするために、こちらでこれまでに何が出版され現在において何が出版されているかについて、またこれらの文献を如何にして見つけてどのように入手するかについての、全体的な知識を我々は持たねばなりません。二十五年にわたって毎日のように、手紙や訪れる人によって、我々は解決せねばならない新しい問題や捜し出さねばならない新しい文献を与えられてきました。ある大学や学部が非常に率直な手紙をよこし、特定の分野の文献に一定の金額を使えるので何を買って何を補充したら良いか尋ねてきたときなど、我々は信頼されていることを感じまた非常に誇らしく思います。この二十五年の間、五本の指で数え得るほどの二、三の例外を除いて、我々は合衆国の東洋文献の主だったコレクションの大部分を築き上げてきました。

本の注文は図書館から来ますが、実際に選択し、購入の要求を出しているのは、大学のファカルティーメンバーです。東洋分野を学ぶ大学生や大学院生に特別の援助や助言を与えるのが、常に我々の方針でありました。彼らの購入が我々のサービスに見合うものでないのはしばしばのことではありましたが。我々は、彼らが奨学金や補助金を得るのを手助けし、彼ら

が大学のファカルティーに加わるのに一定の役割を果たすことも多々ありました。我々の関係は、彼らの研究のための資料の入手を手伝い、彼らを出版社に紹介するばかりでなく、彼らの本が出版された後にその本を何冊も売るというようにして続けたいものです。今や私は、これらの旧友達の子女達と知り合いになりはじめています。一冊の本の誕生は赤ちゃんの誕生と何やら似ており、あたかもホームドクターが自分自身で取り上げた子供達とその親達に対する気持ちと同じような感情を、私は本とその著者に対して抱いています」(一九六〇年五月三十日付)

(22) [offprint] Miscellanea Japonica II, Whales & Whaling in Japan, in Three Volumes Volume I, pp [51]-102, 306×232mm.

(23) "An English Surgeon in Japan in 1864—1865", Miscellanea Japonica: I/being Occasional Contributions to Japanese Studies, 306*232mm. 百部限定。

(24) Miscellanea Japonica II, Whales & Whaling in Japan, in Three Volumes Volume I, part I: 6 unn. ff. +pp. [1]-354+[I]-X; one errata-slip: 18 plates, 306*232mm、百二五部限定。

(25) 手漉和紙には表裏があり、特に裏面は毛羽立ち、当時においては両面に印刷をすることは出来なかった。そこで、宮城県白石市の和紙漉職人・遠藤忠雄は独特の工夫を凝らした。まず、乾燥用の張り板の表面にブリキ板を用い、従来の板目が生じないようにし、さらに、乾燥後の和紙の裏面に「椿仕上げ」(椿の葉を用いて表面と同じ状態を創り出す)を施すことを考案した。その結果、和紙の両面に活版印刷を行なうことに成功した。(遠藤忠雄談)

(26)「会報」、一九五五年一月十一日付。
「協会は、Bulletin of the Japan Society of London の十四号(一九五四年十月号)を交換雑誌として受け入れた」と記されている。

(27) P. D. Perkins、ロンドン日本協会(Lt. Col J. W. Marsden)宛書簡、一九五七年九月十六日付。

(28) P. D. Perkins、パキスタン・アジア協会(Dr. Ahmad Hasan Dani)宛書簡、一九五七年十月二十五日付。

(29) U. A. Casal、P. D. Perkins 宛書簡、一九五八年二月十一日付。

(30)「会報」、一九五八年一月六日付。

「委員会は評決の結果、Rev. R. A. Egon Hesselの提案、すなわち、京都において行われた例会の講演を大阪もしくは神戸でも行うこと、を受け入れた。」

(31) フランク・ホーレー、Rev. R. A. Egon Hessel 宛書簡。
「関西アジア協会」からHesselに宛てた別の書簡によれば、会としての「local chapter」案却下の結論として、つぎのことが示されている。
一、日本アジア協会でさえ「local chapter」は設けられていない。
二、「関西アジア協会」はまだ設立から間がなく、新しく、小規模であるから、日本の文化中心都市に位置を占めるべきである。

(32) Rev. R. A. Egon Hessel, Perkins 宛書簡、一九五八年一月十日付。ここでは、送付された会員名簿の訂正を述べた後、日本人の会員が少ないことに言及し、「国際文化振興会京都支部の名簿を利用してはどうか、そこには三百名ほどの会員がいる」ことや、委員会の会場をアメリカ文化センターから京都ホテルへ移してはどうかとの提案が記されている。

(33) P. D. Perkins、Ruth F. Sasaki 宛書簡、一九五七年九月十二日付。
フランク・ホーレー、H. V. Redman(英国大使館)宛書簡、一九五七年十一月二十四日付。
Ruth F. Sasakiの経歴が一九六二年六月六日付の会報に載っている。第九十一回例会として大徳寺本山庭園の見学が予定され、Ruth F. Sasakiは説明者として紹介されている。Sasakiは一九三二年に南禅寺の南針軒老師のもとで禅を始め、ニューヨークにおいても一九三八年から曹溪庵老師の死去する時点まで禅を実践している。一九四九年、京都に戻り、再び禅を始めた。大徳寺の僧院は彼女のために境内に庵を提供し、一九五七年には、大徳寺は書庫と修業堂を建てることを彼女に許可した。さらに一九五七年冬には彼女に寺院「復興龍泉庵」を建てることを認めた。一九五八年五月十七日、Ruth F. Sasakiは龍泉庵の住職として認められた。
H. V. Redman。戦前は英国大使館付武官情報担当として来日、英国文化研究所の設立時にはホーレーの上司となる。戦後は日英協会に尽力。また功績により一橋大学に「レッドマン奨学金」が設けられる。

(34)【資料6】に付したグラフを参照。

(35)昭和九年、新聞記事。「盆丸君は西鶴物、宣長の宝玲君、出版して世界に発表」と題して、ボンマルシャンとともに、ホーレーが論文を発表する予定であることが紹介されている。

(36)年代不明、十月十三日新聞記事。「皇紀二千六百年に三大記念編纂」と題して、姉崎正治とともに紹介されている。第二の編纂物として『外国人のための大日本語辞典』が予定され、これはホーレーが独力で数年来執筆中のものを国際文化振興会が支援することになった旨が記されている。

(37)一九五二年一月三日付の『日本経済新聞』に、「世界に紹介される「紙漉重宝記」、日本通の英人が翻訳」と題する記事が掲載されている。

(38)前掲拙論註(1)、「フランク・ホーレーと琉球研究」『琉球・沖縄』、昭和六十二年十月、雄山閣刊。

(39)『読売新聞』京都版、昭和二十七年十二月十六日。前掲註(14)参照。

(40)「学者訪問記・応接間におけるホーレー先生」『學苑』、昭和二十五年三月号、第十一巻第三号、二一~三頁。

(41)磯部佑一郎「探訪記・F・ホーレー先生」『THE YOUTH'S COMPANION』、一九五〇年一月、旺文社、四二~四五頁。

(42)フランク・ホーレー「Genji Monogatari and foreign studies of Japanese literature」『望郷』第八号、昭和二十四年六月発行。ここでは、「源氏物語に関する随想」と題して特集が組まれ、彼の他に、ヴァン・グーリックとエリザベス・マッキンノンの論文も掲載されている。

(43)P. D. Perkins、フランク・ホーレー宛書簡、一九五八年九月二日付。ここでは、会長職について慰留している。P. D. Perkins、フランク・ホーレー宛書簡、一九六〇年五月二日付。ここでは、退会について慰留している。

(44)一九五九年三月二十日付の上野益三書簡で、上野はホーレーに学位論文の提出期限を詳しく知らせている。また、ホーレーが「鯨の本」で京都大学に学位請求をする予定でいたことを、筆者は上野益三から聞いている。

(45)フランク・ホーレーは一九六〇年一月十一日にThe Bollingen Foundationに対して研究助成(fellowship)を得るために、「旧事紀」の翻刻・解説・研究論文を内容とした研究計画書を提出している。当初は期限を過ぎていたため受理されなかったが、推薦者の口添えもあり、ホーレーのもとには同年六月二日付の採択通知が届いている。年額三千五百弗、二年間の研究助成金の内、最初の八百七十五弗分の銀行振込通知が、死去した翌日（一九六一年一月十一日）に届いている。研究計画書には「京都大学日本史学教授（氏名未記載）」「一九六〇年四月十八日付」の記載のある推薦書（英文）の控えが添付されている。

(46) 前掲註（3）、拙論「ハワイ大学宝玲文庫「琉球コレクション」成立の経緯」『生活文化研究所年報』第五輯、平成三年十一月刊〔本巻収録〕。

H	I
例会・発表者	例会・演題
岩村忍	「中央モンゴルにおけるイスラム社会」
HOLZMAN, DONALD	「竹林七賢人とその時代」
NIVISON, DAVID S./INSTRUCTION INCHINESE AND PHILOSOPHY AT STANFORD UNIV.	"CHANG HSUEH CH'ENG"（長孫晟）
DE ROOS, W. H./CONSUL GENERAL OF NETHERLAND AT KOBE	「長崎絵」
PSATY, ELLEN D./BRYN MAWR COLLEGE	「新日本絵画」

【資料1】「関西アジア協会」例会開催日

	B	C	D	E	F	G
1	年月日	時	回目	曜		会場
2	53. 09. ??		[1]		例会*	
3	53. 10. ??		[2]		例会*	
4	53. 11. ??		[3]		例会*	
5	53. 12. 08	15：00	[4]	火	委員会	人文科学研究所
6	54. 01. 23		5	土	例会	
7	54. 02. ??		[6]		例会*	
8	54. 03. ??		[7]		例会*	
9	54. 04. ??		[8]		例会*	
10	54. 05. ??		[9]		例会*	
11	54. 06. ??		[10]		例会*	
12	54. 07. ??		[11]		例会*	
13	54. 08. ??		[12]		例会*	
14	54. 09. 18	15：30	[13]	土	例会	新島会館
15	54. 10. ??		[14]		例会*	
16	54. 11. ??		[15]		例会*	
17	54. 12. ??		[16]		例会*	
18	55. 01. 22	15：30	17	土	例会	新島会館
19	55. 02. ??		[18]		例会*	
20	55. 03. 19	15：30	19	土	例会	新島会館
21	55. 04. ??		[20]		例会*	
22	55. 05. 28	15：30	21	土	例会	新島会館
23	55. 06. 25	15：30	22	土	例会	新島会館
24	55. 07. 30	15：00		土	見学会	[西本願寺]

H	I
DARNELL, JANET/PROFESSIONAL ARTIST & POTTER OF N. Y.	「丹波地方の焼物について」
ヤマシタ　コスケ　山下小助？　京大生物学教授	「中東への学術調査旅行」
鈴木秀三郎	「ジョージ・ビゴー, 明治時代日本における風刺画家」
佐伯, DR. P. Y. LLD. OBE/ 広島県廿日市町町長	「アジアと日本におけるキリスト教」
シモミセ　セイイチ / 同志社大学東洋芸術講師	「絵巻物」
イシダ I/ 同志社大学教授	「鎌倉時代の日本文化」

	B	C	D	E	F	G
25	55. 08. 25	19：00		木	見学会	［六斎念仏踊］
26	55. 09. 17	15：30	23	土	例会	新島会館
27	55. 10. 15		［24］	土	例会*	
28	55. 11. 19		［25］	土	例会*	
29	55. 12. 17	16：00	26	土	例会	新島会館
30	56. 01. ??		［27］	土	例会*	
31	56. 02. ??		［28］	土	例会*	
32	56. 03. ??		［29］	土	例会*	
33	56. 04. ??		［30］	土	例会*	
34	56. 05. ??		［31］	土	例会*	
35	56. 06. ??		［32］	土	例会*	
36	56. 09. ??		［33］	土	例会*	
37	56. 10. ??		［34］	土	例会*	
38	56. 11. ??		［35］	土	例会*	
39	56. 12. ??		［36］	土	例会*	
30	57. 01. ??		［37］	土	例会*	
41	57. 02. 23	15：30	38	土	例会	京都アメリカ文化センター
42	57. 03. ??		［39］	土	例会*	
43	57. 04. 27	15：30	40	土	例会*	京都アメリカ文化センター
44	57. 05. ??		［41］	土	例会*	
45	57. 06. ??		［42］	土	例会*	
46	57. 07. 20	15：30	43	土	例会	京都アメリカ文化センター
47	57. 09. 28	15：30	44	土	例会	京都アメリカ文化センター
48	57. 10. ??		［45］	土	例会*	

H	I
FLYGARE, WILLIAM/ 京都外国語大学教授	「仏教音楽　宣命」
竹村健一 / フルブライト　HOLDER MEMBER OF ESQ MAINICH	「現在マスコミの状況」
[木版について　創作版画]	
PARSON, JAMES/PROF. UC	「明代における中国官僚主義」
PROF. SHIN-HISIANG CHEN/UNIV. OF CALIF.	「中国の創世神話」
BAVIER, CHARLES S.	「現在過去における日魯関係」
浪速古代都市見学 , 案内・大阪市立大教授山根徳太郎	
江馬　務 / 京都女子大教授	「明治以前の日本人の習慣」
HAND PUPPETS 踊　きみきち (ぽんと町), 英語説明鈴木秀三郎	「指影絵」
ROY E. TEELE 関学	「能楽」
山根徳太郎 / 大阪市立大学教授	「忘却の都市浪速都の発掘」
HAUCHECORNE, JEAN PIERRE/ 関西日仏学院教授	「日本の農夫」
EIDMAN, PHILLIP KARL	「サンスクリット金石文学の展開について」
黄人・豊勝・九十九（九十九豊勝）/ アヤメが池民俗館長	「日本における男根信仰」
07/25　藪野流茶道家見学	[藪野流茶道家見学]

	B	C	D	E	F	G
49	57. 11. 30	15：30	46	土	例会	京都アメリカ文化センター
50	57. 12. ??		[47]	土	例会*	
51	58. 01. 18	15：30	48	土	例会	京都アメリカ文化センター
52	58. 02. 15	15：30	49	土	例会	京都アメリカ文化センター
53	58. 03. ??		[50]	土	例会*	
54	58. 04. 19	15：30	51	土	例会	京都アメリカ文化センター
55	58. 05. 17	16：00	52	土	例会	京都アメリカ文化センター
56	58. 06. 21	15：30	53	土	例会	京都アメリカ文化センター
57	58. 07. ??				見学会*	
58	58. 08. 23				見学会	
59	58. 09. ??		[54]	土	例会*	
60	58. 10. ??		[55]	土	例会*	
61	58. 11. ??		[56]	土	例会*	
62	58. 12. 13	15：30	57	土	例会	京都アメリカ文化センター
63	59. 01. 17	15：30	58	土	例会	京都アメリカ文化センター
64	59. 02. 21	15：30	59	土	例会	京都アメリカ文化センター
65	59. 03. 21	15：30	60	土	例会	新島会館
66	59. 04. 25	15：15	61	土	例会	京都アメリカ文化センター
67	59. 05. 23	15：30	62	土	例会	京都アメリカ文化センター
68	59. 06. 20	15：30	63	土	例会	京都アメリカ文化センター
69	59. 07. 25				見学会	
70	59. 08. ??				見学会*	

H	I
江馬　務	「江戸時代の女性の化粧と入墨」
VON HARRINGA, ERNST	「ダライラマ会見・ネパールとチベット」
KENNEDY, GEORGE A./PROF OF YALE UNIVERSITY	「エール大学東洋言語研究所における言語教育について」
有賀鉄太郎 / 京都キリスト教大学	「近代日本におけるキリスト教布教について」
ODE, ROBERT　龍谷大学で研究中	「L. ADAMS : 東西の接近」
YOUNG, LUCIE	「現代アメリカの建築家が日本建築から学び得ること」
CHAPPEL, JOHN	「日本の焼物研究」
GARDINER, KENNETH/LONDON UINVERSITY	「中国周辺領域研究の諸問題について」
内藤ヒロシ / 「英文毎日」執筆者	「京都における明治維新の紛争」
BINKINSTEIN, R.	「京都・大阪の地名の展開と意味」
［精進料理］	
CASAL, U. A.	「須佐之男命の罰」
LIFTON, BETTY JEAN	「追放された河童」

	B	C	D	E	F	G
71	59. 09. 19	15：30	64	土	例会	京都アメリカ文化センター
72	59. 10. 17	15：30	65	土	例会	京都アメリカ文化センター
73	59. 11. 21	15：30	66	土	例会	京都アメリカ文化センター
74	59. 12. 19	15：30	67	土	例会	新島会館
75	60. 01. 30	15：30	68	土	例会	京都アメリカンセンター
76	60. 02. 27	15：30	69	土	例会	新島会館
77	60. 03. 19	15：30	70	土	例会	新島会館
78	60. 04. ??		[71]	土	例会*	
79	60. 05. 21	15：30	72	土	例会	新島会館
80	60. 06. 18	15：30	73	土	例会	新島会館
81	60. 09. 24	15：30	74	土	例会	新島会館
82	60. 10. 29	15：00	75	土	例会	新島会館
83	60. 11. ??		[76]	土	例会*	
84	60. 12. 9?		[77]	土	例会*	
85	61. 01. 10					【フランク・ホーレー死去】
86	61. 02. ??		[78]	土	例会*	
87	61. 03. ??		[79]	土	例会*	
88	61. 04. ??		[80]	土	例会*	
89	61. 05. 27	16：00	81	土	例会	萬福寺
90	61. 06. ??		[82]	土	例会*	
91	61. 09. 23	15：30	38	土	例会	MISS DOROTHY DESSAU　宅
92	61. 10. ??		[84]	土	例会*	
93	61. 11. ??		[85]	土	例会*	
94	62. 01. 27	20：00	86	土	例会	MISS DOROTHY DESSAU　宅
95	62. 02. ??		[87]	土	例会*	

H	I
PEARSON,J. D./LIBRARIAN OF SOAS	「英国における最近の東洋研究」
COVELL, JON CARTER	「長谷川等伯・桃山絵師・狩野派における偉大な個人主義者」
COVELL, JON CARTER & SASAKI, RUTH	
ユアサ　サチロ / 元ICU学長・同志社大学・京都大学昆虫学教授	「アジアの民芸・収集者の追憶」
SNYDER, GARY	「インドにて」
CASEY, DAVIDF.	「龍樹と二世紀のインド仏教」
ROSENFIELD, JOHN M./RESEARCH FELLOW AT THE FOGG ART MUSEUM OF HARVERD UNIV.	「インドにおける仏教芸術の展開」
HURVITZ, LEON/ASSOCIATE PROF. OF FAR EASTERN LANGUAGES AT UNIV. OF WASHIGT	「5世紀仏教寺院の書簡の問題について」
BAKER, H. WRIGHT/MANCHESTER 大学名誉教授	「銅製死海巻物」
シラハタ　ヨシコ / 京都国立博物館学芸員	「源氏物語絵巻についての新研究」
DESSAU, DOROTHY	「1946年，HANCHOWと寧波からの書簡」
MCKILLOP, BRUCE/LECTURER AT THE UNIV, OF SYDNEY	「中国理想主義哲学の影響」
MATHER, RICHARD/PROF. OF THE UNIV. OF INDEANAPOLIS	「EVIDENCE OF NORTH-SOUTH REGIONAL FEELING IN THE SHIH SHUO-HSIN YU（世説新語）」
MCMULLEN, JAMES	「熊沢蕃山の思想における中国儒教儀式」

	B	C	D	E	F	G
96	62,03. ??		[88]	土	例会*	
97	62. 04. 14	19：30	89	土	例会	MISS DOROTHY DESSAU　宅
98	62. 05. 26	19：30	90	土	例会	MISS DOROTHY DESSAU　宅
99	62. 06. 24	14：00	91	日	見学会	[大徳寺本山・庭]
100	62. 09. 16					【鈴木秀三郎死去】
101	62. 09. 29	19：30	92	土	例会	MISS DOROTHY DESSAU　宅
102	62. 10. 28	19：30	93	土	例会	REV. JON G. YOUNG　宅
103	62. 11. 24	19：30	94	土	例会	REV. JON G. YOUNG　宅
104	63. 01. 26	19：30	95	土	例会	REV. JON G. YOUNG　宅
105	63. 02. 23	19：30	96	土	例会	REV. JON G. YOUNG　宅
106	63. 02. 27					【P. D. PERKINS 死去】
107	63. 04. 20	19：30	97	土	例会	REV. JON G. YOUNG　宅
108	63. 06. 22	19：30	98	土	例会	MISS DOROTHY DESSAU　宅
109	??. ??. ??		[99]	土	例会*	
110	??. ??. ??		[100]	土	例会*	
111	64. 04. 25		101	土	例会	MISS DOROTHY DESSAU　宅
112	64. 05. 30		102	土	例会	MISS DOROTHY DESSAU　宅
113	64. 06. 27		103	土	例会	MISS DOROTHY DESSAU　宅
114	64. 10. 31		104	土	例会	MISS DOROTHY DESSAU　宅

H	I
［評議委員会提案による非公式な例会］	
WILLIAMS, HAROLD S.	「中国大陸旅行について」
GLAHN, ELSE/ASSISTANT PROF. OF CHINESE AT THE INSTITUTE OF FAR*	「アンコールワット」
歌舞伎見学・片岡仁左衛門一座楽屋訪問	
WEBB,/FULBRIGHT STUDENT	「桃山時代芸術について」
BUNKER, GERALD EDWARD/ HARVARD 大学院生	「1896年ロンドンにおける　SUN YATSEN の幼児誘拐事件」

	B	C	D	E	F	G
115	??. ??. ??		[105]	土	例会*	
116	65. 02. 27		106	土	例会	MISS DOROTHY DESSAU 宅
117	65. 03. 27		107	土	例会	MISS DOROTHY DESSAU 宅
118	65. 04. 24		108	土	例会	MISS DOROTHY DESSAU 宅
119	65. 05. 29	16：00	109	土	例会	
120	65. 06. 26		110	土	例会	MISS DOROTHY DESSAU 宅
121	65. 07. ??		[111]	土	例会*	
122	65. 08. ??		[112]	土	例会*	
123	65. 09. 25		113	土	例会	MISS DOROTHY DESSAU 宅

註:〔例会*〕は推定による。

【資料2】 OCCASIONAL PAPERS OF THE KANSAI ASIATIC SOCIETY
掲載論文一覧

No. 1. 1954/02	タイプ10頁 228*158 mm	*ANCIENT DRUGS PRESERVED IN THE SHOSOIN* by キムラコウイチ大阪大学教授
No. 2. 1954/04	タイプ13頁	*EARLY JAPANESE NEWSPAPERS* by 鈴木秀三郎　京都アメリカ文化センター顧問
No. 3. 1955/08	34頁	*THE PLACE OF THE SEVEN SAGES OF THE BAMBOO GROVE IN CHINESE HISTORY* by Donald Holzman *THE JAPANESE FOLK TALE* by Fanny Hagin Mayer *THE PHILOSOPHY OF CHANG HSUEH-CHENG* by David S. Nivison
No. 4. 1957/12	56頁	*PIETISM IN SHIN BUDDHISM: The Myokonin* by Philipp Karl Eidmann *ON NAGASAKI PRINTS* by W. H. de Roos オランダ国総領事館 *THE MUSIC AND DANCE OF KOREA* by In-Sob Zong
No. 5. 1957/12	45頁	*THE TENGU* by U. A. Cassal *THE "HAPPY SOCIETY" OF THE GENROKU PERIOD (1688–1703)* pp. 21/34 by Charles Sheldon, Asia Foundation, Kyoto *SOCIAL MOBILITY AND THE HISTORICAL DEVELOPMENT OF THE SEGREGATED MINORITY COMMUNICATION IN JAPAN* pp. 35/45 by Rev. ムラカミ R. トシオ, 龍谷大学大学院
No. 6. 1959/05	16頁	*G. F. BIGOT, A FRENCH CARICATURIST IN JAPAN IN THE MEIJI ERA (with four plates)* by 鈴木秀三郎／Member of the Japan Society for Journalistic Studies *JAPANESE CULTURE IN FRANCE*

		by A. Brunet/A. lecture, of the Institut Franco-japonais (Kyoto) *BUDDHIST INTONATION (SOME MUSICOLOGICAL MATERIALS)* by G. W. Flygare
No. 7. 1959/05	16頁	*A PRELIMINARY ANALYSIS OF THE MING DYNASTY BUREAURACY* by James B. Parsons
No. 8. 1959/12	20頁	*AN APPROACH TO THE NOH PLAY* by Roy Teele *BOOK REVIEW: Frank Hawley; Offiprint of pp. 51–102, Miscellanea Japonica, II: Whales and Whaling vol. I*
No. 9. 1960/04	17頁 253*180 mm	*BUDDHISM and SHINTO: Fourteen Centuries of Controversy* by クサダハルヨシ/Capitulary of Shorimbo Temple *THE HISTORICAL INVESTIGATION OF THE NANIWA OALACE* by 山根徳太郎　大阪市立大学
No. 10. 1961	28頁	*LAFCADIO HARN IN JAPAN: The Matsue Period* by John Ashmead Jr. *Influence of Japanese Art and Thought on Comtemporary American Painting* by GAIL HAMMOND BUTT

【資料３】 関西アジア協会・役員名簿

	1954	1955	1956	1957
PRESIDEN［会長］	FRANK HAWEY	W. VAN WEST	W. VAN WEST	FRANK HAWLEY
VICE-PRESIDENT ［副会長］		FRANCES CLAPP	FRANCES CLAPP	PHILIPP K. EIDMANN
HON. VICE-PRST ［名誉副会長］				U. A. CASSAL 岩村忍
SECRETARY［書記］	P. D. PERKINS	P. D. PERKINS	P. D. PERKINS	P. D. PERKINS
TREASURER［会計］	RICHARD GARD	N. T. GREGORY	N. T. GREGORY	JAY GLUCK
COUNCILLORS［評議員］	鈴木秀三郎 FRANCES CLAPP MELVIN MACGOVERN	CHARLES GROBOIS MELVIN MACGOVERN	CHARLES GROBOIS PHILIPP K. EIDMANN	C. S. BAVIER JOHN A. A. M. STOOPS
EDITIONAL COMMITTEE MEM. ［編集委員］	GREGORY HENDERSON JOHN KESKIL	FRANK HAWLEY 鈴木秀三郎 LAWRENCE OLSON	FRANK HAWLEY 鈴木秀三郎 岩村　忍	鈴木秀三郎 PATRIC M. JAMES REV. ROVERT WHEELER

	1957／58	1958／59	1959／60	1960／61
PRESIDEN［会長］	FRANK HAWLEY	PHILIPP K. EIDMANN	PHILIPP K. EIDMANN	C. S. BAVIER
VICE-PRESIDEN［副会長］	PHILIPP K. EIDMANN	C. S. BAVIER	C. S. BAVIER	A. ORMISTON
HON. VICE-PRST［名誉副会長］	U. A. CASSAL 岩村　忍			
SECRETARY［書記］	P. D. PERKINS	P. D. PERKINS	P. D. PERKINS	P. D. PERKINS
TREASURER［会計］	JAY GLUCK	REV. クサダ　ハルヨシ	REV. クサダ　ハルヨシ	WILLIAM T. FURBUSH
COUNCILLORS［評議員］	C. S. BAVIER JOHN A. A. M. STOOPS	W. VAN WEST JOHN A.A. M. STOOPS	W. VAN WEST JOHN A. A. M. STOOPS	W. VAN WEST JOHN A. A. M. STOOPS
EDITIONAL COMMITTEE MEM. ［編集委員］	鈴木秀三郎 PATRIC M. JAMES REV. ROVERT WHEELER	鈴木秀三郎 JEAN-PIERRE HAUCHEC WILLIAM T. FURBUSH	鈴木秀三郎 JEAN-PIERRE HAUCHEC A. ORMISTON	鈴木秀三郎 WILLIAM FLYGARE DOROTHY DESSEAU

【資料4】「関西アジア協会」会則

【会則】［1］(1954年度) 関西アジア協会規約（原英文）

第1章　この会の名称を関西アジア協会とする。

第2章　この会の目的は，日本及び東洋に関わる事がらを研究することにある。
編集副委員会は委員会と共に，本会の例会において読まれ，本会の主旨に合うものと見なされた物を刊行することができる。

第3章　本会の目的に関心のある者はすべて入会が可能である。入会に際しては，会に貢献している会員2名の推選を必要とする。人種・信条・国籍によって差別されることは無い。委員会は入会希望を拒否することができる（但し，このような場合には，委員会は入会希望者の推薦者に対して入会を認めない旨を説明しなくてはならない。）委員会の決定は最終決定である。

第4章　入会が認められたものは，入会費として200円と年間会費を収めなければならない。会費は会計年度1954／55（1954年4月1日より1955年3月31日まで）に対して，500円とする。非会員が例会に出席をする場合には，参加費として例会ごとに100円を支払わねばならない。

第5章　すべての会員は会員である間「定期会報を納入された会費に基づいた割引価格において購入する権利がある。しかしながら，不測の事態により定期会報が刊行されない場合，納入された会費の返納はせず，委員会は刊行時期の延期もしくは省略が許されるものとする。会計年度中に会費を納めないものは非会員と認められる。

第6章　役員には次のものをおく。
会長。
書記，会長に支障が生じた場合は副会長の役を任じる。
財務。
編集委員会，会長・書記・財務の3名の投票任命による。
会長・書記・財務と編集委員を含む委員会と3名の一般会員を併せて委員会を構成する。

第7章　すべての会員からなる本会の総会は，会計年度の内に開催されねばならない。一般総会においては会員数の三分の一をもって定足数とする。役員（会長・書記・財務）の任期は会計年度と一致し，1年とする。すべての会員は必要に応じて総会において質問をすることができる。

【会則】［2］(改訂案) 関西アジア協会規約　1（原英文）

第1章　この会の名称を関西アジア協会とする。
この会の目的は，日本及び東洋に関わる事がらを研究することにある。

第２章　この会の委員会は次の９名の委員をもって構成する。

ａ．年１度開催される総会において選出された以下の６名の役員。

会長・副会長・書記・財務，及び会員全体より選出された者２名。

ｂ．役員によって選出任命された３名の会員からなる編集委員会。

何等かの理由によって委員が辞職した場合は，委員会はその任期を終えるまでの間，後継者を任命する。

第３章　本会の目的に関心のある者はすべて入会が可能である。入会に際しては，会員２名の推選を必要とする。人種・信条・国籍によって差別されることは無い。

委員会は入会希望者の推薦者に対して入会を認めない旨を主張することができる。委員会の決定は最終決定である。

第４章　入会が認められたものは，入会費として200円と年間会費を収めなければならない。会費は会計年度（9月より8月31日まで）に対して，500円とする。会計年度中に会費を納めないものは，非会員と見なされる。非会員が例会に出席をする場合は，参加費として例会ごとに100円を支払わねばならない。

第５章　本会の例会において読まれ，適当と見なされた物と，委員会において指示された物を，編集委員会は刊行する。編集委員会は，会において出版するか否かについての決定権を有する。しかし，疑問の余地のある場合は，他の委員の意見を聞くことは妨げない。会員はこれらの出版物を割り引き価格において購入する権利がある。

第６章　役員の選出するための会員全員による年度総会は委員会によって10月に開催されねばならない。総会においては三分の一，もしくは規約の改正を伴う通常の事務会議においては過半数を定足数とする。すべての投票は過半数をもって決定される。

【会則】　[3]（改訂案）「関西アジア協会」規約　2（原英文）

第１章　この会の名称を関西アジア協会とする。

この会の目的は，日本及び東洋に関わる事がらを研究することにある。

第２章　この会の委員会は，次の９名の委員をもって構成する。

ａ．年１度開催される総会において選出された，以下の６名の役員。

会長・副会長・書記・財務，及び会員全体より選出された者２名。

ｂ．役員によって選出任命された，３名の会員からなる編集委員会。

編集委員会は，委員会の同意を伴い，会刊行物の出版を担当する編集者を指名する。編集者は委員会の意に添わねばならない。また，編集者が委員会の構成員でなくなった場合は，「在外委員」となる。

何等かの理由によって委員が辞職した場合は，委員会はその任期を終えるまでの間，後継者を任命する。

第３章　本会の目的に関心のある者はすべて入会が可能である。入会に際しては，会員２名の推選を必要とする。人種・信条・国籍によって差別されることは無い。

委員会は入会希望者の推薦者に対して入会を認めない旨を主張することができる。委員会の決定は最終決定である。

第４章　会員は入会金と年度会費を納める。会費及び入会金の額は委員会において決定され，総会において決定がなされない限り，決定通知の１ケ月後より実施される。委員会は会費及び入会金の金額を１年に１度以上変更できない。会計年度中に会費を納めないものは，非会員と見なされる。非会員は例会に出席できる，ただし，参加費として例会ごとに100円を支払わねばならない。関西地域に居住していない会員は，会員である期間，刊行された印刷物を無料で送られる。しかし，その合計金額は該当年度に納められた会費の範囲とする。

第５章　本会の例会において読まれ，適当と見なされた物と，委員会において指示された物を，編集委員会は刊行する。編集委員会は会において出版するか否かについての決定権を有する。しかし，疑問の余地のある場合は，他の委員の意見を聞くことは妨げない。会員はこれらの出版物を割り引き価格において購入する権利がある。

第６章　役員の選出するための会員全員による年度総会は，委員会によって10月に開催されねばならない。総会及び規約の改正や全委員の解任を求める通常事務会議は，実際的に関西地域に住居する会員の三分の一をもって定足とする。特別総会は，委員会の提案もしくは会員の四分の一の定足をもって開催される。総べての投票は，過半数をもって決定される。

【資料５】 関西アジア協会会員名簿

	A	D
1	会員名	住所地域
2	AICHISON, WALLACE	京都
3	AILION, CHARLEY	神戸
4	ASAHI EVENING NEWS ／ EDITOR	京都
5	BAVIER, C. S.	京都
6	BEACH, HENRICA	京都
7	BEGUIER, JEAN	
8	BILL, V. ALEX	大阪市
9	BLAIR, DOROTHY L.	京都
10	BLOOM, ALFRED	京都
11	BORKE, CAPTAIN HAROLD	大阪市
12	BORKE, HAROLD	大阪陸軍病院
13	BRAUN, WALDO & ALICIA	
14	BRITISH COUNCIL LIBRARY	京都
15	BROWN, WALTER ALLISON	和歌山市
16	BRUNER, GLEN	神戸
17	BRUNET, ANDRE	京都
18	BURNSIDE, ALICE	京都
19	BURNSIDE, CLYDE	京都
20	CAHILL, JAMES	京都
21	CARVER, N. F.	京都
22	CARY, FRANK	尼崎市
23	CASEY, FR. D. F.	京都
24	CASAL, U. A.	神戸
25	CHAKRAVARTY, S. N.	京都
26	CHAPPELL, JOHN	京都

	A	D
27	CLAPP, CAROLYN	京都
28	CLAPP, MISS FRANCES ／ VICE PRESIDENT	京都
29	CLERK	京都
30	CRYMES, RUTH	京都
31	DAVIS, T. P.	大阪市
32	DE ROOS, W. H. ／ CONSUL GENERAL	神戸
33	DESSAU, MISS DOROTHY	京都
34	DIENES, SARI	
35	EIDMAN, PHILIPP KARL	京都
36	ELICK, DONALD	京都
37	FIYGARE, GYOSEI W.	京都
38	FLINN, RICHARD D.	京都
39	FOMG, MR. AND MRS.	京都
40	FRAUTSCHI, STEVEN	京都
41	FURBUSH, WILLIAM T.	京都
42	FURNESS, GEORGE	京都
43	GEORGE, MR. AND MRS	京都
44	GEORGE, MR. AND MRS. B. J.	京都
45	GIFFARD, C. S. R. ／ BRITISH CONSULTE	大阪市
46	GLUCK, JAY	東京・作家・出版者
47	GLUCK, JAY	広島県・和歌山市
48	GOOD, BARBARA	
49	GRAF, REV. OLAF	神戸
50	GRANT, MR. & MRS. R. H.	京都
51	GREGORY, NICHOLAS	京都・保険会社
52	GRESNHOUSE, RALPH	京都

	A	D
53	GROBE, MISS ALICE C.	大阪市
54	GROOTAERS, WILLIAM A.	豊岡市
55	GROSBOIS, CHARLES	京都
56	GULIK, MR. & MRS. LEEDS	京都
57	GWINN, MISS ALICE	京都
58	HAAG, RICHARD	京都
59	HABENICHT, FR. JAMES F.	京都
60	HADA, KYO	京都
61	HARGET, DANIEL J. ／ DIR. OF KYOTO A. C.	京都
62	HARRINGA, ERNST VON	
63	HAUTCHCORNE, JEAN-PIERRE	京都
64	HAWLEY, FRANK ／ EDITIONAL COMMITTEE	京都
65	HELLENTHAL, DR. W ／ COUNSUL GENERAL	神戸
66	HEMSTAD, REV. RAGNVALD	京都
67	HENDERSON, MR. & MRS. GREGORY	USA
68	HESSEL, REV. R. A. EGON	大阪市
69	HIBBARD, MISS ESTHER L.	京都
70	HUBBELL, LINDLEY WILLIAMS	京都
71	IN SOB ZONG	奈良
72	IRWIN. MR. & MRS. RICHARD	京都
73	JACKSON, KENNETH	京都
74	JACOBS, MORRIS	神戸
75	JAMES. PATRICK MACGILL	京都
76	JAPAN NEWS ／ EDITTOR	京都
77	JASPER, MISS MILDRED	京都
78	JONES, MARY	京都
79	JOPPE, BEN	大阪市

	A	D
80	KAEMMERER, E. A.	東京
81	KIDD, DAVID	西宮市
82	KIRBY, JOHN B., JR.	USA
83	KOCH, REV. & MRS. DENNIS K.	京都
84	KRAMER, H.	宝塚
85	KRYNSKA OLGA	神戸
86	LEAB, ELLIST	京都
87	LEBOVICH, MRS. MAURICE	京都
88	LEVY, ANDRE	京都
89	LI	京都
90	LLOYD, G. G.	京都
91	LLOYD, JOHN	京都
92	MAGEE, PVT BENNIE J.	大阪市
93	MANDELERT, MR. & MRS. E.	神戸
94	MATHER, RICHARD	京都
95	MAYS, JACQUES	京都
96	MCCORMICK, DR., JAMES P.	京都
97	MCDUFFIE, MISS FLORENCE	大津市
98	MCFARLAND, H. NEILL	大阪市
99	MCGOVERN, MELVIN ／ COUNCIL MEMBER	大津市
100	MESKILL, JOHN T.	京都
101	MULLER, HAROLD	神戸
102	OLSON, LAWRENCE	東京
103	ORMISTON, MRS. C. S. W.	京都
104	PAYNE, EDWIN O. ／ PROF.	京都
105	PEATTIE, MARK R.	
106	PERKINS, P. D./SECRETARY	京都

	A	D
107	PERRUCHE, GEORGES	神戸
108	PETERSON, MR. & MRS. W.	京都
109	PION, REV. ALFRED T.C.S.V. ／ラクセイチュウガク	京都
110	POOR, MR. & MRS. ROBERT	APO 9
111	PSATY, MISS ELLON D.	京都
112	RAKER, MISS MARY ANN*	INTERISLAND
113	REDMAN, H. V. ／ BRITISH EMBASSY	東京
114	REFARDT, OTTO	神戸
115	ROSENFIELD, M. JOHN	
116	SASAKI, RUTH	京都
117	SCHULTZ, WILLIAM R.	京都
118	SCHWERSENS, G. M. D./DR.	京都
119	SELIGMAN, ALBERT L.	神戸
120	SERGEANT, JOHN C./TREASURER	京都
121	SHELDON, CHARLES	京都
122	SOMMER, MR. & MRS. F.	西宮市
123	SPALDING, MR.& MRS. WILLIAM	芦屋市
124	STOOPS, JOHN	京都・日本中世研究者
125	SUMNERS, GERTRUDE	
126	TEELE, ROY E.	西宮市
127	TETZLAFF, MARGARET	神戸
128	THURBER, REV. L. N.	京都
129	TOMSON,	京都
130	TONG, S. T.	京都
131	VAN WEAT, W. ／ PRESIDENT	京都
132	VINES, MISS MARY	APO 919

	A	D
133	WARD, MR. & MRS. ROBERT	京都
134	WEEKS, W. F.	大阪市
135	WESLEY, FRANK	京都
136	WHEELER, REV. ROBERT	大津市
137	WILKES, JOHN N.	京都
138	WILLIAMS, H. S.	神戸
139	WILLIAMS,?	京都
140	WILLIS, DONALD F. ／ DR.	京都
141	ZELLER, M.	神戸
142	アシカガ　ジュンジ　足利惇氏	京都
143	アズチ　サチコ	神戸
144	アベ　タカオ	京都
145	アマノ　ゲンノスケ	京都
146	アリミツ	京都
147	アンドウ　カツイチロウ	京都
148	アンドウ　タカユキ	京都
149	イシガミ　ジョウジ	大阪市
150	イヅイ　ジュンタロウ	大阪市
151	イヅイ　ヒサノスケ　泉井久之助	京都
152	イトウ　キクジ	京都
153	イノウエ　ノブオ	京都
154	イノウエ　ヨシユキ	京都
155	イマニシ　キンジ　今西錦司	京都
156	イワムラ　シノブ　岩村忍	京都
157	ウエノ　サブロウ	京都
158	ウエノ　テルオ	京都
159	ウエムラ　ロクロウ	京都

	A	D
160	ウチダ　グンフ	京都
161	ウメガキ　ミノル　梅垣実	大阪市
162	ウメハラ　スエジ	京都
163	エマ　ツトム	大阪市
164	オウモト　カズエ	大阪市
165	オオウラ　ハチロウ	京都
166	オオバ　オサム	大阪市
167	オガタ　ソハク	京都
168	オガワ　タマキ　小川環樹	京都
169	オガワ　ユウゾウ	近江八幡
170	オザワ　カンイチロウ	京都
171	オザワ　ハジメ	大阪市
172	オシブチ　ハジメ	京都
173	オモト	大阪
174	カイズカ　シゲキ　貝塚茂樹	京都
175	カツタ　タカオキ	大津市
176	カワカツ　ヨシオ	京都
177	カソダ　キイチロウ	京都
178	キシ　ユウジ	奈良
179	キムラ　コウイチ	京都
180	クサダ　ハルヨシ	京都
181	クチバ　マサオ	京都
182	クボイ　ヨシテル	京都
183	クロダ　ゲンジ	奈良
184	コバヤシ　ショウゾウ	京都
185	コバヤシ　ユキオ	京都
186	コマイ　ヨシアキ	京都

	A	D
187	コムロ　ヒデオ	京都
188	サエキ　トミ	京都
189	サエキ　ヨシオ　佐伯好郎	広島
190	サトウ　ヨシジロウ	京都
191	サホダ　ツルジ	京都
192	ショナゴ　マサヨシ　少名子正義	奈良
193	シノダ　トウ	京都
194	ミズキ　オサム	奈良
195	スズキ　ヒデサブロウ　鈴木秀三郎	京都
196	スズキ　ミツオ	京都
197	スメラギ　イツオ　皇	京都
198	センゴク　マサオ	京都
199	ソトヤマ　グンジ	京都
200	タカハシ　T	奈良
201	タキヤマ　トカゾウ？	京都
202	タケムラ　ケンイチ	大阪市
203	タケモト　アケオ	京都
204	タツグチ	京都
205	タナカ　カツミ	大阪市
206	タナカ　ヒデオ	京都
207	タムラ　ジツゾウ	京都
208	チカモリ　ハルヨシ　近盛晴嘉	大阪市
209	ツクモ　トヨカツ　九十九豊勝	奈良
210	ツジ　キオ	京都
211	ツノダ　ブンネイ　角田文衛	京都
212	トコロ　イサム　所勇	京都
213	トミナガ　マキタ　富永牧太	奈良

	A	D
214	トミノモリ　マツエ	京都
215	トモイシ　ススム	京都
216	ナイトウ　カンキチ	京都
217	ナカエ　ミノル	大津市
218	ナカガワ　エツ	京都
219	ナカガワ　マスミ	大阪
220	ナカムラ　タカシ	奈良
221	ナカムラ　ミツヨシ	京都
222	ナカヤマ　ショウゼン　中山正善	奈良
223	ナガオ　ガジン　長尾雅人	京都
224	ナミカワ　イサオ	京都
225	ニホンタイムス	東京
226	ハシカワ　トシコ	京都
227	ハシモト　トシオ	京都
228	ハヤシ　タダシ	京都
229	ヒラオカ　タケオ　平岡武夫	京都
230	フジイ　ケイイチ	大阪市
231	フジタニ　ヨシアキ	京都
232	フジワラ　リョウセツ	京都
233	フワ　オサム	京都
234	ホリウチ　キヨシ	京都
235	マツシタ　サダミ	京都
236	ミウラ　アンナ	京都
237	ミカミ　テイチョウ	大津市
238	ミシナ　アキビデ　三品彰英	京都
239	ミズタニ　シンセイ	京都
240	ミズノ　セイイチ	京都

	A	D
241	ミタムラ　タイスケ	京都
242	ミヤザキ　イチサダ　宮崎市定	京都
243	ムラカミ　ヨシミ	京都
244	ムラタ　ジロウ　村田次郎	京都
245	モリ　シカゾウ　森鹿三	京都
246	ヤダ　マコト	京都
247	ヤブウチ　ヒロシ	京都
248	ヤマシタ　コスケ	京都
249	ヤマムラ　テルコ	奈良
250	ヨシカワ　コジロウ　吉川孝次郎	京都
251	ヨシノブ　シゲル	京都
252	ワダ　トシマサ	京都

註:日本人名の漢字は筆者の推定による。

【資料6】

関西アジア協会・会員地域分布

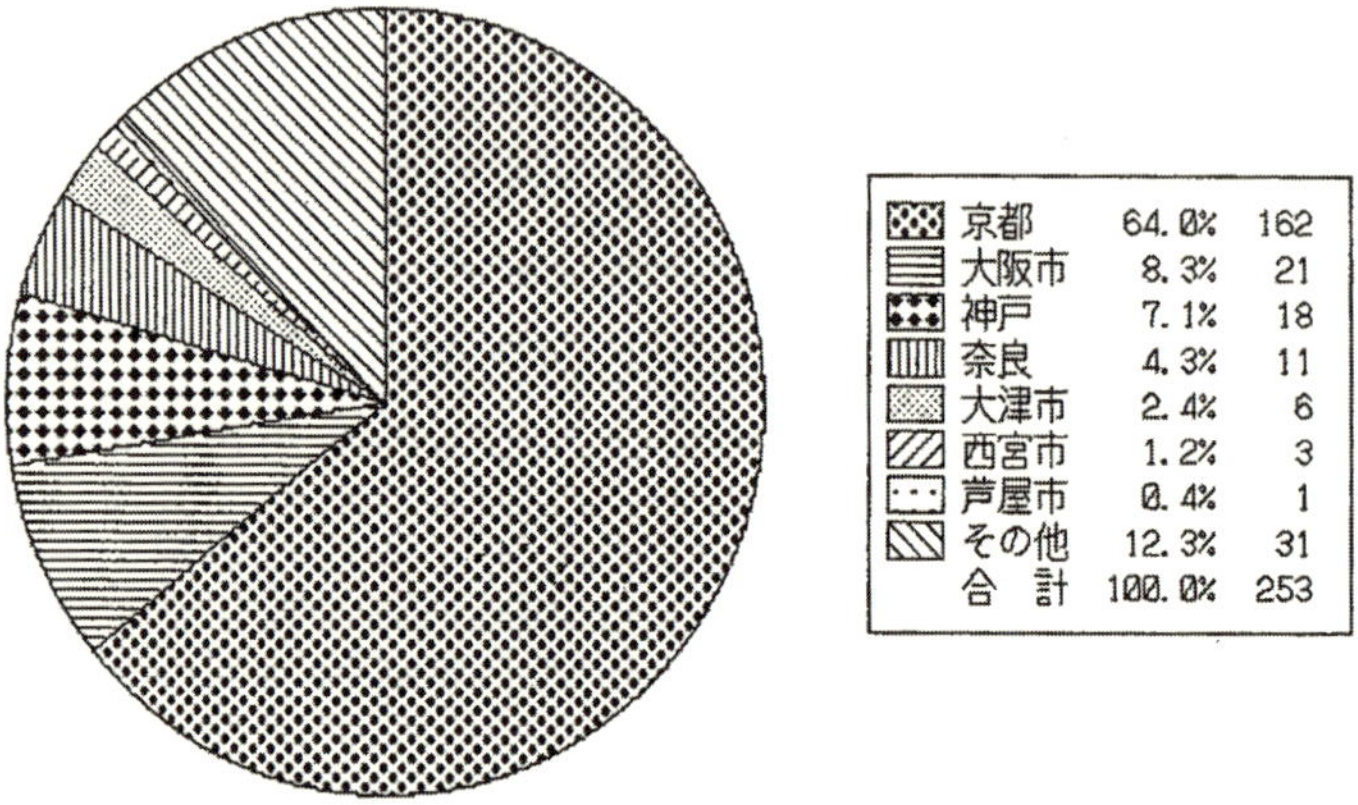

会員構成

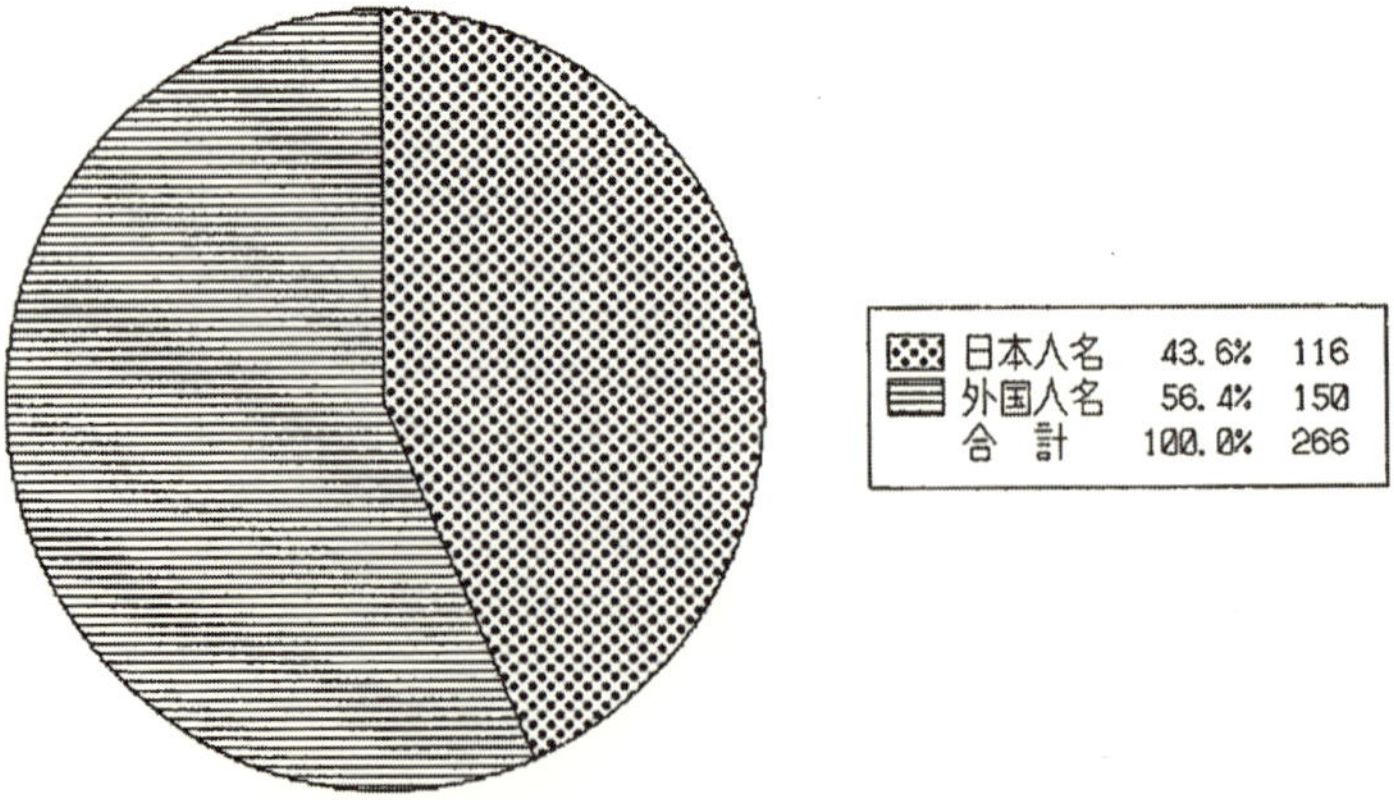

戦前フランク・ホーレー宝玲文庫の成立について

1. 関連資料について

フランク・ホーレーの集めた蔵書、すなわち宝玲文庫の全貌を見渡すことは、容易なことではない。昭和六年に来日し、約十年間で集めた蔵書は一万七千六百三十冊。[1] これには、ホーレーの岳父美野田琢磨の旧蔵書も加わっている。蔵書は昭和十七年八月に三井信託銀行を経て敵国財産として接収され、その後に慶応義塾図書館に売却された。図書館は空襲を受け、ホーレーの蔵書も被害にあい、あるいは紛失された。戦後処理の過程で接収された財産は返還され、昭和二十四年七月一日時点で一万千五百七十一冊がホーレーの手元に戻ったのである。[2]

戦後、ホーレーはロンドン・タイムズの特派員として再来日した。[3] 外国新聞紙の特派員としての給与は経済的にゆとりを生み、一方で戦後の古書は市場価格が暴落し、貴重書、稀覯本が出回り、その結果ホーレーは資力の限りを尽くして蔵書を増やした。昭和二十七年、特派員を辞職してからのホーレーは山科へ移り、経済的理由から蔵書を手放し始めるが、その一方で新たに集書も続けている。残念ながら、ホーレーは厳密に整理された蔵書目録を遺さなかった。

死後まもなく、ホーレーの旧蔵書は東京美術倶楽部において開催された「ホーレー文庫蔵書展観入札」を経て、図書館や個人の研究者、集書家たちのもとへ分散された。「売立て会」の開催以前に譲渡されたものとしては、和紙関係と琉球関係のコレクションが、天理図書館とハワイ大学へそれぞれに一括して買い受けられた[4]。その際の「売り立て目録[5]」は存在するが、そこには売り立ての対象となった書目の全てが網羅されてはいない。また、鯨関係、本草関係、満州関係のコレクションが生前、あるいは没後に譲渡されたと聞いているが、詳細については調査中である。以上のような事情で、宝玲文庫の全目録を作り上げることは甚だ困難な状況である。

しかしながら、来日の当時から文献学、書誌学に根ざし、日本研究を続けたフランク・ホーレーの研究と、今日において稀書、貴重書の代名詞のように取り扱われている宝玲文庫の実態を探るためには、可能な限り彼の旧蔵書の内容を明らかにする必要がある。幸いにも、いくつかの参考となる資料は残されているので、これらを用いて宝玲文庫を具体的に再構成したいと考えている。

残存するフランク・ホーレーの蔵書関係資料は、次の七件である。

1. 美野田琢磨文庫目録（和漢籍） 一冊
2. 美野田琢磨文庫目録（欧文書籍） 一冊
3. 巌松堂納品目録（「請求書」） 一冊
4. 蔵書目録（大学ノート） 十一冊
5. 敵産管理本未返還目録、返還受領書（和漢籍・欧文図書） 二冊
6. 古書籍商がホーレーに売却を提案した書目リスト 複数
7. 敵産管理本返還に関わる蔵書目録草稿

これらの目録は基本的に、国家総動員法によって逮捕され、所有財産が敵産管理法の適用を受けて日本政府に接収された後、ホーレーが蔵書を取り戻すための根拠として、あるいは接収を予測して事前に準備されていたものである。ホーレーは太平洋戦争の開戦時期を把握してはいなかったが、戦時体制を予測し、英国大使館嘱託身分の外交旅券の入手を準備していた。妻俊子の語ったところでは、ホーレーは日本国の開戦を否定してはいたが、逮捕されることになった昭和十六年十二月八日の週には、大使館から外交旅券が交付される手はずであったという。俊子の拘置所への拘留は短期間であったので、ホーレーは、拘置所から俊子と英国文化研究所の助手をしていた照山越子に対して蔵書目録の作成を依頼し、頻繁に葉書で整理内容の指示を伝えている。

この時期に、青山南町のホーレー邸に所蔵されていた蔵書を、照山越子が同僚の高田美穂子と協力し作成したものが、「4．歳書目録（大学ノート）」である。サイズの異なる有り合わせとでも言うべき複数の「大学ノート」にペン書きで、書架ごとに、縦書きで書名と著者、数量が書き込まれている。分類はなされていない。一部のノートは、表紙が和紙と麻糸で補修されている。ペン書きの文字の上に色の異なるペンや鉛筆によって付された記号は、その後に生じた奪還作業のための目録作りの際に付されたものであると推測される。

日本政府によって接収されたホーレーの蔵書は、敵産管理人に指名された三井信託銀行によって購入希望者へ譲渡された。東京大学図書館と慶應義塾図書館が購入を申し出たが、一括購入を希望した後者が選ばれた。接収された蔵書には購入代金の未払いのものが多くあった。販売主のひとりであった古書籍商の巌松堂は、その未払い分を敵産管理人である三井信託銀行に請求している。すなわち、当時、ホーレーが巌松堂から購入した「九千九百十九円八十四銭」の未払い残金「千九百十九円八十四銭」が支払われていないとするものである。これについての請求書を作成した。そこに請求金額の根拠として添付された二百八十四件分の書目が「3．巌松堂納品目録」である。「株式会社巌松堂書店」の用箋に、「書名」「数量」「価格」がタイプ打ちされている。これによって、当時ホーレーが巌松堂から購入した図書の全容と、当時の価格を把握し得るのである。

戦後、ホーレーはロンドン・タイムズ（The Times）の特派員として再来日し、直ちに蔵書の奪還に取り掛かる。あらゆる人間関係を通じて英国大使館やGHQに働きかけ、「速やかな完全返還」を要求した。蔵書を購入した慶應義塾図書館とホーレーとの間には、厳しい緊張関係が生じている。昭和二十二年には慶應義塾図書館による「フランク・ホーレー旧蔵書」の調査報告がなされ、約八割がホーレーのもとに返還された。この時に作成された返還財産の受領書に添付された目録が「5．敵産管理本未返還目録、返還受領書（和漢籍・欧文図書）」である。これとは別に、慶應義塾図書館用箋を用いた原稿が存在している。この目録によって、開戦によって日本政府に接収されたフランク・ホーレーの蔵書の全容が明らかになる。

逮捕と財産の接収を具体的に予測していたか否かは不明であるが、ホーレーは蔵書の一部をホーレー邸（赤坂青山南町五丁目四十五番地）から別置しており、日本政府の接収を免れた。すでに蔵書目録「1．美野田琢磨文庫目録（和漢籍）」「2．美野田琢磨文庫目録（欧文書籍）」を作成していた。

美野田琢磨は美野田俊子の父親で、ホーレーにとっては岳父となる。美野田琢磨は、仙台の第二高等学校から東京帝国大学工科大学へ進学。卒業後は鉄道院に入り、台湾鉄道の敷設に関わる。退職後に工業商会を興して、企業家として成功している。琢磨は蔵書家であり文庫を持っており、妻俊子は結婚に際して、父琢磨から蔵書の一部を譲り受けたと語っている。はたしてこの目録は、表記通り美野田琢磨の蔵書であったのか、ホーレーの蔵書であるのか。名称「美野田琢磨文庫」については解釈が必要である。

この「美野田琢磨文庫」目録の英文図書を具体的に見てみると、次のようなことがわかる。幸いに英文目録には、それぞれの図書の言語と類別が分類記号で付記されている。具体的には表【戦前宝玲文庫洋書目録・記号一覧】の内容であり、その特徴は次の四点である。

1．チベット語、タイ語にいたるまで、東洋言語の辞書・文法関係書（四十一件）、言語学関連書（二十件）が多く含まれている。
2．フランス語の書籍（三十二件）が目立つ。
3．一九三〇年頃に発刊され、当時人気を得ていたエッセイ・小説類（二十七件）が複数含まれている。
4．和漢籍目録については、中国・満州・蒙古関係の地誌や漢籍ものが大部分である。

これらから考えられるのは、ここに記録された蔵書の多くは、フランス語を専門とし言語学・文献学を学んだ当時二十五歳の青年ホーレーが来日に携行した蔵書に加えて、来日後に購入した書物だということである。ハワイ大学への就職話が実らなかった後、ロンドン大学への就職が決まる。帰国の準備として、ホーレーは蔵書の荷造り準備をし始めた。幸か不幸か、英国文化研究所の設置に伴い、研究所主任として日本にとどまることとなり、帰国は延期された。ホーレーは開戦時に逮捕され、蔵書は接収されることになった。この時期に何らかの蔵書目録が作成されたと考える。いずれにしても、この二冊の蔵書目録と前述の接収被害にあった図書とを合わせ見れば、戦前にホーレーの所蔵した蔵書の全容を知りうるのである。

「請求書（巖松堂納品目録）」には二百八十四件、五百八十八冊、合計九千九百十九円八十四銭分の購入書目が記されている。請求者は巖松堂社長波多野一である。ホーレーと巖松堂との付き合いの詳細は不明であるが、巖松堂の歴史を考え合わせれば極めて興味深い。巖松堂は神田神保町に位置する古書籍商で、初代店主は波多野重太郎、二代目の社長は波多野一である。巖松堂は「立身の人」重太郎の創立によって、古書・新本・出版を扱い、古書目録にとどまらず文芸雑誌（『巖松堂展望』『むらさき』）を創刊刊行し続けた。私立大学の教授たちに着目した学術・教科書の出版は成功した。当時の同業者からは反発を受けながら、「店頭の古書に価格を付す」ことを初めておこない、このことによって古書愛好者が拡大した。中国新京や朝鮮に向けて経営の拡大をはかり、支店を出している。戦後、進取の精神に富んだ重太郎は、「本に飢えている人々」に対して本の配給を計画し全国に向けて「配給制度」を開始した。このことによって多額の負債を生じ、結果として巖松堂は倒産することになった[6]。長男波多野一は開戦前後の期間、重太郎の後を継いで社長を務め、当時はホーレーと交渉のあった時期である。波多野一は尾崎秀実と第一高等学校の同窓で、尾崎はゾルゲ事件に連座して逮捕、処刑された。尾崎秀実は獄中より妻に宛てた書簡に、自分の蔵書を処分することを頼む人物として、波多野一の名をあげている。

ホーレーの取引のあった古書籍商は巖松堂にとどまらない。一誠堂をはじめとする東京都内及び京都・大阪の古書籍商とも交渉があったが、現時点ではその詳細はわからない。しかしながら、書目を含む断片的な取引のための覚書や書簡が残されており、これらの今後の分析により、何時ごろ、何を、どこから、どの程度の価格で購入したかが判明するであろう。

本稿では、戦前に形成された「宝玲文庫」の全容を知る手がかりとなる目録類の一部を紹介し、敵産管理による蔵書の接収とその返還過程の詳細は、今後の論文で述べることにする。

2. 関連資料の詳細

1. 美野田琢磨文庫図書目線（和漢籍）

この目録は表紙一枚と本文十頁の謄写版刷りの物で、和書と漢籍を中心に合計四百八十三点が、書名と著者名、帙数、冊数、発行年、備考が項目として列記されている。表題には「美野田琢磨文庫　図書目録　和、漢、満、蒙、其他西方諸域文書」とあり、内題には「美野田琢磨文庫図書目録　和漢満蒙其他西方諸域語之部　昭和十九年四月」とある。

2. 美野田琢磨文庫目録（欧文書籍）

目録はカーボン用紙十二枚にタイプ印字されたもので、表紙には美野田琢磨のペン書きで「T. Minoda's Library of Books in foreign languages. (European) at Setagaya Tsurumacho. August, 1904」とあり、内題は「LIST OF BOOKS IN T. MINODA'S LIBRARY」（美野田文庫目録）とある。冒頭に凡例二頁（ⅰ、ⅱ）、すなわちSUBJECTS AND THEIR MARKS（分類と図書記号）とSUBJECT MARKS FOR BOOK-NUMBER（図書記号ごとの分類）が記され、その後に欧文図書二百七件が連番、図書記号、著者名、書名が列記されている。「一九〇四」の表記には疑問が残る。すなわち、記録された図書には当該年以後のものも記されており、作成年度とは考えにくい。

SUBJECT MARKS FOR BOOK-NUMBER（図書記号ごとの分類）を凡例に示している「記号一覧」を判読することで、目録に記された図書の性格が概観できる。

3. 巌松堂納品目録

Ｂ４判縦書きの「株式会社巌松堂書店」鳥の子用箋にタイプ打ち。半帳に十行、全十六枚（十六帳）。第一帳表には、

「請求書

一金壱千九百拾九円八拾四銭也

内訳別紙明細書之通り

右ハ英国人「フランク・ホーレー」宛販売セルモノニ付貴会社敵産管理係ニ於テ御支払ヒ賜ハリ度ク此度御請求申上候也

東京都神田区神保町二町目二番地

株式会社　巌松堂

代表取締　波多野一（「株式会社巌松堂代表取締波多野一之印」）

三井信託株式会社　御中」

とある。各帳は金具で袋綴じし、綴じ合わせの末尾には代表取締印で合わせ印を押している。目録本文の冒頭は「明細書」とあり、第二行目から書名・数量・金額の項目に分けて列記している。最終帳である第十六帳表の末尾には、

「合計　　九九一九、八四

入金　　八〇〇〇、〇〇

差引残額　一九一九、八四」

とある。内容は、書名の下には数量、数字と続くが、複数冊をまとめて「以上○○点」と記した最終行に数字を示しているものもある。数字は合理的に考えて金額（単位円）を示すものと判断した。売掛帳簿を転記したと考えれば、この表記の違いは、ホーレーが単品もしくは一括で購入したことによるものであろう。帳簿の性格上販売した現品が確定されれば良いので、表記は書名と冊数のみであり、さらに書名も必ずしも正確ではない。タイプ活字で表記できないものは、手書きされており、一部記入漏れの箇所もある。また、したがって、刊本・写本・洋装本・和装本の区別はできない。書名の上段に鉛筆で番号や符号が記された箇所が複数あるが、これは返還目録を作成した折にホーレーが記入したものと思われる。

4. 臨時蔵書目録

全十一冊。帰国時に作成された物と思われる目録が四冊、帰国後に返還請求の段階でタイプ打ちした短冊状の書目紙片を糊付けしたと思われる目録七冊が残されている。返還目録を整理するために、最初作成された目録を書写し、切り離して使用した形跡もあり、厳密に戦前宝玲文庫を再現するには、これらを詳細に分析する必要がある。

註

（1）昭和二十一年九月十五日にホーレー自身が敵産管理人（三井信託銀行）に宛てた書簡には十三項目の要求が記され、そのなかに蔵書数については、「一九四二年七月二十九日巣鴨拘置所から釈放された後、英国大使館の他の人員と共に七月三十日に英国へ向けて日本を発ったとき、私は東京赤坂区青山五丁目南町四十五の自宅に洋書と和漢書の収集を残して行くことを余儀なくされた。それらは洋書約一四七〇件（約一六三〇冊）と和漢書約三二六一件（約一万五千冊）であった。没収されなかったものは、洋書約二〇七件と和漢書約五五四件で、計約一六〇〇冊であった」と記している[Memorandum: Library of Frank Hawley, British Subject.]

拙論「フランク・ホーレーと琉球研究」、地方紙研究協議会編『琉球・沖縄』昭和六十二年十月、雄山閣刊、三四五〜三六〇頁。

（2）慶応義塾に売却

ＧＨＱの返還命令に対して敵産管理人は、現状報告書を提出している。昭和二十二年四月三十日に提出された報告書(History of Property owned by Frank Hawley, File No. 05264) には、要約すると次のように記されている。

1. 慶応義塾大学図書館の購入した宝玲文庫のうち貴重本三四冊は、他の図書とともに山梨県甲府市へ移した。これらは空襲をまぬがれ、現在同図書館に保管されている。
2. 他の宝玲文庫本は昭和二十年五月二十五日の空襲により焼失した。
3. 火災から救われた宝玲文庫本のうち和漢八五六九冊と洋書七四三冊は、昭和二十年十一月十四日から四度にわたり、ホーレーのもとに返還された。
4. その後二、二七一冊が図書館内で発見された。
5. 四〜五冊が盗難とわかり、現在警察の捜査が続けられている。
6. 他の五、六八五冊のあるいは五、六八六冊（和漢書三、八〇三冊または三、八〇四冊、洋書一、八八二冊）は未だ不明である。

一方、昭和二十四年七月一日にフランク・ホーレーと日本国政府との間で取りかわされた文書「日本の不正に転送された財産の連合国国民への賠償の領収書」[Receipt for Restitution to United Nation National of wrongfully Transferred Property in Japan. File No. 05264.] によれば、最終的にホーレーの手元に戻った宝玲文庫本は、二、九一九件・一一、五七一冊であった。具体的には次の通りである。

和漢書	二、四八三件	一〇、八三五冊	不完全	九一件	一、九三三冊
			破損	一四件	二六冊
未還	一一件	二三冊			
洋書	四三八件	七四八冊	不完全	七件	二二冊

破　損　一件　一冊
未　還　七件　八冊
総　数　二、九一九件　一一、五七一冊

（3）拙論「ロンドン・タイムズ特派員フランク・ホーレー（その一）」『生活文化研究所年報』第十五輯〔本巻収録〕。
拙論「ロンドン・タイムズ特派員フランク・ホーレー（その二）」『生活文化研究所年報』第十六輯〔本巻収録〕。
（4）拙論「ハワイ大学宝玲文庫「琉球コレクション」成立の経緯」『生活文化研究所年報』第五輯〔本巻収録〕。
拙論「フランク・ホーレーと和紙研究」『生活文化研究所年報』第八輯。
（5）『ホーレー文庫蔵書展観入札目録』
（6）波多野重太郎、波多野勤子編『追憶』、巌松堂東京本社、昭和五十三年六月。
『店頭改造完成記念　古書現在品目録抄』、巌松堂書店、昭和十一年九月、全百八頁。

『巌松堂展望』第四第六号、昭和九年十月、巌松堂書店古典部、全五十四頁。

『むらさき』（頭書）「日本的教養」十二月号、全八十頁。

尾崎の獄中記『愛情は星の降るごとく』には、蔵書の処理を波多野一に依頼するように妻に指示している。

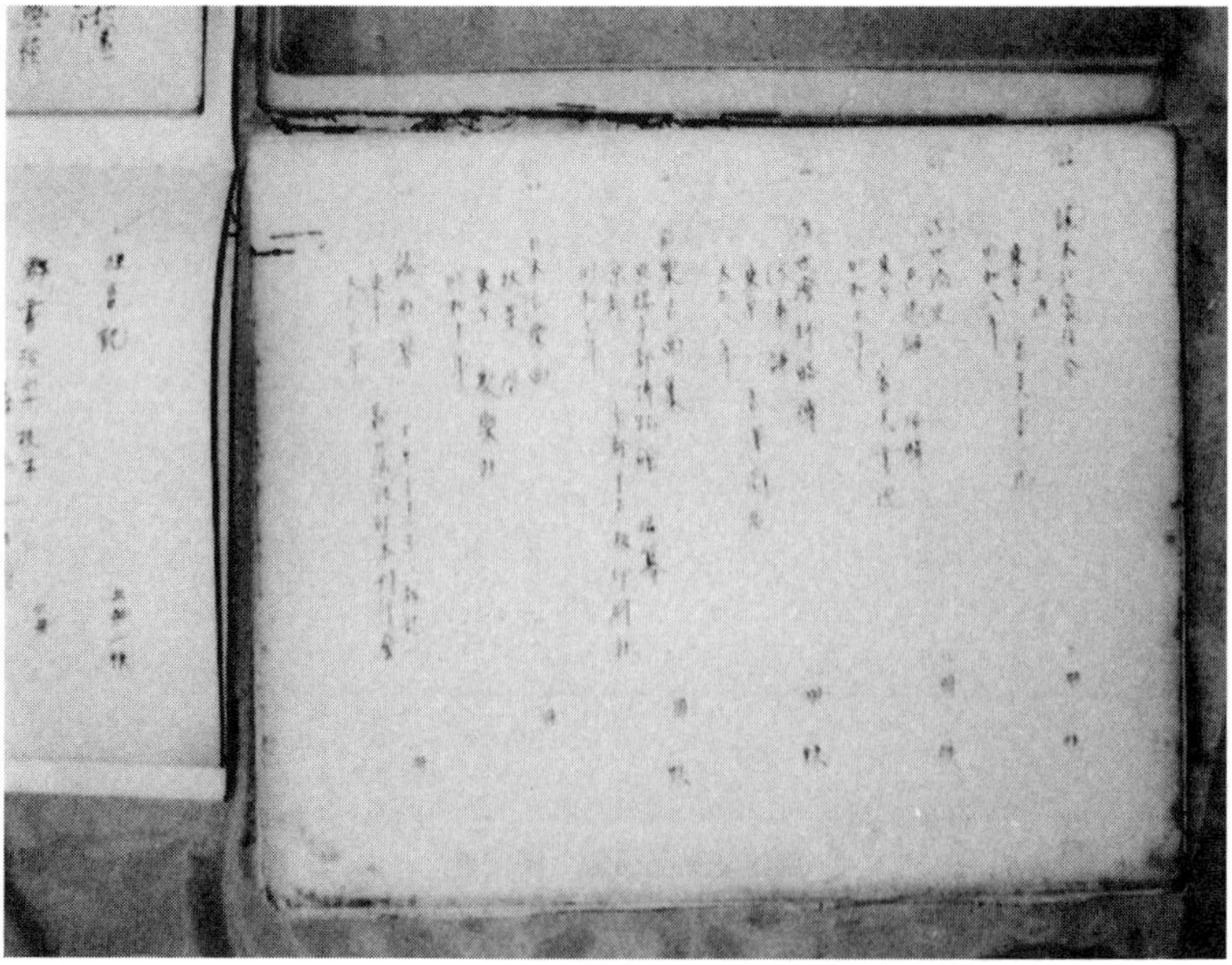

（臨時）蔵書目録

ハワイ大学宝玲文庫「琉球コレクション」成立の経緯

我々が琉球・沖縄を関心領域として研究を進めるとき、共通して行き当たる問題は歴史史料の限界性である。琉球・沖縄の史料はその歴史ゆえに、他の地域とは違った存在の仕方をした。琉球・沖縄と日本との関係が、時代を追って変化してきたからである。琉球独自のものは大部分が沖縄に所蔵されていた。薩摩関係のものは地元の鹿児島県に所蔵された。他の本土の史料の多くは「異国・琉球」として記された物、あるいは近世以降の沖縄関係のものであった。その内、沖縄本島で所蔵されていた史料（琉球王府のものや沖縄県立図書館などに所蔵されていたもの）のほとんどが、先の戦禍によって失われた。

現存の主たる琉球・沖縄史料としては、伊波普猷・東恩納寛惇・仲原善忠等の沖縄研究者の旧蔵書、八重山の地方文書（「宮良殿内文庫」・「喜舎場文庫」）、琉球王家所蔵史料「尚家文書」（尚家東京邸蔵）、河上肇の収集した「琉球資料」（京都大学法学部蔵）、笹森儀助旧蔵史料（青森県立国書館）、「評定所記録」（島津家文書・東京大学史料編纂所）、横山重旧蔵琉球資料（法政大学沖縄文化研究所）、そして本論で紹介する宝玲文庫「琉球コレクション」（ハワイ大学）などがあり、すでに一部は目録化されている。これらは、地域の資料として収集されたか、もしくは特定の個人がその関心に基づいて収集したものである。またこれらの外には、旧江戸幕府の記録（内閣文庫）、旧大名たちの個人文庫に所蔵される琉球来朝記録、文人・国学者たちの所蔵する琉球関係図書の類がある。特定の意図をもって収集されたこれらの歴史資料は、収集者が「琉球・沖縄」をどのように位置付けたかによって、その内容が限定付けられている。言い換えれば、それら歴史資料の内容自体が、その収集者と「琉球・沖縄」との関係を物語っているのである。

本論で取り上げる宝玲文庫「琉球コレクション」（ハワイ大学）は、以下の幾つかの意味において極めて特徴的である。即ち、まず収集者（Frank Hawley）が外国人であること。「琉球・沖縄」は彼の幅広い関心分野の一部分であること。費用や同本の重複を厭わずに、「琉球・沖縄」に関する全ての資料を徹底して集めようとしたこと。収集後の資料の保存・手入れが行き届いていること。そして、収集された「琉球・沖縄」関係資料が、分割されることなく「完全な形」で現在まで所蔵されていることである。

筆者は今日まで数々の図書館・文庫を巡り、資料調査を重ねて来たが、共通して問題と感じることがある。それは個人の旧蔵文庫が公共図書館もしくは施設などに組み込まれる際、写本・版本・巻子本など、形態的に一見貴重と判断されるものは丁重に引き継がれるが、そうでない物、スクラップ・雑誌・カードなどの類は外されてしまうことである。既に所蔵されている物と同一書名の物も同様に外されてしまう。収蔵空間を制限されることから、やむなく図書を特定し選別して収蔵するのである。図書管理者にとって、これらの措置は避けられないことである。しかしその結果、収蔵された文庫から収集者「その人」を感じることの出来ないもどかしさがある。筆者にとって、宝玲文庫「琉球コレクション」が魅力的なのは、何よりもこの理由からである。即ち、フランク・ホーレーが徹底して収集した有りとあらゆる「琉球・沖縄」関係の図書資料が、現在までほぼ完全に引き継がれていることである。コレクションには、小説から子供向けの童謡、雑誌からカタログに至るまでの「琉球・沖縄」世界が存在している。ホーレー自身の書き入れや、著者からホーレーへのメッセージを書き込んだものもあり、その人の関心の有り様がおのずと想像されるのである。宝玲文庫「琉球コレクション」は、遺族の強い希望のもとに、「完全に一括して」、「フランク・ホーレーの名のもとに」所蔵されることを前提として譲り渡された物である。現在、ホーレーの旧蔵本は分散され、「琉球コレクション」と、「和紙コレクション」のみがそれぞれ一括して所蔵されているにすぎない。

この「琉球コレクション」に、一人の日系外国人研究者が注目し、ハワイの地に移されることにより、ハワイ大学における「琉球・沖縄」研究が展開した。また、このコレクションのハワイ大学受入れが、在ハワイ沖縄系市民の連携・連帯を強める一助ともなったとするならば、どの様な経過を経てコレクションがハワイに渡っていったのか、筆者の関心の有るところである。

一九六一年一月十三日朝、一件の死亡記事が内外の各新聞に掲載された。それは、去る十日に京都市内のバプテスト病院においてフランク・ホーレーが死亡したという公告である。この一片の記事がハワイ大学に「琉球コレクション」をもたらした。

フランク・ホーレー（Frank Hawley）の詳しい生涯については、稿を改めて紹介するとして、本論ではごく簡単にその経歴を述べるにとどめる。フランク・ホーレーは一九〇六年英国イングランドの北部、ストックトン・オン・ティーズに隣接するノートンという小さな町で生まれた。父はアルバート・ホーレー、機関技師。母はジェシカ・ホーレー。その町で義務教育を終え、リバプール大学でフランス語を修めた後、ベルリン大学、ソルボンヌ大学、ケンブリッジ大学へ研究生（リサーチフェロー）として留学、その後ロンドン大学のＳＯＡＳの東洋言語（満州語）の講師となる。当時日本からやって来ていた英文学者の知己を得て、昭和六年九月一日、東京外国語学校の外国語お雇い教師として来日することになる。二十四歳であった。三年間、東京外国語学校英語教師として英語を教えると共に、文理科大学の講師も兼ねていた。来日三年後、東京外国語学校との雇用契約を終え、四月十一日に帝国ホテルで美野田俊子と結婚し、その足で今度は第三高等学校の「英語傭外国人教師」として京都へ赴き、吉田校舎の学寮に住む。一年後、再び東京へ戻ったホーレーは、辞書の編纂等を手掛けると共に、開戦直前に設置された英国文化研究所の所長を務めた。その結果、夫婦共にスパイ容疑で検挙され、巣鴨拘置所へ八か月もの間拘置された。釈放後直ちに、戦時捕虜交換船によりホーレーのみが本国へ強制送還された。

ホーレーは来日三年を経たときから既に日本語で論文を著述し、雑誌・新聞に掲載をしている。その流暢な日本語の語り口や博学の様は、当時の学生であった人たちの等しく語るところである。また、当時の日本人給与の七〜八倍もの収入は、大部分が書籍の購入に充てられた。その結果、敵国財産として英国文化研究所の図書と共に接収されたホーレー所蔵図書の総数は、一万六千冊を越えている。(1)

本国へ帰ったフランク・ホーレーは、ロンドン大学ＳＯＡＳにおいて戦時日本語学校の教師を務めた。この時期のことについては、大庭定男の『ロンドン戦中日本語学校』(2)に詳しい。半年の後、今度は英国国営放送会社（ＢＢＣ）日本語放送番組の創立局員として、日本語の技量を役立たせた。英国外務省で戦時情報関係の仕事についた後、一九四六年一月にロンドン・タイムズの特派員として採用され、七月まで研修を積み、最初の単独日本特派員として東京へ派遣された。再び日本に戻ったホーレーは、接収された自分の図書を取り戻すために懸命の努力を払う。接収総数の約七割を取り戻したホーレーは、毎週宮良當壯を自宅に招き、琉球関係の研究を着実に進めた。当時既に、ホーレーは宮良と共に「琉球関係図書解題」を著述する計画を立て、かなりの原稿も書上げている。この計画については、拙論「フランク・ホーレーと琉球研究」において目次草稿を示し、琉球研究へ向かいつつあったホーレー自身について記した。昭和二十五年六月のタイムズ紙に掲載したマッカーサー政策批判記事が原因で、最終的にタイムズ社を去ることとなり、昭和二十七年秋に京都の山科へ転居した。山科での生活は、それまで所蔵していた図書の一部を手放し、新たに図書を購入すると共に、その差額で生活を営むという具合で、特定の収入源を得ていたわけではない。しかしながら、東京に居る夫人に宛てた書簡[3]にあるように、ホーレーは着実に研究を進めると共に、関西在住の外国人の日本研究を目的にした会（「関西アジア協会」）を組織した。また同時に、諸外国の大学などにおける日本研究図書の入手に関わり、図書仲介の仕事も行なっていた。ホーレーは博士学位取得を目指し、著書[4]を京都大学に提出すべく、準備を始めたが、体調を崩し昭和三十六年一月十日に五十四歳で他界した。

フランク・ホーレーを知るものは、彼を図書の収集家として、また琉球コレクションの所有者として、そして稀にタイムズの特派員として了解はするものの、日本研究者としての認知はまだ得ていない。しかしながら、戦前に発表した三件の論文、戦後の山科時代に著述した二件の著書、そして完成には至らなかった幾つかの研究著書を通して、ジャパノロジスト（日本研究家）・ホーレーの姿を見いだすことが出来るのである。また、特派員時代のホーレーを位置付けておくならば、決してＧＨＱの意向におもねることなく、自らの豊かな日本知識を駆使して、タイムズ紙を経由して、戦後復興に立ち向かいつつある「日本」の姿を全世界に報道した役割は大きい。特派員時代に約三、〇〇〇件の記事を本国へ書き送ったと、後にホーレーは述べている。

ホーレーの収集した蔵書いわゆる「宝玲文庫」本については、様々な評価がなされている。稀書・貴重書の類が多く含まれている一方で普及本が目立つ、多種多様の分野に亙っている、そして保存状態の優れた上質の図書であるなどである。これらのどの言葉をもってしても「宝玲文庫」の実態を表わすことは出来ない。ホーレーの集書方法の特徴は、自らの関心領域（本草・琉球・和紙・鯨・古活字・古辞書・満州語・日本語・能楽）を大きく取り巻く広い分野に亙り、重複を厭わず徹底して集めたところにある。[5] コレクションは、写本・刊本・雑誌類に限らず写真帳・版木や紙布、百万塔、さらには玩具にまで及んでいる。

ホーレーは昭和六年に来日して直ちに集書を始めた。十年後に本国へ強制送還されるまでに集め得た図書は、開戦と同時に敵国財産として見做され、日本政府によって総て接収された。筆者の手元には、日本を離れる前に助手の手で記録された図書目録と、戦後にホーレーの元に返還される際に受領書類の一部として作成された目録とがある。前者の目録は分冊されて記録され、その記録帳の全体冊数が確認できないので正確ではない。後者は戦後に返還手続きの一部として作成された物である。戦時下の敵国財産管理法の適用により、財産管財人・三井信託銀行を経由して、ホーレーの全蔵書は慶応義塾図書館に売却された。しかも一度は図書館本として登録整理されており、最終的にホーレーの手元に戻るまでに約二十八パーセントが行方不明となっている。幸いなことにいくつかの関係書類が現存し、戦前における「宝玲文庫」の実数を伺うことができる。すなわち、戦前にフランク・ホーレーが日本に残していった蔵書は「和書三、二六一件・約一五、〇〇〇冊」「洋書約一、四七〇件・約二、六三〇冊」であり、その内、和書二、七〇七件・洋書一、二六三件・計一六、〇三〇冊が敵国財産管理法の適応を受け、三井信託銀行を経て慶応義塾図書館に売り渡された。その内、一部が空襲で焼失したものの、最終的にホーレーの手元に返還されたのは、和漢書二、四八三件・洋書四三八件・総数二、九一九件・一一、五七一冊であった。[6]

戦後の収集状況については、断片的な古書籍商との往復記録のほかに詳しい物はない。古書籍商・反町茂雄の語るところによれば、「ホーレーは徹底した執着で、欲しいと目指した図書を金額に拘らず新たにまた図書を買う」といったものであった。最終的な蔵書は、ホーレーの死後、東京美術倶楽部で売却された際の『宝玲文庫蔵書展観入札目録』[7] に見ることが出来る。売却の総金額は当時の価格で「二四〇〇〇万円余[8]」であった。山科での生活が特に収入源の無いものであったことを考えれば、それ以前の蔵書の質と量が想像される。また、その間に蓄積したかなりの借金が古書籍商の元にあり、慶応義塾時代に損失した図書の弁済代金として、日本政府からかなりの金額が入ったことも考慮すべきである。ともあれ、最終的にどれほどの図書が宝玲文庫として所蔵されていたかは詳しくはわからない。捕鯨・本草・満州語・古辞書・古版本関係については、琉球や和紙と同様にある時期に一括して手放されたということである。和紙については、正確な解題を添えた目録が反町茂雄の手により準備された結果、総数三五四冊の総てを把握することが出来る。(9) 現在、「和紙コレクション」は天理図書館に所蔵されている。

今日、いわゆる「ハワイ大学宝玲文庫」として知られている在ハワイ大学の琉球関係図書については、次の先行する著述がある。すなわち『季刊沖縄』一九七九年四月号に掲載された「ハワイ大学の琉球研究資料」(10)（崎原正子著）と、『図書』一九八一年五月号に掲載された「琉球資料・ハワイ大学のホーレー文庫」(11)（外間守善著）である。これらには次のように記されており、ハワイ大学へ宝玲文庫がもたらされた簡単な経緯を知ることが出来る。

「丁度その時（一九六一年）訪日中だった阪巻《ママ》博士は早速比嘉良篤、比嘉春潮、仲原善忠氏等、沖縄出身の著名士の協力で、未亡人島袋久子《ママ》氏と沖縄関係文書の一括購入交渉を始め、二万ドル（内、五千ドルはハワイの沖縄県人有志の寄付による）で購入したものである。(12)」

「一九六一年の冬、当時、ハワイ大学夏期大学長、歴史学科教授を兼任する阪巻《ママ》駿三博士が、沖縄資料を収集するために来日した。その折、阪巻《ママ》博士は、沖縄財団の理事長をしていた比嘉良篤氏と沖縄研究者の仲原善忠氏に逢って資料収集の方法について相談したが、沖縄資料は当時そう簡単に集まるものではなかった。その折、まとまった資料としてホーレーコレクションのことが話題にはなったが、よもや手放すまい、という話でその場は終わったという。

ところがどういう神のひきあわせか、三人で話し合ったその翌朝の新聞に、フランク・ホーレー氏が京都で急逝したという記事が載ったのである。その時までホーレー氏を全く知らなかった阪巻《ママ》博士は、比嘉良篤氏を通じて沖縄出身のホーレー夫人（旧姓島袋久子《ママ》）との接触をはかった。いっぽう比嘉氏は仲原善忠氏に相談を持ちかけたので、仲原氏はすぐに比嘉春潮氏にそういう動きがあることを知らせ、ホーレー氏所蔵の資料価値について話し合うと同時に、琉球大学にも購入意図の有無について問い合わせたそうである。しかし、未亡人の譲渡希望価格が二万五千ドルということで、琉大は予算のやりくりがつかず、断念せざるを得なかったという。（仲原善忠談[13]）」

最初に連絡を取ったのが誰であるかは不明であるが、概ねこのような事情であった。ホーレーコレクションの総数について、両者の数に微妙な相違がある。前者、崎原正子は、「ホーレー文庫は点数にして九三六点、冊数にして約二、〇〇〇冊である。その内四二点は欧米語文献、二六点は中国文献、その他は日本語（漢文も含む）である」としている。また、外間守善は松田貢のカードを参考にすると前置きし、

「歴史　二四五
地理　四〇
文学・音楽　一一六
言語　三八
宗教　一六

政治・法制	二二
教育	一三
考古・人類	一一
農林・水産	六〇
風俗・民芸	九三
其他	三一
雑	六二
中国・朝鮮	五四
欧州語	五五
計	八五六種[14]」

と、その内容を具体的に述べている。

本論は、「ハワイ大学宝玲文庫」（琉球コレクション）成立の経緯と当時のハワイ大学の事情について詳しく紹介を行うものである。

まず、ハワイ大学に「宝玲文庫琉球コレクション」が受け入れられるまでの経緯を、主として坂巻駿三側の記録に基づき、時間経過にしたがって、述べることにする。

一九六一年一月十二日、折しもクワラルンプールにおける国際会議出席途中の坂巻駿三は、東京の丸ビル内にあった沖縄協会で、理事長比嘉良篤及び仲原善忠と沖縄資料について会談を持った。翌日十三日、ジャパン・タイムズに掲載されたホーレーの死亡記事を見た。直ちに、坂巻駿三はかねてよりの知己であった同志社大学の監理部長田中良一に電話をかけ、次のような伝言を書簡にしてホーレー宅へ届けさせた。

「私は昨日東京に着きましたが、明日の出発の飛行機でシンガポールに行き、クアラルンプールに於ける会議に出席し、直に日本へ引返し、一月二十四日又は二十五日に京都へ行く予定にしています。

京都に行く目的は、京都に御在住のフランク・ホーレー氏蒐集の沖縄に関する図書、文献を相当の価格でハワイ大学に譲り受け、ハワイ大学にホーレー記念文庫として保存し沖縄研究の資料に致し度い、と云うことをホーレー氏に申出ることにあります。

然るところ、今朝のジャパン・タイムズによりホーレー氏の急遽《ママ》を知り残念に存じ御遺族方各位に対し深い哀悼の意を表する次第であります。

就いては御主人御永眠の直後で、御遺族様方ご哀傷のうちに、御家庭も何かと御繁多の際、斬《ママ》様のことを申出ますのは如何かと存じますが、折角、ハワイ大学を代表し、使命を帯びて参りましたので、一月二十四日又は二十五日頃に山科のホーレー家に弔問かたがた訪問致し度いと存じます。

このことを何卒御遺族にお伝え願い度う存じます。

また、このことに付、東京の中原《ママ》、志賀《ママ》両氏もホーレー家を訪《ママ》ねすることを予定しています。何卒私の使命が達成されますよう、御同情をいただきたく存じます。[15]」

この第一信から、ハワイ大学「琉球コレクション」設置への活動が始まった。予測されなかったホーレー急死の事態に、直ちに琉球コレクションを購入すべく対応した坂巻駿三の決断力には注目すべきである。

坂巻駿三は二十四日もしくは二十五日に、以前に何度も訪問したことのある比嘉良篤を伴って山科のホーレー邸を訪れている。

坂巻駿三の依頼を受けて同行した重久篤太郎(16)の日記によれば、一月二十七日に京都ステーションホテルでホーレー夫人（島袋久）と会い、夫人から生前のホーレーが、このコレクションは「十万ドルの価値」があるといっていたことを知らされている。この間、カリフォルニア大学の Richard C. Rudolph からも買取の問い合わせが夫人に対して国際電話でなされている。二十七日、夫人と会談した後、直ちに坂巻駿三はハワイ大学学長 Laurence Snyder に次のような電文を送っている。

「フランク・ホーレーの突然の死により、膨大なコレクションが遺された。三十年に渡り収集された、数万冊の中国・日本語の書籍・写本・文書である。そこには最上質の琉球関係のコレクションも含まれている。このコレクションには、とくに多くの稀書や特質ある叢書が含まれている故に、我々の東洋図書館を高い評価の位置に持ち上げるであろう。

バークレーの Rudolph が夫人に国際電話をかけて、この膨大なコレクションの入手の希望について話している。しかし、夫人は我々ハワイ大学を最初の交渉相手として認め、親類縁者との相談の後決定するとしている。夫人は、コレクション総てをホーレー記念として、一ケ所に散逸させることなく収蔵することを望んでいる。十万ドルを代価として求めている。これは私の生涯にまたとない好機である。私は全力を投じて、何らかの基金を獲得する。もし同意してもらえるならば二万五千ドルを送金し、さらに六万ドル、合計八万五千ドルの裁量決定権を与えて欲しい。ここでは複雑な事情があるので、この件の公表はさし控えて欲しい。時間的に余裕が無い。獲得と輸送の準備のために、さらにもう一週間の滞在延長を認めて欲しい。[17]」

これに答えて、二十九日午後三時、ハワイ大学学長から次の返信が電文で送られた。

「いかなる決定も、東洋図書館と大学図書館との協議によってなされる。決定は、整った資料に基づいた図書館員と図書委員会との研究の結果なされる。有益な情報が提供されるならば考慮することに同意する。しかし、承諾を示す行為は控えるべきであり、二月の第二週を過ぎなくては決定できない。十分な概要を得るまでの滞在を認める。[18]」

二十九日、坂巻駿三は重久篤太郎を伴って山科のホーレー邸を訪問し、琉球コレクションを下見している。その数日後、丸ビルの沖縄協会の事務所で比嘉良篤・協会職員・仲原善忠・坂巻駿三が、ホーレー・久夫人と会談し、このコレクションを「二万五千ドル」で売りたいとの夫人からの申し出を受けている。[19] Snyder 学長から指示された決定の留保期限を考慮し、坂巻駿三は夫人と二月二十日を返答期限とする優先獲得権を約束して、二月二日に帰国した。坂巻駿三自身による交渉はここで終了する。

帰国した坂巻駿三には解決しなくてはならない重要な問題があった。その時点では琉球関係図書を購入する年度予算としては、所属するハワイ大学図書館の図書購入費五千ドルがあるのみであった。ホーレー夫人からの申し出金額は二万五千ドル、差額の二万ドル分を何とかして工面しなくてはならない。しかも、期限は二月二十日までである。行政担当副学長 William Watcher を説得し、特別の基金を得ることが、最大の課題であった。二月六日、坂巻駿三は Michigan の Dr. Raymond Nunn に対してこのコレクション購入計画を説明し、理解を求め、William Watcher の説得を依頼している。[20] Dr. Raymond Nunn はこの旨を上司である Dr. Stroven に伝えるとともに、このコレクション購入についての意見を次のように書き送っている。

「月曜日（二月六日）に坂巻駿三が電話で、ホーレー・コレクションの琉球に関する物の優先購入権を得たと告げてきた。それは二万五千ドルの価格で二月二十日までの期限付きであると言う。これには一〇〇〇項目にも及ぶ中国・日本・西欧言語の文献が含まれている。坂巻駿三は、二人の研究者をコレクションと共にハワイへ招く計画を述べ、ハワイ社会における沖縄系市民の重要さを説明した。彼は私に William Watcher にこのことを説明するように依頼した。私がワシントンへ行っている間は、基金を獲得し得るのは彼のみだからだ。

坂巻駿三からの電話の後、ここの有能な図書館員と日本歴史を専門とする第一線の研究者と共に、一般論としてこの問題について話し合った。両者の意見では、この価格は高すぎ、同僚の図書館員の意見では、どんなに見積もっても五千ドルは越えないとのことである。

このコレクションは稀書で、収集のためには長い時間と専門的知識を必要とするものであるから、あなたもお分かりのように、値段の付けようが無い物である。何よりも、坂巻駿三はこの分野では著名であり、このコレクションに対しては個人的に特に高く評価している。[21]」

すなわち、図書その物の価値としては精々五千ドルを越えることはないが、長期にわたり専門的知識を傾けて収集した物であることと、坂巻駿三という歴史学の専門家が特に評価しているのであるから、これは金額を越えた価値があると、坂巻に頼まれた役割を果しながらも積極的に評価はしていない。

Dr. Stroven より Dr. Raymond Nunn の書簡コピーを示された坂巻は、二月十三日に Dr. Raymond Nunn に対して今度は書簡を送り、自分の計画が図書館本来の基本計画を脅かすものでは無いことを強調した後に、次のような構想を示してさらに熱心に説得を重ねている。

「「東恩納コレクション」（現在、沖縄へもたらされようとしている）を入手出来ないならば、将来において「ホーレーコレクション」に匹敵するものは出ないであろう。ハワイ大学が西欧社会における東洋図書館として無比の物となりうる好機を失うのである。特に、ここハワイにおける沖縄社会の比重の大きさを考慮しなくてはならない。仲原善忠・比嘉春潮の二名をこの四月から一年間ハワイに招聘し研究を進めたい。[22]」

続けて、この構想にはこの夏、Bill Lebra が琉球の民族学を教える予定であり、George Keer が数千に及ぶ琉球関係資料をもたらしつつあることを含むと述べている。

坂巻の熱心なる訴えが実り、二月十五日には、行政担当副学長 William Watcher との間で了解点の確認メモが交わされた。[23] すなわち、すでに図書委員会から承認されている五千ドルに加えて、夏期大学に対して仮予算として一万ドルを認める、というものであった。総額、一万五千ドルを確保することが出来た。

当日（十五日）直ちに、坂巻はホーレー夫人に対して、最大金額「一万五千ドル」を提示した。[24] 仲原善忠に対しても同様な内容を知らせたうえで、どうしても入手したいという強い希望と、この金額で了解されない場合には自分の友人から寄付を仰ぐ覚悟のある旨を書き送った。[25]

また一方、東京には、坂巻駿三の友人 George 秋田と榎本豊がおり、仲原善忠の意見を仲介して十九日に次のように回答した。

「仲原善忠氏の言葉によれば、二万五千ドルは高すぎる。一万五千ドルでさえ少し高すぎる。もしホーレー夫人が当初の金額に固執するならば、五～六年という時間と一万五千ドルを自分に与えてくれれば、立派な沖縄コレクションを設置できるであろう。しかしながら、ホーレーコレクションは三十年間の血と汗を注いで出来上がったものであるから、このコレクションが散逸してしまうのは、悲劇的なことである。[26]」

さらに、二万五千ドルは交渉の開始の金額であるとして、交渉代理人として次の点を相手に伝えることを確認している。

「1、仲原善忠と比嘉春潮は坂巻駿三の購入の熱意を伝える。

2、ホーレーコレクションがハワイにもたらされれば、ホーレーの記念として永久に「フランク・ホーレーコレクション」として置かれる。

3、最初一万五千ドルから交渉を始め、一万八千ドルへと進み、二万ドルにと進めたい。[27]」

二十日に、ホーレー夫人から、「残念ながら二万ドル以下では応じかねる。他へ話す。[28]」との電文が届いた。これに驚いた坂巻駿三は、早速に「二万ドルを提示する。承諾されたい。坂巻[29]」と打電した。

この時期、仲原善忠より坂巻駿三に対して二通の書簡が送られた。ひとつは価格についてである。仲原は、「しかし、二万ドルでも少し高いようですから、それ以上の事をいうなら、あきらめる外はない。否あきらめるのがよいと私は考えます。[30]」

と消極的意見を述べている。また、当日に続けて投函した追伸書簡には、坂巻が電話でコレクション購入の回答を示した旨の連絡を受け、安堵したと伝えた後、

「何とかして一万五千でおさえるように比嘉さんにもたのみ同氏も努力しましたが、何しろ競争者があるため、ウッカリすると逃げられる恐れがあり、全く魚をつるような、心持ちでしたから、二万ドルまでもって行かれましたが、しかし、沖縄史に関する限り、ホーレー文庫が最良のものと考えますから、今後その不足分を補充すればよいと考えます。[31]」

と、「琉球コレクション」への評価を率直に述べている。

二十五日と追って二十七日に、ホーレー夫人から電報があり、額面の承諾と受渡のための打ち合わせに来日を求める要請がなされた[32][33]。

この交渉成立までの間、東京に代理人を置きながら山科とハワイとの交渉は、通信手段において今日以上の面倒さが存在し、微妙な意見の行き違いが生じそうになったが、ホーレー文庫の「琉球関係コレクション」は、最終的に「二万ドル」でハワイ大学へ引き渡されることとなった。


フランク・ホーレーの「琉球コレクション」は、当時の価格で二万ドルで取り引きされた。この価格が妥当であるか否かについての問題は、絶対評価は別として、関係者の間に意見の違いがあり興味深いところである。価格は手放す側の提示する価格と、入手側の希望価格とは当然ながら差があるものである。ホーレー自身は、生前「このコレクションは十万ドルの価値がある[34]」と語っていたが、久夫人は売りの希望価格として二万五千ドルを求めた。一月に山科のホーレー邸へ出向き、実際にコレクションの内容を目にした坂巻駿三は、予算上の限界から買い求め金額「一万五千ドル」を提示したが、評価としては、価格「二万五千ドル」を宜としている。Raymond Nunn は「琉球コレクション」の概要を坂巻駿三から電話で聞き、上司に対して「五千ドルを越えない」と報告している[35]。

興味深いのは、仲原善忠の評価である。仲原は「京都における沖縄文化探見[36]」（昭和三十三年五月号）に、比嘉良篤・親泊政親・外間正幸らとともにホーレー邸を訪問したことを記している。その内容から、彼らが「琉球コレクション」を直接目にするのはその時が初めてであったことがわかる。仲原は、坂巻駿三とホーレー夫人との間に立ち、価格の交渉を行なう。交渉途中で坂巻側に語った言葉には、「二万五千ドルは高すぎる。一万五千ドルでさえ少し高すぎる。もしホーレー夫人が当初の金額に固執するならば、五～六年という時間と一万五千ドルを自分に与えてくれれば、立派な沖縄コレクションを設置できるであろう[37]」とあり、前述のように当時また坂巻に書き送った書簡にも「しかし、二万ドルでも少し高いようですから、それ以上の事をいうなら、あきらめる外はない。否あきらめるのがよいと私は考えます[38]」と自分の評価を明らかにしている。その後、交渉が成立し、比嘉春潮と連名で記した文章「ホーレー文庫について」には、

「これらの文献は、修理・保存も行きとどいているため研究家だけでなく、愛書家・古本商人のあいだにも評判となっていたので、ホーレー氏が急死されるや、これらの人々がいろいろの方法で購入を希望して来ている由である。」

「今、仮にこの文庫が、古本商の手にわたり、分売されたなら、学問研究上の大損失にとどまらず、その再蒐集には、巨額の金と、長い年月をかけても、到底、不可能であろう[39]。」

と、その貴重性を述べている。先に、時間と予算一万五千ドルさえあれば十分に収集可能であると述べていた彼の評価に比べると、この文章がいかに対外的な装飾文であるとしても、大きく変化している。これは、二月九日、仲原善忠が坂巻駿三・重久篤太郎らとともに、仮目録を作成する過程の中で、「琉球コレクション」を逐一手にした、その結果故の変化である。琉球・沖縄を研究対象にする者で、フランク・ホーレーの名前を知らないものはいなかった。しかし、親しく彼の文庫を利用できた者は宮良當壮と金城朝永を除いて外にはいなかった[40]。「宝玲文庫」本の評価の高さは、収集範囲の問題に加えて、補修・保存状態の良さに因る。ホーレーは既に所有のものであっても、異本・類本を問わず集めた。取り分け、質の良いものを望んだ。本に合わせた折帙を調製させ、洋装本で多少とも痛みの有るものやペーパーバックの様な物は新たに製本をさせている。今日我々が目にするいわゆる「宝玲文

庫」本を、特徴づける紺地の折帙やベージュ色や青色の装丁は、全てホーレーが特定の製本業者に調製させたものである。これらがいかに上質コレクションであるかは、実際に現物を眼にしたものにしか理解できない。

二月二十五日、坂巻駿三はコレクションの受理とハワイ大学への輸送準備に取り掛かっている。つぎに成すべきことは、移送作業の問題であった。同日、坂巻駿三は仲原善忠とGeorge秋田に宛てた書簡の中で、

「私は、二万ドルを持って日本に行くが、コレクションの荷造りと輸送の為に、貴方（仲原善忠）に山科へ同行してもらいたい。ホーレー邸からのコレクションの搬出を自分自身で確認してから、金額の支払いを実行したい。当方の手元にはホーレー夫人の「切り抜きを含め約二千冊」という言葉しかないからである。また、京都の重久篤太郎氏に助力を依頼する予定である。[41]」

また、二十七日のホーレー夫人宛書簡では、

「私は、ホーレー邸からのコレクションの搬出を、自分自身で確認したいと思います。仲原善忠氏に同行してもらう予定です。また、全ての「琉球コレクション」が区分され、購入目録が準備されるのを確認するために、京都の重久篤太郎氏にホーレー邸での作業の助力を依頼するつもりです。[42]」

と述べている。

三月三日の午後、坂巻駿三は東京へ着いた。翌四日午前、銀座東急ホテルで仲原善忠と会談し、作業の打合せをおこなった。九日当日の作業については、坂巻駿三が学長に宛てた報告書に次のように記している。

「私の依頼により仲原教授が、重久教授と合流して京都に同行された。我々三人で山科のホーレー邸へ出掛けた。「琉球コレクション」は二階の大きな部屋に架蔵されていた。他の膨大な蔵書は階下に厳重に施錠されて

置かれていた。我々は終日かかって全ての図書の大まかな目録を作った、その後、専門の輸送業者の手により図書は九つの大きな木箱に荷造され、ホノルルへ送られるために、東京に移送された。そこで、仲原善忠教授の立ち会いのもとに、住友銀行京都支店において夫人に対して代金の支払いを済ませた。私は夫人によって正しく署名捺印された領収書を受け取った。[43]」

当日立ち会っている重久篤太郎の日記には、次のように記されている。

「三月九日、坂巻・仲原・重久の三人が書名リストを分担作成。荷造に立ち会う。荷造した木箱は九箱で、冊数の見積りは約一六〇〇冊。翌三月十日あさ、日通が受け取り午后の汽車で東京まで発送。さらに東京のアメリカの友人（George 秋田・榎本豊）によってハワイへ汽船で送付されることになっている。[44]」

東京に送られた木箱九箱は、さらに二十九個のボール箱に詰め直され、二十日にホノルルへ発送されている。総重量五百三十七kgであった。

一九六五年、最終的にフランク・ホーレー「琉球コレクション」として記録されたのは、以下の通りである。

「九六三巻・表題（その内　写本　一九七　謄写　三三）カード数　六三五枚
八九三巻・表題（その内　写本　一九七　謄写　三三）カード数　五九二枚　日本語及び琉球語
三四　巻　英文
九　巻　フランス語・ドイツ語[45]」

次の問題は、Central Pacific Bank からの借入金、即ち購入予算と購入価格の差額五千ドルの返済問題であった。既に二月十五日のホーレー夫人へ宛てた書簡において、「自分の友人から寄付を仰ぐ覚悟がある」と述べており、坂巻駿三はこの差額の補塡方法を考えていたようである。琉球研究センターをハワイ大学に設置し、世界的な琉球研究の拠点として充実を計ろうとする従来の計画に加えて、坂巻駿三はハワイ在住の沖縄系市民との連携を考えていた。

ハワイに戻った坂巻駿三は、「覚書」の中で、次のように述懐し、将来構想についても具体的に述べている。

「極めて幸運なことに、世界で最大規模の琉球に関する図書・巻物などのコレクションを入手することが出来た。このコレクションは故フランク・ホーレーが、三十年の間、一点一点丹念に収集したものである。ホーレーは去る一月に亡くなった。その時偶然にも私は東京におり、このコレクションを購入する第一優先権を得たのである。他の諸大学が直ちにこのコンクションを購入しようとしたが、我々が最初に入札を行ない得たのである。」

「我々は世界最高の琉球図書を、このハワイにもたらしたことを実に誇りに思う。我々は、この地ハワイに数万人の琉球系の人々が住んでおり、他のアメリカの人々よりこのコレクションが喜んで受け入れられるであろうという一点で、ホーレー夫人を説得することが出来た。将来、ハワイ大学は琉球研究の大きな中心となり、琉球大学や沖縄の博物館と親密な研究上の交流が期待される。[46]」

銀行からの融資は、坂巻駿三と Warren Higa[47] との連名による借入であるが、これに対応してハワイ大学内に基金（Okinawa Research Fund）の口座を作り、以後行われる在ハワイの沖縄系市民による基金活動によって得られた寄付金をこの口座へくり入れ、適宜銀行へ返済するという方法を取っている。記録によって知ることの出来る寄付は下記の通りである。

Genei Toguchi Service Station	$ 50.00	1962. 02. 16
Club Motobu	25.00	1962. 02. 16
Hui Makaala	1391.31	1962. 02. 16
The Hawaii Okinawajin Rengokai	200.00	1963. 02. 20
Dr. Nobuyuki Nakasone	1000.00	1964. 08. 20

坂巻駿三は寄付によって費用を賄おうというよりも、むしろこの基金活動を通じて、在ハワイ沖縄系市民と親密な関係を得ようとしていたことが伺える。すでに、沖縄協会の東二郎に宛てた書簡にも、この度のコレクション取得についての協力を感謝する文面に続けて、

「貴方のご親切に応える最も良い方法は、ハワイ大学を琉球研究の強力な拠点にすることであるし、またその事を我々は決意したのであります。我々は当地における琉球研究を発展させ、沖縄系の人々と親密かつ友好的な関係を築くためのいかなる助言・援助も歓迎します[48]。」

と記している。

四月九日に「布哇大学〝沖縄文庫〟設置後援趣意書[49]」がハワイ沖縄人連合会の手によって作られ配付された。趣意書には「学界に於ける沖縄研究熱」「関係資料の焼失」「布哇大学と沖縄研究」「ホーレー文庫について」「文化財の分散保護」「購入費不足」「沖縄同胞発展の記念事業たらしめよ」と項目を掲げて説明し、沖縄文化の固有性とホーレーコレクションの貴重性を述べている。特に「沖縄同胞発展の記念事業たらしめよ」には、

「布哇は沖縄移民の最初に上陸した同胞海外発展の記念すべき土地であり、この地に沖縄文化研究の資料が一括して保存されることはまことに意義深いものがあると考える。

我々は阪《ママ》巻教授の熱意と努力に感謝しつつ大学の聖業に対し連合会を中心に物心両面から協力し、同胞発展の記念事業の一つとして子孫に遺したいものである。」

と、この事業の意義と在ハワイ沖縄系市民の協力を強く呼び掛けている。

四月十一日には Hawaii Times 紙上に、「有名なホーレー所蔵品布哇大学の手に　沖縄の国宝的文化資料[50]」と題する記事が、坂巻駿三の写真入りで掲載されている。引き続き、三十日の The Honolulu Star 紙には University Acquires Ryukyu Treasures と題し、「宝永七年登城行列図」の一部を写真版で掲載し、ホーレーの紹介と入手の経緯を署名記事（By Mary Siebert）で大きく紹介している。[51]これらの結果、基金に寄付が寄せられて行くことになった。

特に、一九六四年七月三十一日から三日間、ハワイ大学東西文化センターの John Fitzgerald Kennedy Theatre で開催された「琉球コレクション寄付事業、琉球芸能祭」（The Majikina Honryu in the Dance Art of Okinawa/Ryukyuan Library Benefit）は大掛かりなもので、四人の演出家一家（真境名由康・真境名由邦・真境名由乃・真境名由苗）、十二人の舞踊家と十二人の音楽家による踊りと演奏が連日披露され、好評を博した。その時の十五頁に及ぶ案内パンフレットを見ると、琉球創作舞踊の歴史と演目についての詳しい説明が記されている。この時の収益金の内、一千ドルが坂巻駿三を経由して基金（Okinawa Research Fund）へもたらされた。

坂巻駿三の「琉球研究センター」「沖縄文庫」の構想は直ちに着手されている。すでに仲原善忠との約束通り、仲原と比嘉春潮とはハワイ大学東西文化センターの客員教授として招かれた。二人は「琉球コレクション」を収納した部屋に隣接する場所へ研究室を構え、一年間にわたり「琉球コレクション」の解題作業に従事している。この成果は、後に『琉球書誌稿』（坂巻駿三編著）[52]として一九六三年に公刊された。

一九六一年四月十日、坂巻駿三は琉球大学学長安里源秀に対して、ホーレーの「琉球コレクション」を入手した旨を知らせ、今後琉球大学との間で、情報・マイクロフィルム・複写物の交換を行ない、ハワイ大学の「琉球コレクション」がより充実したものとなるように、協力を呼び掛けている。事実、この連携は成立し、ホーレー「琉球コレクション」の大部分は電子複写物として琉球大学図書館へ届けられた。同時に、既に琉球大学図書館に集められていた多くの図書資料が複写物として坂巻駿三のもとに届けられた。

研究体制もしだいに充実していった。仲原善忠・比嘉春潮の外に、Dr. William Lebra や Dr. Thomas Maretzki・G. H. Keer がハワイ大学へ招かれた。さらに Dr. 松田貢・Dr. 崎原貢らが坂巻駿三のもとに集められた。彼らはそれぞれに、琉球に関する貴重な研究を発表している。坂巻駿三は、重久篤太郎へ宛てた「琉球コレクション」入手の礼状の中で、「歴代宝案」とその所蔵者秋山謙蔵の所在を問うている。[53]彼のこの関心は後に、論文「The Rekidai Hoan」[54]として発表され、また小葉田惇のハワイ大学東西センター訪問とその研究成果として、松田貢との共著になる「歴代宝案」の訳注書「Ryukyuan Relations with Korea and South Sea Countries」[55]が生まれている。さらにまた、坂巻駿三の『琉球人名考』も一九六四年に刊行されている。

ひとりの日系二世アメリカ人歴史学者坂巻駿三の、卓越した鑑識眼と行動力により、琉球関係の最良質のコレクションであるフランク・ホーレー旧蔵「琉球コレクション」がハワイ大学図書館へもたらされた。その成果は、彼の研究構想に支えられ、ハワイ大学に琉球沖縄研究の基盤が確立された。またそこに至るまでには、ハワイにおける沖縄社会の存在とかれら沖縄系の人々の郷土文化への強い愛着が働いている。戦禍により失われた沖縄本土の文化遺産に対する執着と、外国社会にあって自らの「文化（沖縄）」に対する認識が、同郷意識を強化し、多大の援助活動を行わせしめた。宝玲文庫「琉球コレクション」は日本を離れてハワイ大学に収まった。それらは当初の契約通り「完全に」「ホーレーの名のもとに」「分散されることなく」保存状態も良好に所蔵され、琉球沖縄研究のために役立てられている。

註

（1）拙論「フランク・ホーレーと琉球研究」、地方史研究協議会編『琉球・沖縄』昭和六十二年十月、雄山閣刊。
拙論 “Frank Hawley and his Ryukyuan Studies”, British Library Occasional Paper II, The British Library, 1990.

（2）大庭定男『ロンドン戦中日本語学校』、中公新書、一九八八年。

（3）Frank Hawley 書簡控、一九五二年四月二十二日付。

（4）Frank Hawley『Whale and Whalings in Japan』, 1961.

（5）敵国財産管理法の適用を受けたホーレーの蔵書の保全を求めて、「英国利益の代理人スイス公使館」に対して差し出された、前妻である俊子夫人の書簡（昭和十七年一月四日付）によれば、その蔵書の内容を次のように記している。
「蔵書は大部分が東洋関係からなっており、次の項目を収めている。

古医術、紙漉、日本言語、本草学、動植物学、日本における初期キリスト教、日本文化史、琉球列島に関する特殊文献、日本宗教、中国に関する特殊文献（主として言語）、日本建築、日本美術、辞書及び一般言語文献、書誌学的文献、能楽、蒙古及び満州国に関する特殊文献」

この書簡は、ホーレーの友人 John Morris によって準備され、清書されたものが俊子夫人に届けられ、公使館へ投函された。

拙論「フランク・ホーレーと琉球研究」、地方史研究協議会編『琉球・沖縄』昭和六十二年十月、雄山閣刊。

（6）前掲、「フランク・ホーレーと琉球研究」。
前掲 “Frank Hawley and his Ryukyuan Studies”

（7）『宝玲文庫蔵書展観入札目録』、一九六一年四月、東京古典会。

(8) 反町茂雄「名家大口売立会を中心に」、『日本古書組合五十年史』。
(9)『フランク・ホーレー氏蒐集和紙関係文献目録』、一九六一年六月二十五日、弘文荘。
(10) 崎原正子「ハワイ大学の琉球研究資料」、『季刊沖縄』一九七九年四月号。
(11) 外間守善「沖縄資料・ハワイ大学のホーレー文庫」、『図書』一九八一年五月号。
(12) 前掲、崎原正子「ハワイ大学の琉球研究資料」。
(13) 前掲、外間守善「沖縄資料・ハワイ大学のホーレー文庫」。
(14) 前掲、外間守善「沖縄資料・ハワイ大学のホーレー文庫」。
(15) 田中良一書簡、フランク・ホーレー夫人宛、一九六一年一月十三日付。(SAKA1010)
(16)「重久篤太郎日記」、一九六一年一月二十九日記事、重久氏日記を筆写。
(17) 坂巻駿三電文控、日付不明。(SAKA1030)
(18) Laurence Snyder 電報、一九六一年一月二十九日午後三時配達便。(SAKA1050)
(19) 前掲、「重久篤太郎日記」一九六一年一月二十九日記事」。
(20) Raymond Nunn 書簡、Dr. Stroven 宛、一九六一年二月九日付 (SAKA1100)
(21) 前掲、Raymond Nunn 書簡。
(22) 坂巻駿三書簡、Dr. G. Raymond Nunn 宛、一九六一年二月十三日付。(SAKA1140)
(23) Memorandum to: Mr. William Watcher, 一九六一年二月十五日付。(SAKA1200)
(24) 坂巻駿三書簡、Mrs. Frank Hawley 宛、一九六一年二月十五日付。(SAKA1170)
(25) 坂巻駿三書簡、仲原善忠宛、一九六一年二月十五日付。(SAKA1210)
(26) George 秋田・榎本豊書簡、坂巻駿三宛、一九六一年二月十九日付。(SAKA1230)
(27) 前掲、George 秋田・榎本豊書簡。
(28) Hawley 夫人電文、坂巻駿三宛、一九六一年二月二十日付。(SAKA1240)
(29) 坂巻駿三電文控、Hawley 夫人宛、一九六一年二月二十日付。(SAKA1250)

(30) 仲原善忠書簡、坂巻駿三宛、一九六一年二月二十二日付。(SAKA1260)

(31) 仲原善忠書簡、坂巻駿三宛、一九六一年二月二十一日付。(SAKA1290)

(32) Hawley 夫人電文、坂巻駿三宛、一九六一年二月二十五日付。(SAKA1410)

(33) Hawley 夫人電文、坂巻駿三宛、一九六一年二月二十七日付。(SAKA1410)

(34) 前掲、「重久篤太郎日記、一九六一年一月二十九日記事」。

(35) 前掲、Raymond Nunn 書簡。

(36) 仲原善忠「京都における沖縄文化探見」、『沖縄と小笠原』一九五八年五月号。

(37) 前掲、George 秋田・榎本豊書簡、坂巻駿三苑、一九六一年二月十九日付。

(38) 前掲、仲原善忠書簡、坂巻駿三宛、一九六一年二月二十二日付。

(39)「ホーレー文庫について

ホーレー文庫（宝玲文庫）は、どうなるだろうか、ということが多くの人の注目を引いていた。

文庫は京都市外のフランク・ホーレーさん（英国人）のコレクションで、沖縄に関する文献が光っていることで内外の学者に知られていた。沖縄にかんする文献は、他の地方例えば、長崎・鹿児島その他にくらべて必ずしも多くはなかった。

その上に、戦災のため、古本も少なくなり、市価も高くなり、研究のため必要な基本的文献を入手することもきわめて困難である。

ホーレー文庫は、基本的に文献をそろえているばかりでなく、御膳本草・大島筆記・その他の珍本を多く含んでいる。御膳本草の如きは、その名を知っている人は少なくないが、実物を見た人は多くないと思う。ホーレー文庫にはそれが二部もある。大島筆記写本もホーレー文庫本の内の一部（四部あり）が、もっとも正確だと信じられている。

これらの文献は、修理・保存も行きとどいているため研究家だけでなく、愛書家・古本商人のあいだにも評判となっていたので、ホーレー氏が急死されるや、これらの人々がいろいろの方法で購入を希望して来ている由である。

たまたま滞日中のハワイ大学阪《ママ》巻教授もいちはやく一括購入を申込まれたので、文献の分散をおそれていたホーレー夫人もいろいろの困難を克服して、これに応じられた。

ハワイ大学にはすでに多くの沖縄文献をそなえているが、ホーレー文庫を中心としてそれを整理し、さらにいくぶん補充したら、まさに理想的なものとなることは明らかで、沖縄研究については比肩すべきものがない、といえる。

今、仮にこの文庫が、古本商の手にわたり、分売されたなら、学問研究上の大損失にとどまらず、その再蒐集には、巨額の金と、長い年月をかけても、到底、不可能であろう。

その意味で、阪《ママ》巻教授の御努力と熱意にわれわれは深く感謝するとともに、この文庫が分散の悲運をまぬかれたことをよろこぶものである。

一九六一年三月十日

比嘉春潮

仲原善忠」

（SAKA1550）

（40）拙論「宮良當壮とフランク・ホーレー」『宮良當壮全集』月報一七、一九八八年一月、第一書房〔本巻収録〕。
宮良當壮がホーレー邸を定期的に訪れ、琉球関係の研究補助を行っていたことは、宮良當壮の日記に記されている。宮良は宝玲文庫の利用を自由に許されていたようで、本の借用の記事が散見する。ホーレーと宮良當壮との連名で、琉球関係の書誌を計画していたこと、さらに幾許かの原稿が準備されていたことは前掲拙論“Frank Hawley and his Ryukyuan Studies”に紹介した。

（41）坂巻駿三書簡、George 秋田・榎本豊宛、一九六一年二月二十五日付。（SAKA1320）

（42）坂巻駿三書簡、Mrs. Frank Hawley 宛、一九六1年二月二十七日付。（SAKA1340）

（43）Memorandum to President Laurence H. Snyder: 一九六一年二月二十七日付。（SAKA1350）

（44）前掲、「重久篤太郎日記、一九六一年三月九日記事」

（45）Number of books and manuscripts of the Hawley Collection in the Ryukyuan Library annotated and catalogued (July, 1964-July, 1965).（SAKA2120）

（46）MEMORANDUM: TO WHOM IT MAY CONCERN: April, 1961,（SAKA1600）

（47）Warren Higa、一九五〇年、Shinsuke Nakamine とともに、Central Pacific Bank の創設に関わる。一九六一年より一九六二

年まで、The United Okinawan Association の会長を務める。UCHINANCHU: A HISTORY OF OKINAWANS IN HAWAII, ESOHP, 1981, p. 193.

(48) 坂巻駿三書簡、東二郎宛、一九六一年三月十七日付。(SASA1600)

(49)「布哇大学〝沖縄文庫〟設置後援趣意書」、末尾に原文を掲載。

(50) Hawaii Times, April 11th, 1961.

(51) Honolulu Star, April 30th, 1961.

(52) Sakamaki Shunzo『琉球書誌稿』"Ryukyu: A Bibliographical Guide to Okinawan Studies", University of Hawaii Press, 1963. 拙論「Ryukyu: A Bibliographical Guide to Okinawan. Studies『琉球書誌稿』阪巻駿三著」(解題・翻訳)『生活文化研究所年報』第二輯、昭和六十三年十一月。

(53) 坂巻駿三書簡、重久篤太郎宛。

(54) Shunzo Sakamaki, "The Rekidai Hoan", Journal of the American Society, Vol.83, No.1., Jan. — Mar.1963.

(55) Atsushi Kobata and Mitsugu Sakihara, "Ryukyuan Relations with Korea and South Sea Countries/An Annotated Translation of Document in the Rekidai Hoan", Atsushi Kobata, 1969.

【補注】坂巻駿三については拙著「ハワイ日系二世坂巻駿三と津軽藩江戸詰坂巻家」(『江戸町人の研究』第六巻、吉川弘文館)に詳しく述べている。

布哇大学〝沖縄文庫〟設置後援趣意書

学界に於ける沖縄研究熱

沖縄研究紹介《おきなわけんきうせうかい》の三先達《せんだち》といわれている民俗学《みんぞくがく》の柳田国男博士《やなぎたくにをはかせ》、国文学《こくぶんがく》の折口信夫博士《をりぐちのぶをはかせ》、民芸研究家《みんげいけんきうか》の柳宗悦先生《やねぎそうえつせんせい》

等《ら》はつとに
〃沖縄《おきなは》の研究《けんきう》は将来日本学界《しやうらいにつぽんがくかい》の注目《ちゆうもく》の的《まと》になるであろう〃
と予言《よげん》されたが、その予言《よげん》にたがわず、今日沖縄《こんにちおきなは》に関《くわん》する研究《けんきう》は学界《がくかい》の諸分野《しよぶんや》に亘《わた》って隆盛《りうせい》を極《きは》めている。
それは沖縄《おきなは》がその地理的条件《ちりてきでうけん》から日本《につぽん》の古《ふる》い文化形態《ぶんくわけいたい》を保存《ほぞん》しているばかりでなく、南方文化《なんぽうぶんくわ》との交流関係《かうりうくわんけい》や南洋諸邦《なんやうしよはう》との交易関係《かうえきくわんけい》を探《さが》る貴重《きちやう》なキーとなっているからだという。

関係資料の焼失

ところが、過《す》ぐる第二次世界大戦《だいじせかいだいせん》の際《さい》、沖縄《おきなは》は日米最後《にちべいさいご》の決戦場《けつせんぢやう》となり、重要文化財《ぢゆうえうぶんくわざい》が殆《ほと》んど戦災《せんさい》にあい、焼失或《せうしつある》ひは破損《はそん》したため、沖縄《おきなは》に関《くわん》する文化資料《ぶんくわしれう》と言《い》えば各地《かくち》に散在《さんざい》しているささやかなものに至《いた》るまで重要視《ぢゆうえうし》され、血眼《ちまなこ》になって探《さが》しているのが現状《げんじやう》である。

布哇大学と沖縄研究

布哇大学《ハワイだいがく》に於《おい》ても沖縄文化《おきなはぶんくわ》の研究《けんきう》については早《はや》くから着目《ちやくもく》し、阪巻駿三《さかまきしゆん》博士《はかせ》が中心《ちうしん》となって歴史資料《れきししれう》の蒐集《しうしふ》に着手《ちやくしゆ》していたが、今回東西文化《こんくわいとうざいぶんくわ》センターの開設《かいせつ》を契機《けいき》に大学図書館《たいがくとしよくわん》に〃沖縄文庫《おきなはぶんこ》〃を設置《せつち》すべく、関係資料《くわんけいしれう》の蒐集《しうしふ》に本格的《ほんかくてき》に乗《の》り出《だ》している。

それと同時《どうじ》に東西文化《とうざいぶんくわ》センターの事業《じげふ》の一つとして沖縄文化研究家《おきなはぶんくわけんきうか》として知られている比嘉春潮《ひかしゆんてう》、仲原《なかはら》善忠両先生《ぜんちうりやうせんせい》を招聘《せうへい》して研究《けんきう》にあたらせることになり、両氏《りやうし》は本月《ほんげつ》二十二日《にち》一ヶ年《ねん》の契約《けいやく》で来布《らいふ》することになっている。

ホーレー文庫について

阪巻博士《さかまきはかせ》が文化《ぶんくわ》センターの用務《ようむ》を帯《お》びて訪日中《はうにちちう》、比嘉《ひか》、仲原両氏《なかはらりやうし》とはかつて、ホーレー文庫《ぶんこ》の沖縄関係資料《おきなはくわんけいしれう》を購入《かうにふ》することに成功《せいこう》したことは布哇大学《ハワイだいがく》にとっても東西文化《とうざいぶんくわ》センターにとっても、またひろく沖縄関係者《おきなはくわんけいしや》にとってもまことに倖《しあわ》せであった。

ホーレー文庫《ぶんこ》というのは永《なが》く京都《きやうと》に住《す》んでいた英国《えいこく》の東洋研究家《とうやうけんきうか》フランク・ホーレー氏《し》のコレクションで、沖縄《おきなは》に関《くわん》する基本的文献《きほんてきぶんけん》を悉《こと〲》く揃《そろ》えている上《うへ》に御膳本草《ごぜんほんさう》、大島筆記《おほしまひつき》その他多《たおほ》くの珍本《ちんほん》を含《ふく》み中《なか》には国宝的資料《こくほうてきしれう》も蔵《ざう》し、沖縄研究《おきなはけんきう》については比肩《ひけん》すべきものが無《な》いと定評《ていひやう》されている貴重《きちやう》な資料《しれう》である。

ホーレー氏《し》の死後《しご》、沖縄関係文献《おきなはくわんけいぶんけん》については他《た》の大学《だいがく》からも購入方申込《かうにふかたまをしこ》みが多《おほ》く仲々入手難《なか〱にふしゆなん》だったのを阪巻《さかまき》博士《はかせ》の情熱《じやうねつ》と比嘉《ひか》、仲原両氏《なかはらりやうし》の努力《どりよく》によって、布哇大学《ハワイだいがく》が一括購入《くわつかうにふ》に成功《せいこう》したのであった。

文化財の分散保護

ホーレー文庫《ぶんこ》の如《ごと》き得難《えがた》い資料《しれう》を海外《かいぐわい》に出《だ》すことについては相当反対《さうたうはんたい》の声《こゑ》もあり、琉球大学《りうきうだいがく》に保存《ほぞん》すべしとの意見《いけん》もあったようである。

しかし真《しん》に沖縄《おきなは》の文化財《ぶんくわざい》を愛《あい》する人《ひと》たちは過《す》ぐる大戦《たいせん》の苦《にが》い経験《けいけん》にかんがみ、文化財《ぶんくわざい》の分散保護《ぶんさんほご》という見地《けんち》と、沖縄文化《おきなはぶんくわ》の海外紹介《かいぐわいせうかい》という高《たか》い立場《たちば》から、布哇大学《ハワイだいがく》の一括購入《くわつかうにふ》を心《こゝろ》から歓迎《くわんげい》したのであった。

そればかりでなく、此文庫《このぶんこ》の布哇保存《ハワイほぞん》は日米間《にちべいかん》の文化交流《ぶんくわかうりう》を促《うなが》し、かつ布哇大学《ハワイだいがく》と琉球大学《りうきうだいがく》の関係《くわんけい》を益々《ます〱》密《みつ》にする紐帯《じうたい》の役割《やくわり》をも果《はた》すと考《かんが》えたのであった。

事実《じじつ》、阪巻教授《さかまきけうじゆ》と琉球大学《りうきうだいがく》の仲宗根教授《なかそねけうじゆ》との間《あいだ》にスライドによる資料交換《しれうかうくわん》の約束《やくそく》まで出来《でき》ている。

購入費不足

ホーレー文庫《ぶんこ》の購入《かうにふ》に就《つい》ては他《た》の大学《だいがく》との競争上《きやうさうぜう》、布哇大学《ハワイだいがく》は一万五千弗《ドル》しか割当《わりあて》られていない予算《よさん》を以《もつ》て、二万弗《ドル》の取引《とりひき》に応《おう》じた次第《しだい》で、五千弗《ドル》の不足額《ふそくがく》に就《つい》て布哇在住沖縄出身者《ハワイざいぢゆうおきなはしゆつしんしや》へ協力方《けふりよくがた》をよびかけている。

沖縄同胞発展の記念事業たらしめよ

布哇《ハワイ》は沖縄移民《おきなはいみん》の最初《さいしよ》に上陸《ぜうりく》した同胞海外発展《どうばうかいぐわいはつてん》の記念《きねん》すべき土地《とち》であり、この地《ち》に沖縄文化研究《おきなはぶんくわけんきう》の資料《しれう》が一括《くわつ》して保存《ほぞん》されることはまことに意義深《いぎふか》いものがあると考《かんが》える。

我々《われ〳〵》は阪巻教授《さかまきけうじゆ》の熱意《ねつい》と努力《どりよく》に感謝《かんしや》しつつ大学《だいがく》のこの聖業《せいげふ》に対《たい》し連合会《れんがふくわい》を中心《ちうしん》に物心両面《ぶつしんりやうめん》から協力《けふりよく》し、同胞発展《どうばうはつてん》の記念事業《きねんじげふ》の一つとして子孫《しそん》に遺《のこ》したいものである。

（一九六一年四月九日）

（注、用字・ふりがなは原文に従った。）

フランク・ホーレーの日本研究と辞書編纂

「貴書・稀覯本の収集者」として著名なフランク・ホーレーは、戦前は外国人英語教師や英国文化研究所所長を務め、戦中はロンドンで日本語教育に携わり、BBC日本語放送の創設に加わり、連合軍の極東政策委員会においても働いた。戦後はロンドン・タイムズの特派員として活躍し、晩年は関西で「関西アジア協会」の設立に貢献し和紙研究を進めた。これらについてはすでに述べた通りである(1)。筆者は、戦前・戦中・戦後を通じて日本に深く関わりながら、単に「貴書・稀覯本の収集者」としてのみ評価されて来たフランク・ホーレーの足跡を辿るなかで、ホーレーが貴重な仕事を積み重ねた研究者であったことを知った。研究の成果が世に問われることのなかったのは、本としての完成度を追求するあまり入校してから後も度々加筆や訂正を加え、その結果として作業が完了しなかったことにもよる。しかし、それにもまして当時の「日本（アカデミズム）の学問良識」との非融合性があった。すなわち、英国人である日本研究者フランク・ホーレーが試みた数々の日本研究は、当時の多くの日本人研究者には研究業績として認知されなかったのである。その理由については、いくつかのことが考えられる。時代性、言語の問題、日本における研究者としての認知、発表手段、学会所属の問題等もあるが、とりわけ日本とヨーロッパの学問文化の違いは興味あるところである。

本論では、昭和六年秋に来日したフランク・ホーレーが発表した日本研究を紹介し、次に開戦直前まで情熱を傾けた辞書編纂について述べ、戦前におけるホーレーの研究視点とその業績、また日本人研究者との間に生じた軋轢を見てゆく。そしてホーレーの目指した研究の在り方を探ってゆく。

1．論文活動

フランク・ホーレーが来日してから二年半後に発表した最初の論文は、西欧における日本文化研究の歴史を論じた「欧羅巴人の研究したる日本文学」（『文芸』昭和八年十二月号）[2]である。この論文でホーレーは、マルコ・ポーロの東洋旅行に始まり、マノエル・パレートの「太平記」につづく宣教師の仕事や、ケンペル、シーボルト、サトー、そしてチェンバレンからアストン、ウェーリーなど、西欧社会に日本を紹介した著者とその業績について的確な評価を加えている。この論文の裏付けとなったものはヨーロッパに存在する膨大な数の欧文日本文献である。表題は「文学」となっているが、正確には「日本文化」であり、狭義の「文学」ではない。ホーレーも論文の末尾で、内容が表題と異なり「日本文学を研究せる欧羅巴人」となり、当初は日本文学（日本民族文化）を論じるつもりであったが、転倒して研究者の系譜となったことを認めている。

ホーレーの語学力には誰もが瞠目していた。雑誌編集者も論文に先立って、ホーレー直筆の表題を写真版で掲げ、著者を次のように紹介した。

「来朝以来氏は誰にも頼らず、全く独学で、日本語及び日本の民俗史を研究してゐる。本稿は氏がその蘊蓄の一端を傾けたものであって、全文氏が自ら認めた日本文であり、何人の校訂を得たものでもない。我々は読者と共にその語学的天才に驚くほかない。」

このように、ホーレーの語学的才能を高く評価している。ホーレーはこの評価故に、開戦と同時にスパイ容疑を掛けられ、逮捕されることになった。[3]

続いて昭和九年には、「日本語の起源に就いて」[4]を『改造』二月号に発表している。論文は三部構成で、まず言語学史を述べ、次に朝鮮語・琉球語・ウラルアルタイ語を取り上げ、日本語との言語学的比較をそれぞれ行なっている。「日本語が琉球語以外の他の国語と発生関係があると云ふ事は充分に証明されておらぬ」ことを立証したとして、「日本語と云ふものは、語彙ばかりで無く、文法的にも収拾し難く紛糾した合成語である」こと、また「現在の日本人及び日本語は起源を一つに持つのではなく、複雑に混入されて居る」と結論付け、日本民族文化の複合性を指摘している。

最初の言語学史の論及には、ホーレーの専門である言語学の知識が示されている。リバプール大学に提出した学士学位論文「フランス十八世紀における言語理論の研究補考」（一九二七年）[5]において、彼はインド・ユダヤ・ギリシャ人の言語理論と教父神学・スコラ神学の言語理論について論じている。この論文はホーレーの研究生活の出発であり、すでに東洋との因縁はここに結ばれていたのである。琉球語との比較においては、沖縄出身の言語学者である宮良當壮の「琉球語は日本語の一方言であると断言して憚らない」[6]という結論を否定している。この意見の相違とは別に、ホーレーは宮良の学問を高く評価している。戦後、ホーレーが琉球の書誌学的研究を手掛けたときには、宮良當壮を研究助言者として毎週自宅に招き、また共著者として『琉球関係書誌解題』を準備した。[7]ホーレーの琉球語と日本語との言語学的考察は、当時の沖縄における「日琉同祖論」に基づく結論とは大きく異なっていたが、この論文は雑誌『改造』に掲載後直ちに沖縄の新聞『沖縄日報』（昭和九年一月二十八日から二月九日まで、十三回）[8]に連載されている。ホーレーはこの論文を修士論文の主論文、前述の論文「欧羅巴人の研究したる日本文学」を副論文として母校リバプール大学に提出した。[9]

さらに翌月の『文芸』昭和九年三月号には、「竹取り物語を読みて」[10]を発表している。ホーレーはこの論文中で、日本内外の「源氏物語」の人気の高さに隠れて「ともすれば存在すら忘れられ勝ちな」「日本の最初の物語」である「竹取り物語」を、「民俗学的」に取り上げている。その物語の中に含まれている多くの異民族社会の文化要素を指摘し、それらを原典から詳しく解説している。ホーレーにとっての「竹取り物語」の魅力は、物語が日本を取り巻く「多くの東洋思想に色付けられている」ことと「文章が美しく、筋に魅力」があり、「一つ一つの事件が和歌で結ばれている」ことの三点である[11]、としている。

この時期、宮森麻太郎との軋轢が生じた。事の起こりは、『読売新聞』（昭和九年二月二十八日付）の「文芸」記事である。一月二十五日より連載された「在留外人の日本研究家は語る」の連載の第四回目（二月二十八日）の取材先がホーレーであった[12]。「言語学者の立場からホーレー氏との対話」と題された記事の中で、ホーレーは日本語と琉球語とは同源であることを指摘した後に、「雨月物語」にみられる「道教」的要素に興味があることを述べ、続いて記者の質問に応えて宮森麻太郎に言及した。記事を引用すると次の通りである。

記「宮森麻太郎さんの俳諧の翻訳はどうです。」

ホ「あれは大したものじゃありませんね。難しい言葉で訳してあるから、優しいポーエムになっていない。あの人は俳句の本当の意味が判っていないでせうね。人によるでせうが。」

さらに続けて、日本文化の特性を、

記「日本の文化の長所と短所は？」

ホ「日本人には日本の特性の文化が一番いいでしょう。ファミリイシステムもいい所があるが、個人の自由にできないから私たちは不便だと思います。」

と、日本の家制度についての感想を述べている。

記者の誘導質問に応じたホーレーのこの発言に対して、一月三十一日の同紙で宮森麻太郎は「ホーレー氏に挑戦す」と題して、次のように厳しく反論している。

「「ホーレー氏に挑戦す」　宮森麻太郎

　ホ氏は二十八日の本紙で小著英訳俳句に就いて「難しい語で訳してあるから優しい詩になってゐない、宮森氏は俳句が解らないのであろう」と言っているが、氏にして真に俳句が解っていればこんな漫罵は出来ない筈だ。外人が五年や十年日本文学を研究したって俳句が解かるものではない。見給え英米人で稍俳句の解ってゐるのはチェンバレン氏のみで他の人の翻訳は多くは誤訳かパラフレーズの組み合わせである。氏は自分は語学の天才だから例外だというかもしれない。それならば世界の輿論に聴いたらどうか。小著は世界各国の百数十種の有力な新聞雑誌から非常な好評を博し、殊に英米の批評家が最も賞讃してをるのである。彼等は俳句の価値を賞揚する許りではなく筆を揃えて訳文をも褒めてゐる。即ち「宮森氏の翻訳は珠玉の如く美しく他の人の翻訳とは雲泥の相違だ」「本書は宮森教授の額を飾るに足る月桂冠である」「氏は非凡の学者で英語国民にとって其の恩人だ」「この巧妙な翻訳はいくら褒めても褒めすぎはしない」等等最大級の賛辞を浴びせてゐる。また日本文学と英文学の双方に深い理解を持つ市川三喜博士は「宮森氏の翻訳は原句に即した訳たると同時に文学的の訳である、この二者を兼ねることは難しい」と言はれたが適評である。好評湧くが如しとは小著のことである。もし私の訳文がものになってゐないならばこの好評を博する筈がないではないか。尚此等の批評の主なものの抜粋のパンフレットが丸善にあるから英文に関心を持つ読者の一覧あらん事を望む。西洋の新聞にも引用された多くの俳句中に芭蕉の句「枯枝に鳥の止まりけり秋の暮」「荒海や佐渡によこたふ天の川」「やがて死ぬけしきは見えず蟬の声」蕪村の句「釣鐘に止まりて睡る胡蝶かな」一茶の句「花の陰あかの他人はなかりけり」等の句があるが、ホ氏にして俳句が果して解るなら此の五句を氏の所謂優しい英詩に訳して本紙上に示し私の訳文と対照して論詳せられたし、その上で堂々と俳句の本質と基の翻訳の方法に就て応戦してみよう。[13]」

フランク・ホーレーは当時二十九歳、前年の十二月から、天才的語学力を持つ外国人日本研究者として広く紹介され、日本語で記された論文が連続して雑誌に掲載され、新聞もそれを取材した。一方、この後の二月二十一日には、「日本固有の文化の再認識」と「その対外宣揚」を事業目的とした国際文化振興会の誕生が報道され、四月には正式に発足している。[14]日本文化研究を海外へ広めることが国策として求められ、そこに日本語に堪能な新進気鋭の外国人日本研究者が現れた。彼は時宜を得た人物として迎えられたである。フランク・ホーレーはまさに「時の人」であった。一方、宮森麻太郎はこの時期すでに六十六歳。慶応義塾大学の教授を退職し、欧米諸国を巡遊し、日本文学の海外紹介に専心しており、多数の翻訳著書を発表していた英文学の大家であった。[15]新聞の記事を見れば明らかなように、ホーレーの発言意図は当初から宮森を批判することにあったのではない。素直に記者の質問に応じたのみであった。これはまさにホーレーの失言であった。言葉を切り取った形の記事からは、ホーレーの真意は伝わらなかった。

ひとつの国の文化を他の国に紹介するときに、ホーレーの最も大切にした点は、「優しい言葉」であった。平易な言葉で、単純な文章で、本当の意味を伝える。前述の論文「欧羅巴人の研究したる日本文学」において、源氏物語を世界に紹介したアーサー・ウェーリーを、

「丁度シェークスピアの日本訳が私共にとり不満であるやうに、一国語から他国語への翻訳はどの程度に充分に味や美しさが移されるか疑問だと思ふが、欧羅巴の日本語学等は日本文学が外国語に完全に訳されるといふ

事が可能だと云ふ事がウェーリーの「源氏物語」の英訳で証明されてゐると確信している。[16]」と高く評価している。ウェーリーの名前はホーレーの口に度々上っている。戦後、ある雑誌記者の質問に応えて、自分の将来の夢は「文化の翻訳者」となることであると述べ、アーサー・ウェーリーの仕事をその理想としている。

宮森の反駁にホーレーは直接に応えてはいない。論文「竹取物語を読みて」の冒頭において、日本文化を外国人が理解する際の一般的な考え方として、宮森の件も短く論じているに過ぎない。[17]

翌昭和十年の『改造』三月号には「すっぽん料理」と題する文章を載せているが、これは随筆的内容である。[18]

戦前のホーレーの論文活動に共通する視点は、日本文化の中に異文化の影響を見いだすことであった。ヨーロッパにおける日本研究の例を掲げ、外国人による日本研究を述べる中で、外国人の目から日本文化を見ることにより、視野が広がることの大切さと、日本人が日本文化をあまりにも独自の物と考え過ぎているのを暗にたしなめている。日本語と隣接言語を比較分析することにより、日本語と琉球語とを生み出した共通の祖語を想定している。また、「竹取物語」においては、物語の中にある異文化の要素の数々を指摘しているのである。前述のごとく、時代の状況は日本文化の独自性に自信と誇りを求め、国粋的な求心力が働きつつあった。ホーレーの論点は、日本民族文化の多様性・複合性の指摘であった。ホーレー自身は希有な人材として注目されたが、その論点と時代の要請とは微妙な食い違いがあった。しかし、この時期にはそれは表面化してはいない。これらの掲載論文は、修士学位取得論文としてリバプール大学に提出された。

リバプール大学に残されたホーレーの学生記録と書簡類から、修士学位取得までの経緯を知ることが出来る。[19] フランク・ホーレーは、一九〇六年にストックオンティーズの北方に隣接するノートンに生まれ、その地の

NORTON ON TEES ELEMENTARY SCHOOL を卒業した。その後一九二二年にSTOCK ON TEES SECONDARY SCHOOL BOYS' を経て、一九二三年にOXFORD SENIOR SCHOOL の DISTINCTION IN LATIN を卒業した。一九二四年九月二十九日にリバプール大学に入学し、二六年にはフランス語専攻で優秀賞を受けて卒業した。

一九二七年十月には大学当局から修士課程へ登録するか否かの問い合わせがあり、これに対してホーレーは二九年度からの入学を申し出ている。その文面では、専攻として「比較文献学」をあげ、指導教授にはコリンソンの名を記している。二七年には住所がドイツに、また二八年にはケンブリッジ大学のピーターハウス・カレッジに移り、その地ではドイツ語を専攻している。

一九二八年十一月、ホーレーは修士課程の登録を延期する旨と、二九年に学士論文を提出する意志を大学当局に告げている。これらを繋ぎ合わせて推測すると次のようになる。リバプール大学の「大学院学則」第二条[20]によれば、学士学位を取得してから二年以内であれば修士課程の入学試験が免除され、書類手続きのみで修士課程への進学が認められる。二九年はこの条項を適用できる最後の年である。ホーレーは一時は二九年の進学を予定したが、この時点では手続きをなしてはいない。何らかの理由で修士課程への入学手続きを済ませないまま、日本に英語教師としてやって来る。この間、来日の直前までロンドン大学において言語学を教えていたことが、雑誌論文の著者紹介に記されている。

これから三一年までの間の記録は、大学にはない。三一年十一月に大学当局からの修士課程進学の問い合わせに対して、母親ジェシカがホーレーに代わって次のように応えている。

「ホーレーは学位取得を望んでいるが、直ちに彼に書類を送ることは不可能である。九月に日本に出発しており新しい住所からまだ手紙を受け取っていない。知人の電文によれば現在病気療養中であるらしいので、わたしが代理に署名して良いか。」

と問い合わせている。これにたいして大学当局は、その必要は無いとし、指導教授と今後連絡を取るように指示した。この時点で、二九年度からの修士課程への登録が手続きの上で完了したことになった。

一九三四年一月、新たな事務手続き上の期限が来た。登録手続きをしてから六年目の三四年には、「大学院学則」第九条[21]により、この年の六月で修士学位の申請資格が失効となる。その旨が、三四年一月十七日のノートンに宛てられた大学からの書簡にある。このことは、母親ジェシカから日本のホーレーのもとへ電文などで伝えられたであろう。ジェシカ自身も、ホーレーへ知らせた旨を大学当局に報告している。

ホーレーはその時点で発表していた論文二編を、雑誌掲載そのままの状態で大学へ郵送し、これを修士論文としたのである。その時期は、「竹取り物語を読みて」(『文芸』三月号)の納本が二月十八日となっていること、この論文は副論文とされていないこと、また「日本語の起源について」『改造』二月号の納本日が一月十八日であることを考えれば、日本からリバプール大学へ郵送したのは、三四年一月十八日から二月十八日までの間であると考える。

雑誌掲載論文二編を修士論文として受理したリバプール大学は、ロンドン大学の吉武三郎に論文審査を委託した。六月二日には吉武は内容に即した英文の表題を付して、審査報告書をリバプール大学へ提出した。これによって期限内の修士学位請求の手続きが完了した[22]。

一九三七年にはホーレーがリサーチ・フェローとして留学していたケンブリッジ大学ピーターハウス・カレッジから、ホーレーの学位についての確認があり、リバプール大学当局は次のように説明している。簡潔にまとめられているので、ここに示す。

「ホーレーは一九二四〜二七年の間の三学年在籍した。二七年にはフランス語の優秀賞を受けて学士の学位を得た。一九三四年には日本語を題材にした比較言語の論文で修士の学位を認められたが、本人が英国に居ないので、授与はなされていない。記録上は学士である。」

一九四二年十二月十六日、戦時交換船で帰国したロンドンのホーレーのもとに、翌日（十七日）の教授会で学位が認定される予定であることと、修了書を後日郵送する旨の書簡が大学当局から送られた。

昭和九年三月三十一日、ホーレーは東京外国語学校と東京文理科大学との教授契約を終えた。東京文理科大学における後任者は、アーノルド・シドニー・ホーンビーであった。ホーレーは、四月十一日に御茶ノ水文化アパートにおいて隣人の長田秀雄夫妻の媒酌で美野田俊子と結婚式を上げ、当日午後一時の特急富士で京都に向かい、第三高等学校外国語教師となる。[23] 京都の住まいは、「京都左京区吉田本町三高官舎」とリバプール大学の記録には残っている。

来日して二年目の昭和八年末から九年の春にかけて、ホーレーは研究論文を学術雑誌ではない『改造』や『文芸』に載せ、第三高等学校へ移り、日本女性と結婚をした。ホーレーは度々新聞にも取り上げられ、再び「時の人」であった。一人息子であるホーレーは、母国英国に両親を残したまま日本に永住することを決意したのか。「外国人英語教師」から、本来の言語学研究者への転身を図ろうとしたのか。いずれにしても、ホーレーの来日以来の大きな転機であった。

2. 英文日本語辞書の編纂

昭和九年四月の国際文化振興会の発足に続き、昭和十一年十月十三日には「皇紀二千六百年記念事業」として三つの事業計画が『東京朝日新聞』に発表された。その中に「外国人のための日本語辞書を国際文化振興会が企画している」こと、フランク・ホーレーが編纂者として予定されていること、そして準備も進み完成に近いことが記されている。『東京朝日新聞』（昭和十一年十月十三日付）の記事は次の通りである。

「皇紀二千六百年に三大記念編纂　愈々蒐集に着手

皇紀二千六百年を目指して国際文化振興会では従来、経費、人選其の他の点で日本文化の普及に最も必要でありながら全然省みられなかった『英文日本百科辞典』（エンサイクロペディア・ジャポニカ）『外国人のための大日本語辞典』及び『英文日本書誌』編纂の三大事業を遂行することに決定、此の中最も大規模な『英文日本百科辞典』の調査及び資料蒐集のため丸ノ内三菱十一号館内に研究室も設けられ斎藤忠文学士を主任に仕事が始められた。

先ず第一の『英文日本百科辞典』。これは世界諸国の日本研究熱の発展に伴い「日本研究の指南書」たる可き『エンサイクロペディア・ジャポニカ』に対する数十年来の要望に始めて酬ゆるものである。編纂の方針は国情のことなる外国人のため挿絵・写真・図表・統計を主として先ず吾が国在来の百科事典の全項目中から外国人に必要なものを選出、これに世界各国の代表的エンサイクロペディア中の日本に関する項目を参酌して来年三月迄に「いかなる項目を決定するか」及び「いかに英文で説明するか」の要領を決定した上、一流学者を網羅した編纂委員会を組織、大体三巻乃至六巻で十万円位の予算で編纂に着手する段取である。

また第二の『外国人のための大日本語辞典』は従来、真摯な外国の「日本学者」の悩みの種であった字引難を解決するため前三高教授イギリス人フランク・ホーレー氏が独力で数年来苦心執筆中の日本語辞典を支援し世界で最大最新のものを完成させる意気込み。内容は日本語をローマ字で引くと英文の解釈説明の他に外国人に判り易い漢字と仮名を大きく印刷した新機軸のもので篤学のホーレイ氏は目下逗子に引籠って既に半分（数千枚）を脱稿、明年中には完成の予定である。

第三の『英文日本書誌』は世界的権威のオスカー・ナコッド氏編纂『ビブリオグラフィー・フォン・ヤーパン』が一九二九年同氏没後、中絶しているのを日本人の手で再興したもので姉崎博士を編纂委員長として明春早々、まず昭和八、九両年度分が完成出版される事になっている。これは日本に関する書物、雑誌その他の一切の文献の「名前」「著者」「内容」を英語、ローマ字、日本語の三通りで摘記大成した日本研究に欠くべからざる貴重な参考資料で今後、定期刊行の予定である。[24]」

記事冒頭の『英文日本百科辞典』は、完成を見なかった。途中経過として、昭和十四年の雑誌『国際文化』には「英文百科辞彙」（「英文百科事典の編纂事業」と題して、その進行状況が述べられている。[25] この辞典の名称は、正式には「英文日本百科辞彙」（「ENCYCLOPEDIA NIPPONICA」）と題して、実際の編纂着手は昭和十二年六月であった。この時点では体裁は「四六版一千頁二巻、附索引一巻」となっている。編纂協議会長として姉崎正治、補佐として石田幹之助、斎藤忠がいる。なかなか形が出来上がらず、同じく『国際文化』の翌年十月号には、二千頁の中に日本関係の語彙を詰め込む作業が如何に大変なものかを、編纂補佐の斎藤忠が克明に述べている。[26]

三番目の『英文日本書誌』は、実際には『英文「日本書目」』（K. B. S. BIBLIOGRAPHICAL REGISTER OF IMPORTANT WORKS WRITTEN IN JAPANESE ON JAPAN AND THE FAR EAST PUBLISHED DURING THE YEAR 19＊＊）（＊＊は年度）として昭和十二年から十八年まで、戦後は昭和二十四年に刊行された。筆者の手元にある“K. B. S. BIBLIOGRAPHICAL REGISTER OF IMPORTANT WORKS WRITTEN IN JAPANESE ON JAPAN AND THE FAR EAST PUBLISHED DURING THE YEAR 1934”は、昭和十五年の刊行で、A5判、全二百十頁。[27]「日

本」「朝鮮」「満州・蒙古・シベリア」「中国」「チベット」「中央アジア」「インド・ビルマ」「東南アジア」「西部アジア」の地域分類に従い、総記・地理・歴史・哲学教育・宗教などの項目に細分し、文献名を英文で記し、これに日本語を添えている。

二番目の、ホーレーが編纂者として予定されていた『外国人のための大日本語辞典』については、その後何処の新聞にも、また国際文化振興会の出版物にも完成したという記事は見当たらない。わずかに、昭和十五年十二月に編纂された『国際文化振興会事業報告国際文化事業の七ヶ年』の中に、「日本語教授資料」として次のように記されている。

「最後に辞典の編纂、これは現行の国語辞典が古典語を主とするに対して、現代日本語をも完全に網羅するところの収容約十五万語乃至二十万語、六ヶ年を以って完成する計画である。[28]」

この辞典はホーレーの手掛けた辞書編纂事業の延長上にあるものと思われるが、断定は出来ない。

幸いに、フランク・ホーレーの残した多くの資料の中に、日英辞書編纂に関するものとして次の三種がある。

A　日本語辞書編纂についての論文原稿。

B　ホーレーの辞書原稿への批判文とそれに対する反駁文。

C　辞書原稿（部分）。

以下、ＡＢを翻訳して検討し、Ｃについては写真版資料として紹介する。

Ａ　日本語辞書編纂についての論文

「A JAPANESE DICTIONARY」（「日本語辞書について」）と題するホーレーの英文論文は、Ａ４判のタイプ用紙

（一枚三十行）、四枚に記されている。以下訳文を示す。

「　日本語辞書について

FRANK HAWLEY, M. A.

ロンドン大学言語学講師

著者の見解では、この辞書は二十世紀において出版された、最初の科学的日英辞書である。科学的とは誠実を意味する。つまり、日本語語彙の真の意味を追及し、ある種の学者達がかくあるべきと考えている形式よりも、実際に用いられているとおりの日本語を記述しようと努めた。したがって、基本的に辞書は説明記述的であるべきで、語源学的論考に多くの紙面を割くべきではない。

この辞書は以下のごとく三分野に分かれている。

1、内容豊富で幅のひろい、日英辞書。

2、小さな簡易な、英日用語集。

3、漢字による索引。綿密に印刷して、一頁に一千字以上を含む。

著者は、第一部において、現代日本語の日常的な語彙を網羅すべく努力した。この部分で、読者は「赤字」「油取紙」「ケンネン」「アッパッパ」など、数百もの日常的語彙を見いだすであろう。これらは、現在の殆どの辞書には見いだせないものである。

時間と紙面の不足のため、多くの専門用語を収めることが出来なかった。しかし、科学的な難解な用語が少いだけ、はっきりと明快に記されていることがわかるであろう。

この本の利用者のほとんどが、日本文学や文化を学ぶ学生であることを考慮にいれて、「題簽」・「封面」・「黄表紙」などの文学的・文献学的専門用語を紹介している。日本語研究学生にしばしば困難をしいる「漢語」もある程度詳しく記されている。この辞書は基本的には現代日本語の語彙を扱ったものであるが、古典文学を研究し始めたいと願う学生達のために、古語や消滅しつつある語も幾分か備えている。これらの古語の一部は著者自身の収集によるものであり、また一部は定評ある参考文献によった。出典が何れであろうとも、厳密に考察して疑わしいものは出来る限り取り除いた。

ひとつの日本語に対して複数の表記がある場合、最初に載せたほうが最適と考えられるもの、もしくは少なくとも最も一般的であって、日本語で書く場合に学生が従うべきものである。

特に出来るだけ多くの漢字を収めることに努めた。なぜならば、日本語を学ぶ多くの真面目な学生達は、現在の辞書の漢字の少なさと解説の不足に不満を抱いているからだ。例えば、幸田露伴のものを一頁程読む中でさえ、二、三もしくはそれ以上の語や句について現在の日英辞典では助けにならない。少なくとも、幸田露伴全集に用いられている総ての語彙がこの辞書には盛り込まれていると考える。

日本の食物も忘れられてはならない。なぜならば、日本について外国人のいだく誤った考えの少なくともいくつかは、彼らの日本の食物への無知と、大方の普通の日本人と交流したがらないことの当然の結果であると信ずるからである。著者は、日本の食物についての論考が、殆どの日本食は粗悪で食べられたものではないという極めて一般的な偏見を打破するために、些かでも貢献することを望んでいる。

しかしながら、この辞書の日英部分において最も重要なのは、この中に含まれている日本語の扱い方である。今日、日本において用いられている日英辞書でとられている方式は、かなり限定した数の日本の言葉を取り上げ、問題となる日本語と同意義にするべく、極めて疑わしい英訳の山を積み上げている。

もっと困ったことに、日本の言葉は普通の英国人の念頭には無い概念の表現であること、或は少なくとも英語の一語のみでは充分に表現できないものであることがしばしばである。従って、辞書編纂著は適切な翻訳をする能力の無いこと（実に我々は皆その能力に欠けるのだが）を認める代わりに、日本人と英国人の双方の学生を迷わせる未熟な翻訳に固執するのである。

例をあげると、殆どの辞書は「甘酒」と「味醂」を同じ物としている。「甘酒」を「クリーム状の米」といった出鱈目な言葉で論じ、読者を「味醂」は甘い酒であると誤解させている。また、「餡掛け」は、「液状の澱粉で覆われた」とあり、もしシャツをのりづけするための「糊」から製造されるものと考えたならば、「餡掛け」を賞味することを外国人が想像するのは難しい事である。さらに難しい種類の例をあげると、「恐れ多い」は単に丁重さを伝えているが、ところがこの一語の表すものは、漠然で一般的ではあるけれども、日本の社会的政治的な生活の底流である基本的な思想と感情なのである。

再び述べるが、辞書編纂者は特定の著者が選択し、また自身の仕事の基盤を置くやり方に可能な限り拠らねばならない。

例えば、R・石川教授が「あえる」という言葉を知らない、もしくはこの語を日英辞書に入れるほど重要でないと考えているとは思われない。この言葉が彼の三省堂から出版された日英辞書に見いだされないのは、恐らく初期の三省堂辞書にたまたま省かれていたからであろう。もし「相槌を打つ」という語がある著名な辞書に見当たらないと、他の辞書にもないのである。

この辞書では、著者は日本語の言葉を英語の言葉に翻訳する時、単に意味ばかりでなく、雰囲気や社会的位置づけも日本語に対応させるべく努力した。これが不可能な場合には、その言葉の意味のニュアンスが際立つように、また対応する最も近い英語とも含蓄において極めて異なっていることを示すべく詳しく論じた。

英和部においては、さらに少量かつ簡潔にまとめ、日本語会話における簡便な用語集を作ることを狙った。

しかしながら、日英辞書部の参照頁を示すことにより、読者は疑問の日本語の類例や記述をすぐに見いだすことが出来る。

漢字索引は、第一部に掲載しているすべての漢字と熟語を含む。したがって、利用者が読むことの出来ない語に出くわしたなら、この索引で探すことが出来る。通常の漢和辞典と同様に配列されているので、読み方を調べ参照頁をあたることが出来る。さらに、日本における特別な用法について論じている。

この辞書はカリフォルニアやハワイの日系二世、および欧米の日本文物研究者の利用の為に編纂された。」


文面から、明らかに特定の日本語辞書の前文として書かれたもので、後述の「辞書原稿」と対を成すものと判断する。表題に「FRANK HAWLEY, M. A. ロンドン大学言語学講師」と明記してある。前述の「国際文化振興会」編纂事業との関連、後述の「辞書批判文」が日本人によって日本で記されたとすれば、この論文は、修士学位取得の昭和九年以後から開戦までの時期に書かれた物である。またこれは、前述の『外国人のための大日本語辞典』、もしくはその延長上にあったと考えられる「日英辞書」の前文として用意されたと判断する。

ここに述べられている辞書は「日英辞書」「英日用語集」「漢字索引」の三部から構成されている。言語学・比較文献学を専門として英国で研究方法を研鑽し、優れた語学の才能で独自に日本語を極めたフランク・ホーレーが、日本語辞書を編纂する上での理想が凝縮して述べられている。ホーレーの辞書の特色を掲げると、次のようになる。
一、現代の日本語の日常的な語彙を網羅し、実際に用いられている日本語に即した、近代において最も「誠実な」辞書である。加えて、文学的専門語・文献学的専門語・漢語（少なくとも幸田露伴全集に含まれる全語彙）・食物語彙も含めた。

二、日本語を英語に対応させる場合、意味に限定せず、雰囲気や社会的位置付けにも対応させるべく努力した。

三、この辞書は、日系二世や欧米の日本研究者の利用を前提とした。

四、語彙の選定は、出来るだけ特定の見識ある著者の専門性に基盤を置いたものでなくてはならない。

さらに、当時の辞書編纂に対する批判も、具体的に名前や名称をあげて明快である。また、食物語彙についての見解も、当時の様子を知る上で興味深い。食事に強い関心を持ち、日本食に馴染みの深かったホーレーの主張であり、食通の本領が発揮されている。ここで指摘された当時の辞書の問題点は、現代の辞書編纂においては部分的に改善されている。しかしホーレーの理想は、当時の状況としては受け入れられ難かった。事実、つぎに示す痛烈な批判文が寄せられた。

B・批判文とホーレーの反駁

辞書原稿の批判文と反駁文とが全紙版紙面（四百四十×七百九十二㎜）の両面に記されている。批判文は私信の形で記され、用紙（三百三十九×二百十九㎜）にタイプ打ち出されている。一部インクで語句の訂正があるが、無記名無期日である。英文の特徴から日本人によるものと察せられる。ホーレーは、この批判文を全紙版用紙の左側に糊付けし、残りの紙面に直接ペン書きで反駁を記している。感情的な表現やその筆跡から、この批判に対して一気に書き上げた様子が文全体から伝ってくる。

これら二つの文が記された経緯を、その文面から以下のように筆者は推測する。すなわち、日本の研究機関・財団に対して、ホーレーは出版を前提とする助成金援助を求めたのであろう。申請書類には、辞書原稿の一部が添付された。審査の結果、不採択に終わり、ホーレーはその理由を詰問したであろう。これに対して審査者は、匿名で評価の内容をホーレーに伝えた。その書簡が批判文である。ホーレーはその人物の姓名を知っているようである。その人物が匿名で批判していることに対しても立腹し、直ちに反駁文を記した。申請先を裏付ける資料は、筆者の手元にはない。

以下に、ホーレーの辞書原稿に対する批判文を翻訳して紹介する。

「貴殿の辞書の原稿を慎重に拝読した結果、大いに失望を禁じ得なかったということを正直に伝えなければならない。もし貴殿がこれを現在の状態で出版しようとするならば、出版社にとっても、また貴殿の研究者としての名声にとっても大きな損失となるであろう。まさに未熟の果実である。

先ず第一に、些細なことであるが、第一人称は避けるべきである。

第二に、もし貴殿が「アブラ」の項目を説明するように、総ての語句を取り扱う積もりならば、最後に「図々しい」という語句の説明に辿り着くまでには、少なくとも長命者メトセラと同じ位長生きをしなくてはならない。

貴殿は全く無益な方法でごたくを並べている。漢字を用い総ての異なった方法によるAleurites Fordiiについての記述や、またLemarechal'sの辞書には誤った形式があるという指摘について、一体どんな人が興味があると思うのだろうか。興味のある人が稀に、また初期の段階を経た人のみが漢字や日本語の辞書を用いて知識を見いだすことが出来るに過ぎないのだ。

読者が本当に求めている物は、適切な慣用的な類例であり、この意味で、日本語によって論述された辞書はまず不充分である。

「他の中国語の名称は」の記事から百十四頁は完全に削除するように提言する。

最初に漢字と仮名で文を読み、次にローマ字で読むのは読者を惑わすだけである。どちらかに決めてしまえばよい。

百十五頁の「アブラギル」は随分簡略化されてよい。貴殿の訳に例文のみを次のように付す。「この魚は油が強い」This fish is very oily. 何故「fat」では駄目なのか。「この魚は油がのっている」This fish (now in season) is (nice and) fat, etc.

百十六頁。『大言海』には、貴殿がどこにも見いだせなかった「脂ぎる」についての例示があることを、記述する必要がある。

「apparently」とか「it is said」などといった、紛らわしい意見は排除しなさい。「あぶらごい」はただ単に「脂濃い」の方言的な変容である。何故このようなことを、尊大で物知り顔の貴殿が、明治期の文献には数度も見出だされると言うことを知らないのであろうか。単純に「aburagoi v. aburakoi」とすれば良い。

「アブラコイ」についての原稿が送られてこなかったので、殆ど批評を下せないが、「アブラコイ」「アブラッコイ」「アブラゴイ」(変化形)に言及すべきである。

百五十頁。「油虫」。これが「ぶらさがった」「寄生する」「嫌われた人」などということについては未見である。貴殿は例文をもって意味を説明するべきである。おそらく送られてこなかった原稿の中にそのことは記されているのであろうが、しかしながら百五十五頁の最後の四行は全く不充分な出来である。

原文の「以下の引用、百五十二頁、百五十三頁、百五十四頁、百五十五頁」部分は削除しなさい。貴殿は辞書を作ろうとしているのか、それとも百科事典を作ろうとしているのか。仮に日英辞書を作ろうとしているならば、中国辞書を引用することを止めるべきである。百五十年も昔の『和漢三才図会』を引用することに何の意味があるのか。貴殿の博学を示そうとしているように見えるが、実際には何の意味もない。『漢字通典』の権威である「santogyokuhen 一八七六年、七一七頁」を説明する必要もなく、「アブラカイ」についての二つの例を示しなさい。

小生には、「アブラカイ」に関する原稿全体が貧弱、いってみれば時代遅れに見える。読者は以下のように記されれば喜ぶであろう。

「アブラカイ」(特質と用例)

「……と称されているらしい」「……の権威によれば」などの表現は、止めるべきだ。"Kleyweg de Zuwaan"の引用は何の意味があるのか。」

これに対するホーレーの反駁は以下の通りである。

「匿名のベールの下に攻撃したがる批評家へ。ご批評には感謝するが、もしお名前をサインする勇気がおありならもっと価値あるものとなったであろう。ご親切にも我が出版社の命運に大層関心を寄せておられるとのことだが、しかし、日本の出版事情をあまりよくご存知ないのではないだろうか。私の辞書の出版準備が整ったなら、日本の少なくとも二社が喜んで出版するであろうし、彼らは私の手書き原稿を見たうえで全く懸念はしていないのである。日本では印刷費が極めて安いので、日本側に加えて、こちらで印刷費を支払ってシートで千部以上を得たいというアメリカの出版社との交渉も順調に進んでいる。あなたが再び最善を尽くされるであろうことは疑いのないところであっても、私の学者としての名声に関しては、自分の面倒は自分でみることが出来る。トランツ博士は私に十分な警告をして下さった。つまり、今日の日本研究は、前世紀半ばにおけるサンスクリット研究を〔misny (?)〕にしたと同じ辛辣さと悪意とに満ちていると。また所謂友人が、自らは為し得ないが故に、他人の選んだ仕事に対して妨害とさえ云えることまですることも、彼は知っているのである。私の仕事の中では、他所で見つけた全ての欠点について、一言も汚い批評は下していない。

英語の「I」或いは日本語の「予」は用いられるべきでないという理由がわからない。恐らく「著者」とすべきだと考えておられるのだろうが、そうして辞書を大部なものにした場合、既に破産に瀕している貧しき出版社はどうしたらよいのだろうか。或いは恐らく、私自身の研究の結果であるところの見解をいささかも盛り込むべきでなく、日本の辞書の古惚けた模倣をして夥しい過ちを批判することなく繰り返すべきだというのであろう。恐らく、Lange の批判の代わりに Brinkley の弱点を真似ることである。(mitt. Sem. or Spr. 55 et Es q.)

第三段について。どうか我々が手に入れるものに判定を下さないで頂きたいと言うのみである。我が敵が私の僅かな金額の入手を邪魔しさえしなければ、夏までに約二千ページを用意出来たのである。

人々は、A. fordii が漢字でなした書き方の総てに興味があると考えるのである。もし貴殿が、中国と日本の植物学に関するアメリカの調査について聊かでもご存知であったら、このような疑問は持たなかったであろう。中国・日本・アメリカにおいて精力的に行われているところの、東洋科学の今日の研究に対する無知を示しているに過ぎない。〔miscut (?)〕タイプに関する情報は問題なく価値のあるものである。Giles の異論（彼の辞書の序文にある）を読みなさい。二千ページを通じてその多くを俗字等に割いている、有名な『正字通』を読みなさい。もし貴殿のようなやり方で批難されるとしたら、Giles や Convreus は、Bohtlingle は、いったい何故為し得たのか。また、何故 Eliseev はハーバードで多くの中国語の辞書を著しているのか。彼の為していることを確かにご存知なのだろうか。

漢字について私が書いた知識は総て中国と日本の辞書に見いだし得るとおっしゃるのは、完全な間違いである。見いだし得ないのである。この内容は、中国と日本の原典から私が集めたものである。松村（任三）の『植物名彙』でさえ総てを収めてはいない。ついでながら、松村の植物の中国名に関する著作は、八版を数えている。（全く役立たずではないのか?）この本は二円で刊行されたが、世界中でおよそ二十円でコンスタントに求められている。これらの全く役立たずの本が。可可！　私は世界的に有名な牧野（富太郎）の著作を役立てきているので、私の辞書には松村のものよりも多くの中国と日本の（古い）学名が収められている。しかし貴殿は、世の中に知られていない、あらゆることが収められているところの中国語と日本語の辞書をお持ちのようである。その題名をお教え願いたい。多くの学者が知りたいところである。

私の辞書は、研究社の『和英大辞典』よりも、もちろん Brinkley よりも、数量的に多くの慣用的用例を含んでいる。

「ひとつの文をまず漢字と仮名で読み、次に再びローマ字で読むのは、人々を混乱させるだけである。」とは、何という批判であろうか。それこそまさに誰もが望んでいることなのである。誰もがこのような方式を採用することの必要性を述べている。すくなくともこのような批判をするのは貴殿のみであると確信する。もし日本語を読みたくないのならば、何故に読むのか。もしローマ字を好まないのなら何故に読むのか。

「あぶらぎる」。もし私の解説を不必要と考えるならば、貴殿は日本の小説を読む際にその美を聊かも鑑賞していない。「脂ぎった年寄」が単に「a fat old man」を意味すると考えるならば、貴殿は言語的感覚をあまり持ち合わせていないのである。貴殿は（国際文化）振興会の子供の時間（「lectures」と呼ばれる）に通ったと思う。そして恐らく日本語の感情表現として菊池寛のことを聞いたであろう。言葉が感情を表出するものであることに多大な配慮をしていることは、同様に私の仕事の長所のひとつにあげられる。Venryes の『Le langege』を少し読みなさい。「Words as Picture」に関する Empson のものを読みなさい。そうすれば貴殿にも用例の単純な訳では十分でないことが理解できるであろう。

私の訳に対する御助言については、「this fish is fat」よりは「this fish is oily」のほうをやはり私は好む。「fat」は悪い感じを与えるのである。項目の内容をよく読んでおられないのであろう。彼らの魚は“oily”であるかもしれないのだ！

百十六頁の『大言海』について述べねばならないが、大槻の言葉の書き方の多くは語源学に関する彼の誤った考えによっていることを、貴殿はご存知であろうか。

何故“apparently”等の表現を避けねばならないのか。本当のことが半分しか知られていないことについて、何故自分の主張を大げさに述べねばならないのか。もし貴殿があらゆるものが明確に確定されていると思っているならば、研究もしないで極めておかしな考えを持っていることになる。それが全く危なっかしいことだとは気付いていないように思われる。もし私が断固としてそうであると書くと、将来の研究はそれ以上を求めない傾向になるであろう。『言語問題』所収の野村の最近の論文（野村八良「今後の国語辞書編纂家に望ましい事ども」『言語問題』第九号、昭和十一年一月〔筆者註〕）を読んでいただきたい。

「あぶらごい」は「あぶらこい」の方言であるというお説について論争するつもりはないが、しかし、日本の方言に関するどんな著作の中にも見出すことは出来ない。私は大体は方言を収めていないので、従って、もし私の用例が単に方言であったならこの形については言及しないのである。用例は方言ではない。それらは、方言が一言も使われていない文献にあるのである。しかし貴殿の好きな「overstatement」をすれば、貴殿はそれらを方言の中に入れる結果になったのである！　それらが間違いでないと、あるいは流行りの発音だと如何にして知るのであろうか。あらゆることに御精通のようだが、明治の著名な学者である芳賀氏が何故〝あぶらごい〞しか用いないのかを、どうしてお教えくださらないのか。芳賀氏が方言を書いたとお思いなのであろうか。可可。

「あぶらむし」何故私の手書き原稿をご覧にならないのか。以前に貴殿にお送りしたのは「あぶらむし2」だけで、「あぶらむし1」に書いたものを繰り返す必要はないということがお判りにならないのか。貴殿が必要とする内容は「あぶらむし1」に用例とともに収めてある。貴殿が述べた意味の「あぶらむし」は、田舎以外では一般的でないことは勿論ご存知だろう。

「『和漢三才図会』を引用することにどんな意味があるのか（何の役に立つのか）」とおっしゃるが、本当に何の役に立つのか。この本が古い日本の信仰や習慣を研究するのに極めて重要であるからに過ぎず、七十年ほど前の学者たちが西欧語への翻訳の必要性を力説し続けていたからに過ぎず、どの日本語の辞書も多くをこの本によっているからに過ぎず、他の著作には無い数百の言葉がこの本に収められているからに過ぎない。恐らくあまり適切な理由ではないのであろう。しかし、貴殿以外の誰しもが（引用するのに）十分な理由であると考えるのである。『和漢三才図会』は中国の辞書もしくは中国の百科事典であると、誰が貴殿に教えたのであろうか。この本は辞書でも中国のものでもない。何故読んで調べないのか。『和漢三才図会』を引用すべきではないないと誰かが述べているとは、私は教えられたことはない。すべての日本と西欧の辞書編纂者は一文の下に決め付けるであろう。「偉いな!!」Furor scolasticus！ウェーリーの中国美術に関する本の、このような悪意ある批評に対する彼の侮蔑を読みなさい。「中国の辞書を引用してはならない」とはどのような意味か。もし貴殿が中国の辞書を参照すべきでないと主張するならば、人々はどのようにして漢文を理解できるのか。率直に言って、そんなことはナンセンスである。貴殿は、漢文は日本語ではないと考えているのか。日本人は漢文を中国語であると思うかも知れないが、しかし中国人は誰もそうは思わないのである。もしそれが日本語の辞書に無く、中国語の辞書にも無かったら、一体どこに収められるのかお尋ねしたい。

もし私が、御助言のように「あぶらかい」を単に「Cytherea meretrix」としたならば、私は馬鹿げた間違いをおかしたことになる。この言葉は、蛤のような形をした特定の貝に対してのみ用いられる。勿論貴殿は貝類学についてあらゆることをご存知だと思うが、しかし同時に『介類雑誌』の貝の形とその日本語名に関する記事をのぞいてはどうかと思う。もし私が「Cytherea meretrix」と書いていたら、今日の学名についての無知を曝したことになる。蛤はこんにちでは「Meretrix meretrix, L.」と呼ばれている。しかし勿論そんなことは問題ではないのだろう。朝鮮のものには誤った学名が用いられているというGaleの警告を、貴殿はお読みの上で無視しているに違いないと思う。「あぶらかい」が時代遅れだなどとどうしてご存知なのか。

貴殿は、私の辞書にひとつの過ちとて見出すことは出来なかった。貴殿の批判は、詳細な科学的なものにしてはならないということに帰着する。子供が使うような雑然としたものにして、細心な正確なことはしてくれるなというのだ。

「日本学の原則。可能な限り完璧な辞書であること、説明過剰な辞書は欠陥を知らない。」CL. E. Maître

(Claude Eugéne Maître)

これは日本（人）の研究者の中にはもはや加わりたくない人物によって書かれた。

フランク・ホーレー」

匿名の批判文に対して、ホーレーは逐一激しく反論している。しかし、筆者の手元にある辞書原稿の一部を読み、その後に批判文を読むならば、批判文の意見を全面的に否定することは出来ない。

両者の意見は、拠って立つところが最初から違っていた。「貴殿は辞書を作ろうとしているのか、それとも百科事典を作ろうとしているのか」という批判者の問い掛けは、「日英辞書」編纂についての両者の考え方の、根本的な違いを示している。ホーレーは辞書の「前文」で、この辞書は「カリフォルニアやハワイの日系二世、および欧米の日本文物研究者の利用に供すべく編纂された」と述べているように、すでに日本語をある程度知り、さらに深く学ぼうとする日系二世や日本文物研究者の利用を前提としていた。漢語さえも、幸田露伴全集に含まれる語彙は網羅した、とする。これに対して、批判者の想定した辞書は、初心者にも使いこなせる「適切な慣用的な類例」を含む明快な実用的な辞書である。多くの類例を用いてまで微妙な語感の違いを強いて説明する必要はない、としている。日本人の立場から発想した「外国人のための日英辞書」と、努力を重ねて日本語を学んだホーレーの考えた「外国人のための日英辞書」の間には、望まれる姿に大きな隔たりがあったのである。ホーレーは、外国人が日本の理解を進める上で必要ならば、手間と紙面を費やしても日本語の微妙な感覚を伝えるべきだ、と言うのだ。批判文には、原稿に対する具体的な批判ばかりでなく、ホーレー個人に対する特殊な感情から発する辛辣な用語が溢れている。「未熟の果実」「図々しい」「尊大で物知り顔」などと、ホーレーを形容する表現は手厳しい。

来日から開戦までのホーレーは若く、日本語があまりにも流暢で、博識。しかも当時の外国人教師としての彼の給与は日本人の四～五倍もあった。その経済力に支えられ、開戦当時に敵国財産として接収された蔵書の数は一万六千冊にものぼった。

ホーレーが作ろうとしたのは、自らが研究を進める上で「欲しかった辞書」であった。それまでとは全く異なる新しい辞書を後進のために作りたいと願ったのである。戦後、ホーレーたち先人の力と時代の要請もあってホーレーが日本語を教えた世代から優れた研究者が輩出し、日本研究は飛躍的に進んだ。今日ならばホーレーの考えた辞書の理想は当然のこととして理解されたであろう。そして、ホーレーの研鑽の結果を辞書として利用出来ることは高く評価されたであろう。ホーレーの目指した「日英辞書」はこの時代には早過ぎたのであった。

戦後来日したホーレーは、雑誌や新聞などで機会あるごとに、日本文化の質の高さについて日本人が自信をもつことの大切さを論じている。季刊文芸雑誌『望郷』において源氏物語の特集「源氏物語りへの郷愁」が組まれた。中国研究者として知られるオランダ大使ファン・グーリックなど、日本文化に造詣の深い外国人による源氏物語に寄せた随想論文二十一編が収めちれている。ホーレーも論文"GENJI MONOGATARI AND FOREIGN STUDIES OF JAPANESE LITERATURE"（源氏物語と海外日本文学研究）を日本語表題「源氏物語について」として載せている。[29] ここにはホーレーの研究への思いがよく語られている。以下原文を翻訳して、紹介する。

「　源氏物語について　　　フランク・ホーレー

日本の古典はその概念や形態があまりにも純粋に日本的であるため、他の国々においては古典となりえないと言う事実に、日本人は必ずしも気付いていないように思われる。しかし源氏物語は、その魅力が明らかに普遍的であるゆえにこの範疇に入らない。Mr. Arthur Waley による源氏物語の英訳は、長年にわたって英国と合衆国の双方で「ベストセラー」であったばかりでなく、英語から他のヨーロッパ言語に翻訳されたのである。

私は十三年間（戦前・戦後を通じて）を日本で過ごし、外国に自国をもっと知ってもらいたいと望む大勢の日本人に会った。実際、すべての日本人が極めて称賛に値する感情を分かち持っていると私は信じている。しかしながら、そのことについて多くを為そうとする人は殆どいない。日本に関するなにもかもを単純化し過ぎたがり、十歳の子供も興味を持たないような決まり文句や一般化に過ぎないことを書きたがり、知的な大人の外国人は放置されるという、致命的な傾向がみられる。

日本文学の日本人研究者が自らの学問の対象に対して真剣になり、日本の外に広がる大人の世界で大人の役割を果す時が来たと、私は考える。日本研究が着実に行われている処なら世界中の何処においても、たとえ今日の状況では自身で行くことが困難なところであっても、日本人が指導的役割を果たすべきである。

我々がシェイクスピアの戯曲を我が国の最も偉大な遺産のひとつと見なすと同様に、もし日本人が源氏物語を偉大な国の古典と考えているならば、源氏物語を一般的な読み物としてばかりでなく学問の世界においても真に国際的なものにするべく、日本人が努力することを私は提言したい。日本において、国際的な基盤に立った源氏物語研究のための小さな研究機関が設立されるのを見たいものだ。これは壮大に過ぎ、理想的に過ぎ、今日の日本の現実から遠く離れ過ぎているように聞こえるかも知れない。しかし英国ばかりかドイツにおいても（実にことにドイツにおいて）、両大戦のあいだもシェイクスピア研究が中断されることなく着実に続けられて、「Shakespeare Yearbook」が定期的に世に出たことを、日本人は忘れてはならない。私が心に描く源氏物語研究機関は、この古典を学問における承認された基準に従って様々な視点から研究するものである。源氏物語の語彙の、入念に編纂された辞書（英語による解説を付した）が求められている。紫式部がそのインスピレーションの幾分かを得た文学的原典が、検証されるであろう。そして、このような検証が平安時代の知的生活全体を探ることへ導いてくれるであろう。源氏物語のテキストと、この作品の刊本・写本および様々な版の文献目録が確立される必要がある。これは、日本の書誌学全般の研究のきわめて良い入門となるであろう。

これらは、私が述べた研究機関が成し得る仕事のほんの二三例に過ぎない。勿論、資金と時間と良き人材が必要とされることは知っている。しかし日本人が自身の文化的遺産をしまいこんで、時折、不承不承、僅かずつ分け与えるかわりに、他の世界と分かち合うことをもし真に願うならば、遅かれ早かれそれらを見出すことは出来るであろう。

英国人は日本と戦争を続けるうちに、次第に敵に対する興味を増していった。この興味の結果のひとつが、英国における日本学の位置を調査する政府の特別委員会であった。委員会は英国において日本学が大変遅れていることを知り、多くの進展を推奨した。委員会の勧告の結果、英国の幾つかの大学に講座が開かれて日本学は進展し始めた。真に自らの文学を愛し、日本の古典の価値を世界的に問いたいと真に願う日本人にとって、今や大変良い機会である。そういう人々に、研究の資料となる基礎的な仕事をさせたい。そうすれば彼らは日本にとっても英国にとっても優れた貢献をなすことになる。」

この短い論文の中で、ホーレーは、日本文化の研究が世界的に広がりつつある現状を説明し、日本人がその指導的な役割を担う時がきた、という。源氏物語を単なる読み物としてではなく、学問的に価値付けるべく努力すべきであり、そのために、「源氏物語研究機関」の設立を提案する。入念に編纂された源氏物語語彙辞書、しかも英語で解説されたものが必要である、とする。また、研究のためのテキストを確定し、諸異本・類本についての文献目録を準備すべきである、とする。これらによって、源氏物語の多面的な研究が深まり、ひいては当時の「知的世界全体」を探ることが可能となる、としている。

フランク・ホーレーの目指した日本研究は、チェンバレンやアーネスト・サトーが行なった、文化の証明や日本文化論の提示ではなかった。ホーレーは自分の博識と多言語を理解する能力を、これから研究に向かう人たちの為に役立てたいと考えた。一つの国の文化を正確に、しかもより豊かに紹介することを自分の仕事の理想としていた。雑誌『THE YOUTH'S COMPANION』の記事質問に答えて、ウェーリーの仕事を評価しながら、自らの理想の仕事を文化の「combination」である、と語っている。[30] ホーレーの考えていたのは二つの文化の「翻訳者」であった。

ホーレーの著書には註書が数多く付されている。正確さを求めてどこまでも参考文献をあげて引用を行なう。そのために、原典となる資料を充分に手元に揃え、吟味して用いる。資料に異本があれば、その総てについて検証する。関心が向けば、言語や古辞書に止まらず、本草学や和紙、琉球にアイヌ・朝鮮・古地図など、専門領域の垣根を越えて、自由に研究の対象とするのであった。人間関係においては、付き合いのまずさから「変人」といわれ、語学教師としては「自分の研究のことしか頭にない」落第教師とされた。しかしフランク・ホーレーは、学問的謙虚さと仕事に対する情熱を合わせ持っていた。彼は自らの研究の成果を、学会や研究機関のいわゆる「アカデミズム」に問うことは無かった。

註

（1）拙論「フランク・ホーレーと琉球研究」『琉球・沖縄』昭和六十二年、雄山閣刊。
拙論「宮良當壮とフランク・ホーレー」『宮良當壮全集』月報十七、第一書房刊、昭和六十三年一月発行〔本巻収録〕。

拙論「ハワイ大学宝玲文庫「琉球コレクション」成立の経緯」『生活文化研究所年報』第五輯、平成三年十一月刊〔本巻収録〕。

拙論「フランク・ホーレーと関西アジア協会」『生活文化研究所年報』第七輯、平成五年十二月刊〔本巻収録〕。

拙論「フランク・ホーレーと和紙研究」『生活文化研究所年報』第八輯、平成六年十二月刊。

（2）フランク・ホーレー「欧羅巴人の研究したる日本文学」『文芸』昭和八年十二月号、昭和八年十二月一日刊、一〜二十二頁。

（3）昭和十四年にブリティシュ・カウンシルの日本代表となり、昭和十五年二月には設立された「英国文化研究所」（THE BLITISH LIBRARY OF THE INFORMATION AND CULTURE）（銀座西四丁目三番地）の所長（MANAGING DIRECTOR）に就任した。ホーレーと妻俊子は、太平洋戦争開戦と同時の昭和十六年十二月八日に、スパイ容疑で逮捕拘置された。ホーレーのみが七ヶ月間巣鴨拘置所に留められ、翌十七年七月二十九日に釈放された。翌三十日に横浜から捕虜交換船「竜田丸」で本国へ送還された。十月十日に、リバプールに到着。現在のブリティッシュカウンシルは戦後に設立された。

（4）フランク・ホーレー「日本語の起源に就いて」『改造』昭和九年二月号、昭和九年二月一日刊、百四十六〜百六十七頁。

（5）フランク・ホーレー、リバプール大学学士学位論文「フランス十八世紀における言語理論の研究補考」（一九二七年）。

本文フランス語。要約すると序文には、

「言語理論の歴史に関する全体的研究は存在せず。言語学者も言語学史を軽視。学説史素描。十八世紀の諸学派については概念的研究が無い。それ故このテーマを選んだ。ディドロ・コンディヤック・モーペルテュイ・ルソー等フランス十八世紀の百科全書派の言語理論を研究する。本書は二部よりなる。

一、「十八世紀言語理論の歴史」

二、「十八世紀フランス百科全書派の言語理論の研究」」

とある。本文の構成は、以下の通りである。

「　序論

東洋・西洋における言語の起源と本質に関する考えの素描

Ⅱ、インド哲学者に見られる言語理論

Ⅲ、ユダヤ人の言語理論

Ⅳ、ギリシャ人の言語理論
Ⅴ、教父神学とスコラ神学における言語理論への言及」
本学位論文は、活字化されていない。リバプール大学図書館蔵。

(6) 宮良當壮「琉球諸島言語の実相」『明治聖徳記念学会紀要』第三十八巻。

(7) 前掲(1)「宮良當壮とフランク・ホーレー」。宮良當壮とフランク・ホーレーとの関係は昭和二十五年五月十日に始まり、二十六年十二月二十六日に終わっている。この間に宮良當壮は猿楽町のホーレー邸宅に定期的に通い、研究の補助を行なった。宮良當壮の日記(『宮良當壮全集』所収)には、その記録がある。宮良當壮とフランク・ホーレーが共著として準備した『琉球関係図書解題』については、前掲註(1)拙論「フランク・ホーレーと琉球研究」を参照されたい。

(8)『沖縄日報』(昭和九年一月二八日~二月九日、計十三回)。
雑誌掲載日と新聞掲載日とが極めて近接している。すなわち、雑誌『改造』二月号は本誌奥付の日付は二月一日であるが、一月十八日には印刷会社から出版社に納本されている。納本日の十日後には、『沖縄日報』に掲載されている。雑誌掲載が新聞掲載に先行しているとはいえ、極めて早い時期に、しかも沖縄において論文記事として新聞に載ったことは、大変興味深い。ホーレーもしくは出版社と『沖縄日報』との間に、この論文を仲立ちした人物の存在を推測する。

(9) リバプール大学図書館に所蔵されている修士論文は、雑誌『文芸』『改造』がそのままの形である。裏表紙に添付されたラベルには下記のごとく記されている。
「〔LIVERPOOL UNIVERSITY THESIS 633 HAW〕
From The University of Liverpool,
Containing Articles submitted
with application for degree of M.A.
by
F. Hawley, BA.」
また、表紙にはホーレー自身の字で、英文書名とともに「No.1」「No.2」「Second section」と書き入れられている。掲載された記事には、当時の時代を反映して警察による出版検閲が行なわれ、伏字の箇所がある。この処置に対して、提出された雑誌論文「欧羅巴人の研究したる日本文学」(『文芸』)本文中には、ホーレーによる次のようなペン書きの書き入れがある。

九頁。「censorship」(検閲)

十五頁。「the police do not like anyone to criticise early Japanese history」(日本の警察は上代の歴史についてのいかなる批評も好まない)

(10) フランク・ホーレー「竹取り物語を読みて」『文芸』昭和九年三月号、昭和九年三月一日刊、百~百七頁。

(11) 開戦と同時に敵国財産として日本政府に接収され、それらが戦後返還された際の領収書面に添付されていた書目「INVESTORY OF THE BOOKS IN JAPANESE AND CHINESE LANGUAGES」(File No. 05264 Enclosure No. 4, Separate book No.1) には、『竹取翁歌』『竹取翁物語解』『竹取物語解』『竹取物語考』『竹取物語講義』『竹取物語抄』『竹取物語新釈』など十五件二十冊の書名が記され、開戦時までにホーレーが自分の研究書としてこれらを収集していたことを知る。

(12)『読売新聞』昭和九年一月二十五日(木曜日)から始まる「文芸」欄の記事「在留外人の日本研究家は語る」は、下記の九回連載であった。

「在留外人の日本研究家は語る」〔1〕「日本はインドを指導せよ、サバワル氏との対話」『読売新聞』昭和九年一月二十五日(木曜日)。「サバワル氏」とは、インド独立運動に関わる革命家、K・R・サバワル。

「在留外人の日本研究家は語る」〔2〕「非常時日本への認識、バード氏の対話」『読売新聞』昭和九年一月二十六日(金曜日)。「バード氏」とは、元エジンバラ大学近代言語学部長。江田島海軍兵学校教師として来日、当時早稲田大学英文学教師、H・J・バード。

「在留外人の日本研究家は語る」〔3〕「西鶴は日本文学の粋、ボンマルシャン氏との対話」『読売新聞』昭和九年一月二十七日(土曜日)。「ボンマルシャン氏」とは、フランス国大使館一等通訳兼秘書官、G・ボルマルシャン。

「在留外人の日本研究家は語る」〔4〕「言語学者の立場からホーレー氏との対話」『読売新聞』昭和九年一月二十八日(日曜日)。

「在留外人の日本研究家は語る」〔5〕「日本は太平洋を制覇する、ボドレー少佐との対話」『読売新聞』昭和九年一月三十日

（火曜日）。「ボドレー少佐」とは、英国人歴史家、V・G・ボドレー。

「在留外人の日本研究家は語る」〔6〕「比較社会学と心理学から、ピーター・ヴィ・ラッソウ氏」『読売新聞』昭和九年二月一日（木曜日）。「ラッソウ氏」は、東京商科大学講師、東洋社会学研究者。

「在留外人の日本研究家は語る」〔7〕「日本語の美は何処にある、グンデルト博士との対話」『読売新聞』昭和九年二月二日（金曜日）。「グンデルト博士」とは、W・グンデルト博士（日独文化協会会員）。

「在留外人の日本研究家は語る」〔8〕「美なき現代日本の建築、A・レーヒンド氏との対話」『読売新聞』昭和九年二月三日（土曜日）。

「在留外人の日本研究家は語る」〔9〕「伝説と芝居研究より、ヨハネス・バード氏との対話」『読売新聞』昭和九年二月四日（日曜日）。

（13）「ホーレー氏に挑戦す」『読売新聞』昭和九年一月三十一日（水曜日）、「文芸」欄。

（14）「〝国際文化振興会〟宮様を総裁に戴き近く誕生、まづ日本芸術を海外へ」『東京日日新聞』昭和九年二月二十一日（水曜日）。
「〔社説〕国際文化振興会の使命、機宜の計画」『東京日日新聞』昭和九年二月二十二日（木曜日）。

「国際文化振興会の組織」『国際文化振興会事業報告　国際文化事業の七ヶ年』財団法人国際文化振興会、昭和十五年十二月、一〜二頁。

（15）〔宮森麻太郎著作一覧〕
Round the year: student's diaries in English and Japanese. by A. Miyamori and Toshiko Niwa. Tokyo, Shobido, 1906. 155, 160 p.
A pleasure trip through the Tokaido and some leaves from my dairy. Tokyo, Sansei-do, 1906, 228 p.
Representative tales of Japan: little masterpieces from present day Japanese writers. Tr. by A. Miyamori and revised by Edward Clarke. Tokyo, Sanseido, 1914, 650 p.
Tales of the Samurai and "Lady Hosokawa" a histrical drama. Yokohama, Kelly and Walsh, 1922, 298 p.
Masterpieces of Chikamatsu, the Japanese Shakespeare. Tr. by Asataro Miyamori, rev. by Robert Nichols. London, Kegan

Paul, 1926, 359 p.

One Thousand Haiku, Ancient and Modern, Tokyo. Dobunsha, 1930, 342 p.

An anthology of Haiku; Ancient and Modern. Tokyo, Maruzen, 1932, 841 p.

Masterpieces of Japanese Poetry, Ancient and modern. 2 Vols., Tokyo, Maruzen, 1936, 303 p.

Haiku poems, Ancient and Modern. Tokyo, Maruzen, 1940, 364 p.

（16）前掲註（2）フランク・ホーレー「欧羅巴人の研究したる日本文学」、二十一頁。

（17）前掲註（10）フランク・ホーレー「竹取り物語を読みて」、百頁。

（18）フランク・ホーレー「すっぽん料理」『改造』昭和十年三月号、二九三〜二九九頁。

（19）【リバプール大学保管のフランク・ホーレー関係資料】

①学生記録、1924/00/00 GIBSON SINCLAIR 奨学金、五十ポンド、1924-25 三年間奨学金、JUNIOR COUNTRY COUNCIL EXHIBITION, 八十ポンド、1924-25 三年間奨学金、UNIVERSITY RESEARCH SCHOLARSHIP, 五十ポンド、1927 一年間奨学金、1933-34 M. A. (PHILOLOGY) JUNE 1934 PASSED, 1934/01/17 PERMITTED TO PRESENT A THESIS FOR THE DEGREE OF M. A. IN JUNE, 1934, UNDER REGULATION 9.

②学生記録　1924/09/29 学歴 NORTON ON TEES ELEMENTARY SCHOOL STOCK ON TEES SECONDARY SCHOOL BOY'S 1922, OXFORD SENIOR SCHOOL, DISTINCTION IN LATIN IN 1923 APPROVED COURSE OF STUDY, LATIN/FRENCH/PALEOGRAPHY & DIPLOMATICS

③学生記録　1925/10/07 住所；C/O MRS. HAYMAN, 69 MALGRAVE ST., LIVERPOOL, APPROVED COURSE OF STUDY, FRENCH/ITALIAN/GERMAN/PHILOLOGY/PALAEOGRAPHY/DIPLOMATICS

④学生記録　1926/10/18 住所；FOREIGN, APPROVED COURSE OF STUDY, FRENCH

⑤学生記録　1927/10/10 住所；GERMAN

⑥学生記録　1927/11/23 住所；ACADEMIC PETER HOUSE, CAMBRIDGE, APPROVED COURSE OF STUDY, GERMAN

⑦学生記録　1929/10/31 APPROVED COURSE OF STUDY, GERMAN

⑧学生記録 1930/11/10 APPROVED COURSE OF STUDY, PHILOLOGY
⑨学生記録 1934/04/00 住所：京都左京区吉田本町、APPROVED COURSE OF STUDY, PHILOLOGY
⑩フランク・ホーレー、大学当局宛書簡、1926/01/05 発信元 HOTEL ST. SEVERIN, 40, ME ST. SEVERIN, PARIS, VE, FRANCE、〔大学便覧の送付依頼と奨学金についての照会〕。
⑪フランク・ホーレー、大学当局学事担当宛書簡、1926/06/06 発信元 C/O MRS. HAYMAN, 69 MALGRAVE ST., PRINCIS PARK, LIVERPOOL〔返信、卒業論文の準備のため THE GRACE BROWN PRIZE 奨学金は断念〕。
⑫フランク・ホーレー、大学当局学事担当宛書簡、1926/10/12 発信元 56, STANLEY ST., NORTON-ON-TEES, DURHAM〔学士学位の第一次試験はフランス語で優秀賞を取り合格、第二段階の論 文準備のためにフランスへ行く。必要書類はフランスへ送られたし。〕
⑬リバプール大学学事担当、COUNTRY COUNCIL OF DURHAM 宛書簡、1927/10/07〔ホーレーのベルリン行きに伴う奨学金関係手続きの依頼〕。
⑭リバプール大学学事担当、ホーレー宛書簡、1927/10/08〔修士課程の登録について〕。
⑮フランク・ホーレー、リバプール大学当局宛書簡 1927/10/10 発信元：56 STANLEY ST., NORTON-0N-TEES, DURHAM〔連絡感謝。一九二九年度の修士課程の登録を行う。研究は THE SCHOOL OF COMPARATIVE PHILOLOGY 指導は PROFESSOR COLLINSON〕。
⑯リバプール大学当局、フランク・ホーレー宛書簡、1927/10/11〔10/10 付けの書簡受領。EDUCATION FORM G3 に署名し、返送した〕。
⑰フランク・ホーレー、リバプール大学当局宛書簡、1928/11/23 発信元 PETER HOUSE CAMBRIDGE〔修士課程の登録延長、一九二九年に論文を提出する〕。
⑱リバプール大学当局、フランク・ホーレー宛書簡、1928/11/27〔申し入れは受理された〕。
⑲JESSICA HAWLEY、リバプール大学当局宛書簡、1931/11/24〔修士課程の登録についての書類を受理した。ホーレーは学位取得を望んでいる。直ちに彼に書類を送ることは不可能。彼は九月に日本へ出発した。彼から手紙を受け取ってはいない

が、何人かからの電報によれば、彼は現在病気治療中である。代理で書類に記入してよいか〕。

⑳リバプール大学当局、JESICA 宛書簡、1931/11/26〔手紙拝受。ホーレーに書類を郵送する必要はない。単なる事務的な書類である。PROF. COLLINSON と連絡を取ることを望む〕。

㉑リバプール大学当局、フランク・ホーレー宛書簡、1934/01/17〔警告。修士課程在学延長の意志があるならば、手続きが必要。PROF. COLLINSON と研究上の連絡が有るのか否か、書類で答えよ〕。

㉒JESSICA HAWLEY、リバプール大学当局宛書簡、1934/01/22〔送られた書類は、日本のホーレーへ送った。返事には暫く掛かるだろう〕。

㉓YOSHITAKE. S（吉武三郎）/SOAS、リバプール大学当局宛書簡、1934/06/02〔比較言語学に関するフランク・ホーレーの修士論文に関する私の報告書を同封する。報告書の中で日本語の原典に即した標題を付けた。来週には、冊子を返却する〕。

㉔ANSELL, E./PETERHOUSE, CAMBRIDGE、リバプール大学当局宛書簡、1937/06/22〔年鑑（1912/30）を作成中、ホーレーの学位についての問い合わせ〕。

㉕リバプール大学当局、ANSELL, E./PETERHOUSE, CAMBRIDGE 宛書簡、1937/06/25〔問い合わせに回答。ホーレーは1924―27年の間の三学年在学した。一九二七年七月、フランス語の優秀賞を得て学士学位を得た。一九三四年に日本語を題材にした比較言語学の論文で修士学位を認められたが、本人が居ないので、まだ授与されていない。したがって、記録上は学士である。彼は数年前に日本に行って以来、そのまま日本に滞在中と思う。彼の住所は知らない。〕

㉖ANSELL, E./PETERHOUSE, CAMBRIDGE、リバプール大学当局宛書簡、1937/06/29〔06/25日付の書簡拝受。感謝。〕。

㉗リバプール大学当局、フランク・ホーレー宛書簡、1942/12/16 発信先 SLOANE AVENUE MANSIONS, LONDON, SW.3〔電文拝受。修士学位が明日の教授会において承認される予定。後日、修了書を郵送する。〕

㉘PROF. COLLINSON, W. E. 宛書簡、1950/10/03〔UNESCO の教育文化局依頼で、過去十年間の論文目録を作成中。論文の題名を知らせて欲しい。〕

(20)「リバプール大学大学院規則」第二条。

「文学学士もしくは建築学士で学士試験に合格したもので、学士学位取得から二年以内に優れた制作物を伴って希望するものは、無試験で修士課程に進むことが出来る。」THE UNIVERSITY OF LIVERPOOL, FACULTY OF ARTS, PROSPECTUS OF COURSES SESSION 1924—25. C. TINLING & CO., LTD, PRINTING, LIVERPOOL、二七頁。

(21)「リバプール大学大学院規則」第九条。「教授会の特別な決定を伴わず、入学後六年を過ぎた後に、修士論文の提出もしくは修士学位試験を受けることは出来ない。」前掲註(20)、五十九頁。

(22)またホーレーの論文「日本語の起源に就いて」中に、朝鮮語と日本語との比較の中で引用する学説紹介として「倫敦大学教授吉武氏」の名前が上がっている。吉武は、すなわち「吉武三郎」である。後述するように、F. J. DANIEL の語る吉武像は、ホーレーのものとは異なる。ホーレーは吉武と親しく交わったようで、晩年までホーレーが口にして思い出を語った人物でもある。

三四年の六月二日には、来日直前まで親交もあり指導も得ていたロンドン大学の吉武三郎からリバプール大学当局の研究科長に対して、「ホーレーの比較言語学に関する修士論文についての報告書を同封する。報告書の中で、日本語の原典に即した表題を付けた。来週には原本の冊子を返却する」とある。

吉武三郎の署名には多くの場合「S. YOSHITAKE」とあり、姓名を正しく記したものは殆ど無い。吉武の人物像や業績については詳しく知られていない。大庭定男の『戦中ロンドン日本語学校』(中公新書、昭和六十三年二月刊)によれば、吉武は「一九二〇年以来、日本語と満州語を教え、一九四二年、在職中に死亡し」「学問一途で日本人社会との付き合いはなかった」とあり、初期のロンドン大学東洋学部(SOAS)において活躍したことを述べている。一方、F. J. DANIEL の記すところには、吉武がロンドン大学に関わったのは一九二三年からのこと、としている。

以下 DANIEL の記事を要約する。吉武は、最初は技師として大学に関わり、蒙古語と日本語の研究者として活躍した。大学では日本語を担当し、蒙古語の講座は持たなかった。大学の雑誌(The Bulletin of the School)に八件の論文と著書一件を載せている。(筆者の知るところでは十一編が The Bulletin of the School に掲載され、他に三件の著書と一件の論文がある。)吉武は当時の日本における研究状況を充分に察知していなかったことが問題であったことや、彼の孤独を好む人柄についてDANIEL は厳しく指摘する。その一方で、短い付き合いのなかで彼の人間性と教師・研究者としての存在に強い信頼を寄せるようになった、ともある。一九四二年、ロンドン大学東洋学部にも新たな戦略態勢が敷かれたその時期に吉武は死去した。その晩年は痛ましく、ついに講師身分のままで大学を去ることについて、大学に対して強い失望感を抱いている。

また、彼の残した業績をここに紹介しておく。

著書

The Phonetic System of Ancient Japanese. (J. G. Forlong Fund, vol. XII), London, 1934.

Japanese. A Series of conversational sentences in colloquial Japanese, with notes, phonetic transcription, romanized transliteration.

English translations and reproduction in Japanese script of the texts. Written and recorded by S. Yoshitake. (Linguaphone Miniature Language Series.) London, 1932.

THE Bulletin of the School 掲載論文

Note on Japanese Literature, iv, p.679 ff.

Some Mongolian Maxims, iv, p. 689 ff.

A Chapter from the Uliger-un Dalai, v, p. 81 ff.

Auxiliary Verbs in Mongolian, v, p. 523 ff.

History of the Japanese Particle "I", v, p. 889 ff.

Etymology of the Japanese Word fude. vi, p. 45 ff.

Analysical Study of the Conjugations of Japanese Verbs and ***ctives, vi, p. 641 ff.

Japanese Names for the four Cardinal Points′ vii′ p.27 ff.

The Japanese Particles wa, ga, and mo, vii, p.91 ff.

A New Classification of the Constituents of Spoken Japanese, viii, p. 1039 ff.

The Alternance I-W in Ancient Japanese, x, p. 666 ff.

THE TRANSACTION OF THE PHILOLOGICAL SOCIETY 掲載論文

The Grading Method of Forming Numerals.

(23)「英人ホーレー氏宿望の国際結婚、美野田俊子さんとけふ挙式」『東京朝日新聞』昭和九年四月十二日（木曜日）記事。「第三高等学校」契約書によれば、契約は翌年の昭和十年三月三十一日までの一年間で、契約の期日は昭和九年四月一日となっている。

(24)「皇紀二千六百年に三大記念編纂」『東京朝日新聞』昭和十一年十月十三日（火曜日）。

(25)「英文百科事典の編纂事業」『国際文化』第四号、昭和十四年五月二十日刊、三十〜三十二頁。

(26) 斎藤（忠）「英文百科辞典のことなど（ENCYCLOPEDIA NIPPONICA）」『国際文化』十一号、昭和十五年十月。

(27) "K. B. S. BIBLIOGRAPHIOAL REGISTER OF IMPORTANT WORKS WRITTEN IN JAPANESE ON JAPAN AND THE FAR EAST PUBLISHED DURING THE YEAR 1934". KOKUSAI BUNKA SHINKOKAI 1940. 210 pp.

(28)『国際文化振興会事業報告　国際文化事業の七ヶ年』昭和十五年十二月、国際文化振興会刊、三十八頁。

(29) フランク・ホーレー「GENJI MONOGATARI AND FOREIGN STUDIES OF JAPANESE LITERATURE（「源氏物語と海外日本文学研究」）日本語表題「源氏物語について」『望郷』第八号、昭和二十五年六月発行。

(30) 磯部佑一郎「学者探訪記・F・ホーレー先生」『THE YOUTH'S COMPANION』、昭和二十五年一月号、旺文社、四十二〜四十五頁。

/

a-[1] 亞 ① Secondary; following; inferior. 亞聖 asei (lit.) the second [lesser] sage, i.e. Mencius. 亞父 afu (lit.) one's second father - a term of respect used by rulers to their counsellors. ② (nat. sc.) in comps. equiv. to Engl. sub-, e.g. 亞界 akai subkingdom. ③ (chem.) containing an element in its lowest valency. 燐酸 rinsan phosphoric acid, but 亞燐酸 arinsan phosphorous acid. ④ used phonetically, as in 亞細亞 Ajia Asia.

a[2] 啞 (rare)= 啞 oshi, q.v.

a[3] 阿 (occurs as the first element of proper names). ① a hillock ② a shore; beach; bank. ③ used for 阿弗利加 Afurika Africa. 南阿戦争 nan'asensō the South African War. ④ used in a caritative sense, as in 阿父 (lit.) one's dear father.

a[4] あ(1) (sometimes written 呀 except in the case of ③). ① an interj. with very little meaning, sometimes corresponding to ah! oh! あゝ来た a kita! he's come! ② sometimes equiv. to あゝ a[1] あ、可笑しい a okashi! oh how funny! ③ (~~sometimes~~ occasionally written 唯). used neither in an affirmative nor in a negative sense, it means simply that the speaker has understood (or at least heard) what the other ~~has~~ said.

ホーレーの辞書原稿・二頁

2

あ、さうか a sōka ? (or, more politely, あ、さうですか a sō-desuka ?) really ? indeed ?, but usually not translatable, as it is used by the Japanese when we simply nod in agreement. cf. あゝ さうか ā sōka ? etc. ah ! I see, used when the speaker after hearing what the other has said either understands something for the first time or understands more clearly. ④ indicating a slight surprise. お父さん otōsan ! Father ! (when addressing or calling one's father). あ、お父さん a otōsan ! oh Father I was forgetting that... or oh Father you've forgotten.... or oh ! is it you Father ? etc.

a[5] あっ・呀ッ (this a is pronounced with great emphasis and broken off very suddenly: hence the ッ). an interj. of fear, surprise or pain. oh ! my God ! good God ! 人を [or 人に] 呀っと云はせる [or 云はす] hitoco [or hito ni] atto iwaseru [or iwasu] to astonish a p.; take a p.'s breath away. あっと叫んで... atto sakende... with a shriek [yell]... あ、痛っ aita ! a cry of sudden, violent pain. cf. ああ ā.[1]

ā[1] あゝ・あい・あー・噫・嗚呼・嗟・烏乎・於戯 (ordinarily kana is used; when recourse is had to the characters, certain distinctions are drawn: 噫 is used to express pain or sorrow;

17

(1) a jar or pot for holding hair-oil etc. (2) an oil-cup; oil-box (of a machine). cf. 轢 aburatsubo referring to the grease-pot hung on the hub of a cart-wheel. 油土 aburatsuchi the oily kind of clay used for modelling. 油屋 aburaya (1) an oil-shop. (2) an oil-man. (3) (also 油屋さん aburayasan (and あぶ… abuchan, the latter childish.)) a pinafore; from the aprons oil-men wear. Today エプロン epuron is the usual word for pinafore. 油椰子 aburayashi the oil-palm. 油皿 aburazara an oil-dish; the saucer-shaped reservoir [well] of an andon. 油蟬 aburazemi a species of semi that lives on the branches of certain trees and sings with a shrill, long drawn-out note— ジイジイ jījī

油墨 aburazumi sumi mixed with oil and used for writing notices etc. in places exposed to rain; for making grey hair look black etc.

油角 aburazuno the part of a wheel to which oil is applied (used vaguely for either the nave or the end of the axle-tree).

abura^{3} in adj. and verb. comps.

油[脂]だらけ aburadarake dirty with oil [grease]; covered with oil [grease] (of clothes etc.) 油[脂]ぎる aburagiru to be [grow] very fatty [oily]. 顔が脂ぎって来た kao ga aburagittekita

18

my face has become very greasy. 油ぎったスープ aburagitta sūpu greasy soup. 脂ぎった年寄 aburagitta toshiyori a stout old man. 油[脂]染みる aburajimiru to become soaked [saturated] with oil [grease]. 油[脂]染みた aburajimita the corresp. {adj.} 油まみれ aburamamire the same as 油だらけ aburadarake supra, but rather elegant and not very common. 脂(っ)濃い abura(k)koi heavy; fatty; greasy (of food). As the Japanese until recent times disliked not only greasy food but also what we should simply call rich food, the word aburakoi usually is employed in a pejorative sense; but with the changes that are taking place in Japan and the gradually increasing consumption of European food, aburakoi has, among certain of the younger generation at least lost, some of its former implication and therefore occasionally means little more than rich in a good sense. cf. あっさり assari; 執拗い shitsukoi. 油[脂]臭い aburakusai smelling of oil [grease].

aburake 油気 oiliness; greasiness; fattiness. 油[脂]気のある aburake no aru oily [fatty], used of the taste of food, the feel or appearance of the skin, hair etc. 手に脂気が無くなった

I have read very carefully through your MSS. pages of the dictionary and to tell you the truth, I am very much disappointed. If you were going to publish it in its present form, it would mean disaster for the publisher and for your reputation as a scholar. It is a very unripe fruit indeed.

In the first place a comparably trifling matter, the first person should be avoided.

Secondly, if you are going to treat all words in the same way as you have been doing with abura, you will have to live at least as long as Methusalem before you atrive at the last word zuzushii.

You are compiling in an utterly useless way. Do you think that any-body is interested in all the various ways of writing Aleurites fordii with Chinese characters, or in the information that there is a miscut type in Lemaréchal's dictionary. The very rare individual who is interested and who has passed the beginner's stage, can look up the information he wants in Chinese or Japanese dictionaries.

What people really want are good idiomatic examples, and in this respect dictionaries compiled by Japanese are often unsatisfactory.

I should advise you to cut out compeletely p.114 from "Other Chinese names....."

It only makes people mad to read a sentence first in Chinese characters and kana and then again in Rōmaji. Make up your mind to give either one or the other, and both readings in cases where it is absolutely necessary to avoid ambiguouity or confusion , or where a combination of Chinese characters has an unsual Japanese reading.

P. 115 ff. on aburagiru might be condensed considerably. Give the examples only, with your translations, for instance: ?
Kono sakana wa abura ga tsuyoi = This fish is very oily. (why not:fat)
Kono sakana wa abura ga notte iru = This fish (now being in season) is (nice and) fat, &c.

P. 116. Is it necessary to mention that the Daigenkai contains a variant for abirugiru, which you have not found elsewhere ?

Avoid vague remarks like "apparently" and "it is said".
aburagoi is simply a dialectic variant of aburakoi. Why this ~~xxxxx~~ pompous and pedantic statement that you have seen this form once or twice in books of the Meiji period ? Say simply: aburagoi, V. aburakoi.

You did not send me your article on aburakoi, therefore I am hardly qualified to criticize, but you might put it:
aburakoi, aburakkoi, aburagoi (dial.var.).....

I sent you nothing.

P. 150. aburamushi. I did not find anything about the meaning a hanger-on, a parasite, an obnoxious person, I think you ought to give that meaning, with examples. Perhaps it is in pages which you have not sent to me, but the last four lines of p.155 are very unsatisfactory.

Leave out:"The following extract, &c. p.152, 153, 154, 155..."

Are you making a dictionary or an encyclopaedia ?

If you are making a Japanese-English dictionary I think you ought to avoid ~~to quote~~ quoting Chinese dictionaries. What is the use of quoting from the Wakan Sanzai Zuye, an encyclopaedia about 150 years old ? It looks like an attempt to show your erudition, but it has no practical use whatever. Neither is it necessary to mention that the Santōgyokuhen, 1876, p.717, probably on the authority of the K'ang-hsi Tzŭ-tien, gives two explanations about aburakai.

This whole article on aburakai seems to me very feeble, especially as the word is obsolete.

Everybody will be happy of you give only:
aburakai,(the characters, and the variants), Cytherea meretrix.
Avoid sentences like : apparently the name of.......probably on the authority.of.......

What is the use of quoting Kleyweg de Zwaan ?

批判文に対するホーレーの反駁文

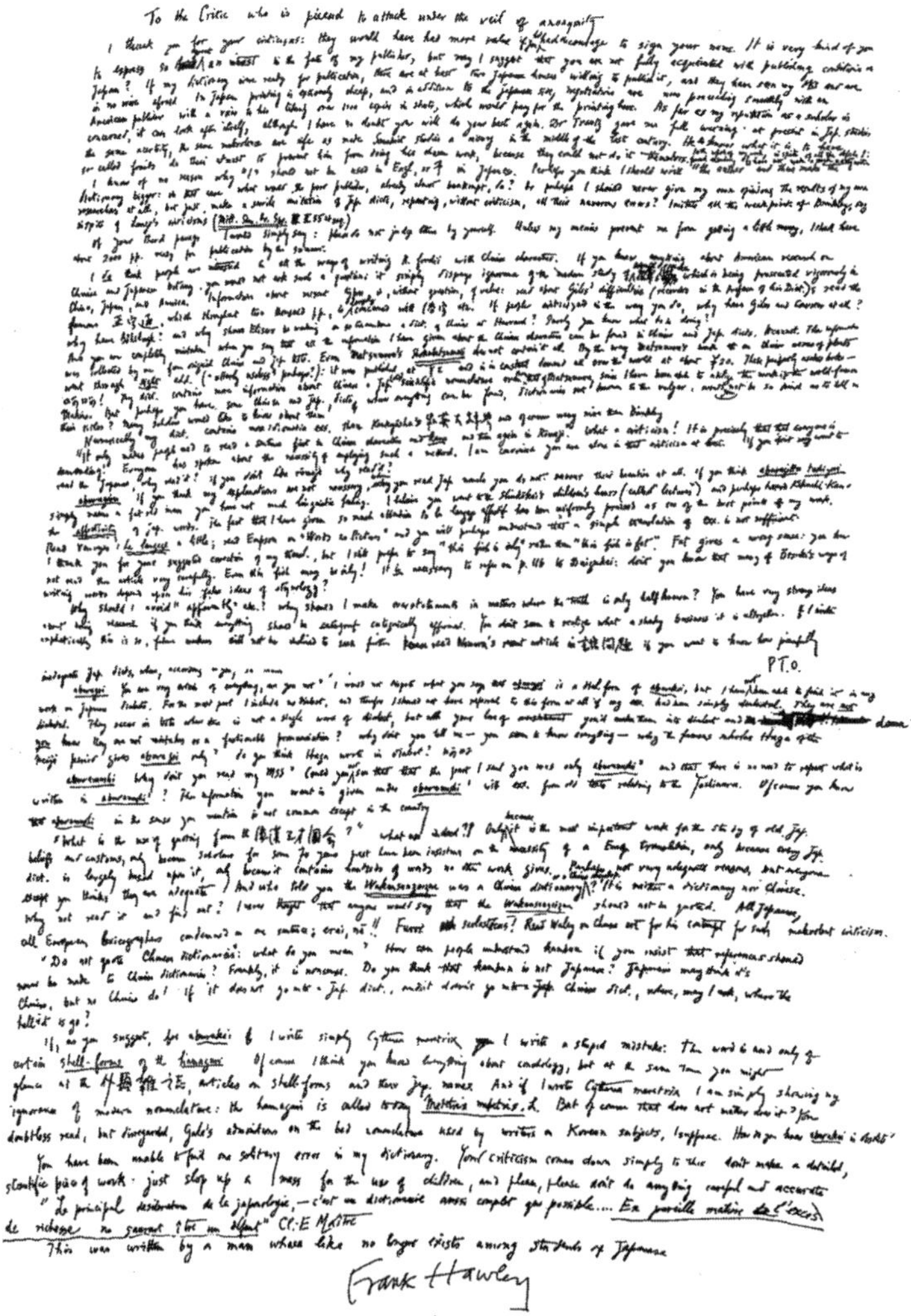

フランク・ホーレーと研究社『簡易英英辞典』の編纂

「貴書・稀覯本の収集者」として古典書籍を扱う人たちの間において著名なフランク・ホーレーが、昭和六年に来日し、外国人英語教師として、また辞書編纂者として日本文化研究を進め、戦後はロンドン・タイムズの記者として再び来日し、そして晩年は京都で「関西アジア協会」を創設し、和紙・鯨についての論文・著書を記したことについてはすでに述べた通りである(1)。

先の拙稿では、ホーレーの戦前における日本研究の内容と、開戦まで情熱を傾けた「外国人のための日本語辞書」の編纂について論じた。そこでは、戦前におけるホーレーの研究の視点とその業績、また日本人研究者との軋轢について述べた(2)。

フランク・ホーレーは、「外国人のための日英辞書」の刊行を果たせなかったが、その後間もなく、研究社の『簡易英英辞典』編纂に執筆者として加わった。辞書出版社として躍進する研究社が企画した最新の英英辞書編纂に、どのようにホーレーが加わったのか。辞書に記された序文や残されたホーレーの書簡、そして当時の編集者であった佐々木學氏（以下敬称を略す）の話をもとに、ホーレーの辞書編纂に傾けた熱意を見てゆく。

筆者の手元に、ホーレーが記した八通の書簡と一通の葉書がある。これらは、筆者が研究社とホーレーとの関係を調査し始めた際に佐々木學と知り合い、好意によって提供を受けたものである。研究社小酒井社長に宛てた昭和十二年七月二十日付けの書簡一通、他はすべて佐々木宛である。葉書は昭和十三年一月一日付けの年賀状である。東京外国語学校時代にホーレーの学生であった人々をたどってゆくうちに、辞書編集者としての佐々木學にめぐりあった。筆者との何度かの往復書簡と、電話での聞き取りで、佐々木學の中にホーレーについての記憶が次第に蘇った。数日後、速達便でこれらの書簡類が筆者のもとに届けられた。佐々木學は、「ホーレーの自筆でなくて残念だ」と書き添えていたが、四通は妻俊子の代筆であったものの、その他は確かにホーレーの自筆の書簡であった。佐々木はホーレーの流暢な日本語を高く評価していたが、筆跡は判別できなかった。ホーレーの思い出を語る佐々木の言葉と、大切に保存されたこれらの書簡類の存在はそれだけで、佐々木のフランク・ホーレーへの思いを語っている。

佐々木學とホーレーとは、原稿執筆者と編集担当者との関係であったが、それ以上に、お互いに信頼関係にあった。当時のフランク・ホーレーの印象を、佐々木學は敬意を込めて次のように語っている。

「小生が彼を知ったのは、昭和十一年の秋が始まりで、わずか二年間の付き合いに過ぎなかったのです。小生はもう三十七歳になり、彼はまだ小生より七つ年下の気鋭の青年でした。本書が昭和十三年十月に「簡易英々辞典」の名で発売されると共に、彼との交渉は途絶えてしまい、後間もなく、小生も不本意ながら職を失う破目になり、戦時下の暗い永い浪々の生活に入ることになりました。彼を敬愛しながら、その後の動静について、うわさに聞くことがありながらも、全く無関心かつ無縁であったことは、いまさら悔いてもかえらぬことです。(3)」

「彼は見るからに育ちのよさを思わせる堂々たる体格の持ち主で、偉丈夫というにふさわしい人でした。後年、麗沢大学でAddisという英人教師を知りましたが、彼も大男で教え子だった日本女性をめとり、酒好きでもあり、その反骨精神といい、何となくホーレーを思わせる人柄でした。（この人は後に桜美林大学に転じたと耳にしましたが、その後の消息は不明です。）これら二人はどちらも典型的な英国型紳士で、われわれ日本人にはまれなbackboneの持ち主なのが、小生には驚異的です。それに反して、われわれ日本人には主体性が無い、とよくいわれます。いったいなぜなのか？ これはわれわれに課せられた大きな命題の一つではないでしょうか？ これは余談で、あなたにはおそらくかかわりのない話題でしょうが、老人のくりごととしてお聞きくださいい。小生はイギリスの小説家D. H. Lawrence（例の「チャタレー夫人の恋人」の作者なのはご存じでしょう）の愛好者の一人で、五年前に「D・H・ロレンスの文学と思想」と題する本を書いたのですが、ロレンスは英国の作家の中でもまれに見る狷介不羈の人でした。彼らホーレーやアディスはまさしくロレンス党の選ばれた党員の一人だといえるのではないでしょうか。(4)」

これに対して、ホーレーもまた佐々木學を尊敬し、誠意に満ちた書簡を送っている。(5)

佐々木學の語るところによれば、研究社刊行の『簡易英英辞典』は『英和大辞典』が完成した昭和十一年秋に、「日本人の手による最初の英英辞典」として次の刊行企画に取りあげられた。提案者は佐々木學自身であり、フランク・ホーレーを編纂者として起用したのは、市河三喜であった。佐々木學は昭和四年に九州帝国大学法文学部英文学科を卒業し、研究社辞書部に入社し、昭和十四年まで在職している。この辞書が編纂されたのは、佐々木學は三十七歳、ホーレーが三十歳のときである。

当時の日本における英語教育と『簡易英英辞典』編纂の開始の時期、そして研究社社長小酒井五一郎について佐々木は次のように語っている。

「当時は、英語教授法の歴史の上で、一つの転換期で、direct method から English through English の機運が次第に高まり、そうした情勢の中で、アメリカではソーンダイクの初学者のための辞書やマイケル・ウエストのベイシック・イングリッシュの提唱などがあり、これらに刺激され啓発されたわれわれ（いや小生）は英々辞典を日本人の手で、という考えを社長に示唆もしくは進言したのが口火となり、内密のうちに具体化し、本格的に準備にとりかかったのは、蘆溝橋事件の前の年、二・二六事件のあった年、さらにいえば『新英和大辞典』新版発行の昭和十一年の秋だったと思います。[6]」

「研究者の初代社長は小酒井五一郎氏で、彼は越後の長岡の出身、書店の小僧からたたき上げ、一代で産を成した傑物。ことに英語辞書出版にかけては、まさに「辞書の鬼」の名にふさわしいしたたかものでした。[7]」

『簡易英英辞典』辞書冒頭に掲げられた市河三喜の「序」、および研究社辞書部の「編纂の趣旨」の文中に、編纂の意図とその意気込みが窺われる。

「最近英語の教授及び学習の態度が漸く正しい軌道に乗つて来たやうに思はれる。教育界に於ても英語は出来るだけ英語をもつて教へる事が学習の基礎を作るに最有効であり、ひいては将来の進歩にも稗益する所大である事が汎く了解されて来たやうである。中学三年程度迄は従来に於ても大体に於てかういふ趣意で教授されて居たが、それより上級になると「受験準備」だとか「読書主義」だとかいふ考慮の為に英語教育は恐ろしく歪められてしまふのが常である。しかし正しい英語教育は畢竟読書主義を阻止するものでもなく、又受験準備を妨げるものでもなく、それによつて養はれた英語の実力はどんな目的に向けられても誤るものではない事はもつと明かに理解されなければならないと思ふ。

而して如上の正しい軌道に乗つた教授学習を益々効果的に推進せしめるには英英辞典の助けが必要である。C. O. D. や P. O. D. が我国の英語界にどれ程の寄与をなしたかは測り知れぬものがある。しかしこれらの辞典を本当に利用し得るのは余程進んだ英語の力を有つた人でなければならない。それは大学生以上、英語の教師が一生の伴侶として座右に備ふべき辞書である。ところで一般の学習者の為にはもつとやさしい英英辞典が是非欲しいと思つて居た折に、相前後して出版されたのが West と Thorndike の辞書である。我々は飛びつくやうにして両者を迎へたのであるが、実際に使用して見るとあきたらぬ点が沢山に発見せられ、どうしても日本人の学習者の為に作られた英英辞典が出来なければならないと考へさせられるに至つた。[8]」

また、これに続けて

「要するに本辞書は日本人が日本人の為に作つた最初の英英辞書として劃期的なものである。幾多不備な点はあらうと思ふが、それらは実際使用せられて大方の御教示を仰ぎ改訂を加へて行き度いと思ふ。願ふ所は本辞書の出現により、台頭した新教授法が着々その効果を収めて、英語が生きた言葉として学習され教授され、その運用能力が一部の人々に止らず多数の人々によつて享有されるに至る仲立ちとならん事である。[9]」

とある。すなわち、当時、英語教育が成果を上げつつあり、当時としては、

「学習者のための新しい *English-English Dictionary* の出現は必至の勢と見られるに至つた折から、Michael West 氏の *The New Method English Dictionary*（1935年）が出てその独創的な方式によって我国に於ても盛んに使用され、続いて *The Century Junior Dictionary*（1935年）及び *The New Winston Simplified Dictionary for Young people*（1935年）が米国に於て出版された。[10]」

という情況下であった。しかし、これらの辞書は「前者は主に植民地の英語学習者と英語国への旅行者を目標にし、

後の二者は専ら彼の国の少年少女を対象として編まれたもの」であったので、「我国の学習者にとつては決して好都合な条件とはなり得ないであらう」としている。そこで、「要するに本書は、外国英語学習者の立場から舶来の辞書の持つ種々の不便を除くことに努めたものであり、同時に英語教授改善の線に沿うて、その推進力に一臂の力を仮さんとする意図を似て立案されたものである」とその編纂意図を明確に述べている。フランク・ホーレーを編纂者の一人として推挙した市河三喜とホーレーとの間に、何処まで共通の理解があったかは不明である。少なくとも、かつて試みた『外国人のための日英辞書』に託して自らが「文化の仲介者」でありたいと願ったホーレーは、この辞書の編纂に実に誠実に取り組んでいるのである。

フランク・ホーレーと研究社の関係は、昭和十二年の三月四日から翌十三年の夏（六月）までのわずかな期間であった。ホーレーの辞書編纂にかける強い執着心と熱意は、出版企業としての研究社が手懸けていた辞書編纂の現実性にとって、受け入れ得る問題ではなく、ここに摩擦が生じた。この間の事情が、残された書簡によって知れる。筆者が佐々木學より提供を受けたホーレーの書簡には、当事者でなくては理解の出来ない内容もあるが、全般的にホーレーはこの辞書編纂に対して実に誠意をもって丁寧に対応している。

一般に原稿は随時進行にしたがって社に送られ、初校が組まれる。執筆者は次の原稿の準備のために、先に入校した原稿との照合を必要として、出版社に初校組みのゲラ刷りを求める。出版社と印刷所が一体であれば問題は少ないであろう。多くの場合そのようにはならず、辞書の制作においては、原稿の量が膨大なためその管理は繁雑を極める。編集者はこの両者の間に立って、調整を行なうのである。

校正を済ませた後のゲラ校正刷りを手元に置き、次の原稿に取り掛かろうとするホーレーの希望に反して、なかなか原稿が届けられない。度々この事を会社に催促するが、果たされない。焦燥感が、ホーレーの書簡に表れている。次々と原稿をこなして行く経緯の中で、仕事に厳密さを求めるホーレーは、既述の原稿や組みあがった部分を手元に取り寄せたいと望む。完成を急ぐ出版社としては、必ずしもホーレーの希望に添えなかった。

次に問題となったのは、経済的な問題である。入校した原稿に対する原稿料の催促を、ホーレーは会社に対して重ねて行なっている。当時のホーレーは、経済的に安定していたわけではない。京都の第三高等学校を辞職し、一時葉山に居住した後に、東京に移っている。[11] 東京に転居したのが何時かは不明であるが、佐々木學との間で交わされた書簡の宛先、および佐々木の述懐によれば、「東京市牛込区小川町二の十同潤会江戸川文化アパート五十九号室」に居住していた。当時、ホーレーは研究社の仕事のほかにはこれといった仕事は無く、妻俊子が英語の家庭教師を行ない、さらに俊子の実家からの援助も受けていた。[12] その後、「英国文化研究所」の所長（Director）に就任し、青山の平賀（東京大学総長）邸に移り、開戦、拘留、強制帰国となる。膨大な資本の投入を必要とする辞書編纂の事業を進める研究社が、原稿料の支払時期をわずかでも延ばそうとしたことも理解でき、会社の経理上、ホーレーの期待に添う対応ができなかったことも想像されるのである。

フランク・ホーレーと研究社との間で生じた最も大きな問題は、辞書の編纂者としての業績の評価に関してであった。ホーレーの言葉を引用すれば、全体の「九十パーセント」も執筆したにも関わらず、自分の位置づけが無視されようとする、ことであった。佐々木に宛てた決別の書簡の中で、ホーレーは次のように主張している。

「今研究社から手紙が来ました。最後迄は私が致しませんでしたが、九十パーセント以上一番困難な所を致しましたのに拘らず、研究社では私の名に一切触れず新しく校閲する人の名を掲げることにならうから認置する様との事でしたが、私はそれを拒絶致します。誰が見ても不合理などという言葉では表はせない程ひどいやり方故、その中に人と相談して適当な処置を取りたいと思います。実に卑怯なやり方だと思ひます。[13]」

この決裂に至るまでに両者の間には多くの曲折があったであろう。この書簡でホーレーは、暗に法律的な解決方法を匂わせている。時代は、日中戦争の発端が開かれ、南京占領が行なわれ、国内では国家総動員法が公布され「日本」が暴走を始めた時期であった。編纂着手の頃の事情とは世の中の情勢も異なってきた。「日本人が日本人の為に作つた最初の英英辞書」を強く標榜する研究社としては、英国人であるフランク・ホーレーの全面的な関与は、認め難いものがあったのであろうか。

著者がホーレーの研究を始めたばかりの頃、研究社に出向いて関連事項の調査を行なった。今日の新社屋が完成する以前の、戦前の構えのままの旧社屋（神楽坂）であった。関係書類の所在を尋ねたところ、研究社は親切にも三通の契約書を含む計二十三通の関連書類を、書類金庫の中から捜し出してくれた。それらは昭和十二年三月四日から翌年の三月二十六日までの約一年間の契約に関する書簡と契約書であった。具体的な内容については、記録することが許されなかったため、期日のみを記録して調査は終わった。書類の期日は次の通りである。

昭和十二年三月四日　契約書
六月二十四日　書簡
十三年一月十九日・二十九日　書簡
二月三日・四日・十二日・十四日　書簡
二月十六日　契約書
二月十七日・二十三日・二十八日　書簡
三月一日・五日・八日・十一日・十二日・十六日・十八日　書簡
三月不明日　契約書

三月二十一日・二十三日・二十六日　　書簡

ホーレーは数多くの編纂者の一人でしかなく、監修の栄誉は市河三喜にあった。しかも、そのホーレーの名前さえも編纂の歴史を語る文面から抹消されようとした。そこに彼の大きな不満があったのである。これについて佐々木學は、同情を込めて次のように語っている。

「出版企業の中でも、巨額の資金を要する最も危険な投機である辞書作りは、それだけに生産コストを極度に切り詰めなければならず、そのためには有能ながら無名の ghost を低賃金で駆使し、一方印税などのいわゆる the lion's share をたゞ一人の看板学者に供えることによって、世間体をつくろい読者の目をそらせるといった仕組みになっているのは、今さらいうまでもないことかもしれません。もっとも ghost たちの上前をはねるのは、じつは、著者として名を掲げる学界のドンではなく、からくり全体をかげであやつっている企業主であることを、ホーレーは十分理解していたはずです。社長のたとえ相手が外人であろうと容赦しないきびしいつれない仕うちに、英国人としての、また執筆者としてのプライドをもつホーレーがどんなにいら立ちそして反発しようとしたか、この手紙は、しかしその分のいきさつのほんの一端をのぞかせているにすぎないのです。両者の間にあって事態の収拾をはかる立場にありながら、小生は無力でほとんど為すところが無かったのは、むしろ当然ではなかったかと思っています。[14]」

『簡易英英辞典』「編纂の趣旨」に、辞書の編纂者の一連の氏名が次のように示されている。

「尚ほ本書の編輯は、市河三喜氏指導の下に、當辞書部を中心に佐々木學氏之を主宰し、原稿作製は主に Frank Hawley, 佐々木學、中山勇の三氏が當り、尚ほ社外から菅沼太一郎、澤崎九二三、乾亮一、林満、岩田一男の諸氏の応援を仰いだ。更に Hawley 氏は本書の全部にわたつて厳密な加筆訂正を加へた。発音は市河教授が擔当され、校正の難事は主として二宮力、西村彌一、伊藤博、南相塾の諸氏が當り、最後の校閲は特に Frank Hawley, Lewis W. Bush の両氏を煩はした。[15]」

「編纂の趣旨」文中の、「更に Hawley 氏は本書の全部にわたつて厳密な加筆訂正を加へた」の一文は、これらの交渉の結果であろう。また同じく初版の「序」には次のようにある。

「しかしこれはどうしても外人の助力を借りなければ不可能な事であるのであるが、研究社が此度その有能なる辞書部のスタッフを総動員して加ふるに適当なる外人の助けを得て、校閲のみならず原稿の作製にも参加して貰つた事は此辞書をして重きをなさしむるに寄與した所少しとしないであろう。[16]」

とあったものが、昭和三十年の戦後版『新簡易英英辞典』「まえがき」においては、さらに丁寧に言葉を添えて、「そのためには有能なイギリス人の協力を得て、校閲ばかりではなく、原稿の作成にも参加してもらったことはこの辞書をして重きをなさしめたものであるということが出来よう。[17]」

と表現が改まった。これは、戦後、ロンドン・タイムズ紙の特派員として再来日したホーレーを意識した結果と見るのは、筆者の穿ち過ぎであろうか。

ホーレーは辞書の中に、機知に富んだ仕掛をしのばせた。自らを Ghost Writer になぞらえて、その不満を例文として辞書の中に封入した。[18] すなわち、見出し語 ghost の語義の一つとして「a person who writes a book for a wellknown man and lets the other pretend that he has written it.」と記し、その後に、「This dictionary was written by ghosts.」の文例をあげて、密かに欝憤を晴らしたのである。このことを佐々木學は知っていた。これは「幸運にも市河大人の目をのがれ、また心ある編集者の手で意図的に残され、抹消されることもなかったこの僅か六語から成る短文の存在に気付き、ましてやその中にかくされた筆者のやり場のない心情に共鳴していたのは、小生のほかだれ一人いなかったはずです[19]」と佐々木は語っている。フランク・ホーレーと研究社の関係は、昭和十三年六月に終了した。

筆者の手元の『簡易英英辞典』(第三版)は、第一版の発行日である十月八日のわずか十二日後の十月二十日の発行であり、またもう一冊の昭和二十九年二月十日版の辞典は「三十七版」となっている。この辞書は、実に驚くべきベストセラーであった。筆者が学生時代に手にした辞書『新簡易英英辞典』(昭和三十年三月一日初版)は戦後の改訂版であるが、その「まえがき」には、戦前初版本の「序」と同一の文章「要するにこの辞書は日本人が日本人のために作った最初の英々辞典として画期的なものである」に続けて、次のようにその改訂版刊行の意義を述べている。

「このたび改訂版を出すについては全面的に内容を検討して、過去十数年、殊に第二次大戦を経過して新たに現われた語句を許される範囲において採り入れ、用例も一層適切なものと改めたり加えたりした。また挿絵の数も相当増加して、学習事典としてますますその価値と効果を発揮せしめるように努めた[20]。」

ホーレーの徹底した「こだわり」が、研究社との間に問題を生じさせたと考える。ホーレーの篤学と博識に比してこれほどまでに研究上の業績が少ないのは、彼の病的なまでの完全主義によるものである。すべての資料を手元に置き、完全に近いまでに問題を掌握した後でなくては執筆に取り掛からず、さらになお完璧を期すという彼の手法は、つねに結果としては、研究業績を積み上げることから遠ざからせた。反面、経済力に支えられて収集した彼の文庫(「宝玲文庫」)には、当時における可能な限りの関連図書文献が集められたことになる。現在閲覧が可能で、しかも、まとまった形で残されている旧「宝玲文庫」の書物は、天理図書館に所蔵されている「和紙関係資料」宝玲文庫とハワイ大学図書館の坂巻コレクションに所蔵されている「琉球関係資料」宝玲文庫のみである。[21] 宝玲文庫の中に見出だされる数多くの異本や類本の存在は、ホーレーの図書に対しての執着心と研究課題に対する真摯な姿勢の現れである。宝玲文庫に接し、これらの資料群を厳密に検討することにより、我々は測り知れない恩恵を受けている。彼の死亡後の売立によって散逸した本草関係や捕鯨・古辞書類関係を初めとする数多くの図書資料群（「宝玲文庫」）の存在が惜しまれる。

辞書の刊行に取り組む研究社と、辞書に丹精した当時無名の日本学研究社フランク・ホーレーとの間には、最終的には暖かい友好的関係は生じ得なかったが、両社の事業成果としての辞書『簡易英英辞書』（昭和十三年十月一日、第一版印刷）が生まれ、戦前戦後を通じて英語を学ぶ多くの日本人学生たちがこれを手にし、この恩恵に浴した。両者が握手してこの出版を祝ったのではないが、フランク・ホーレーの標榜した「文化の仲介者」としての役割はここに充分に果たされたのである。

註

（1）拙論「フランク・ホーレーと琉球研究」『琉球・沖縄』昭和六十二年、雄山閣。
拙論「宮良當壯とフランク・ホーレー」『宮良當壯全集』月報十七、第一書房、昭和六十三年一月発行〔本巻収録〕。

拙論「ハワイ大学宝玲文庫「琉球コレクション」成立の経緯」『生活文化研究所年報』第五輯、平成三年十一月刊〔本巻収録〕。

拙論「フランク・ホーレーと関西アジア協会」『生活文化研究所年報』第七輯、平成四年十一月刊〔本巻収録〕。

拙論「フランク・ホーレーと和紙研究」『生活文化研究所年報』第八輯、平成六年十二月刊。
（2）拙論「フランク・ホーレーの日本研究と辞書編纂」『生活文化研究所年報』第九輯、平成七年十二月刊〔本巻収録〕。
（3）（4）佐々木學書簡、筆者宛。
【佐々木學略年譜】

明治三十二年一月二十日　北九州門司区に生まれる
大正十年三月　明治専門学校卒業
大正十五年四月　九州帝国大学法文科入学、英文学専攻
昭和四年三月　同卒業、研究社編集部入社、十四年退社
昭和五年四月十三日　松下不美子と結婚
昭和十九年　東京都立江戸川高校教諭、二十八年退職
昭和三十八年～　千葉大学、東京文理科大学講師、麗沢大学教授を歴任
昭和五十二年　麗沢大学講師を退職
昭和五十八年一月二十四日　国立療養所松戸病院にて永眠　八十四歳
著書　『魂のさけび』（佐々木學遺歌集）昭和六十一年十一月一日、私家版。
『D・H・ロレンスの文学と思想』昭和五十一年七月、松柏社刊。

（5）ホーレー書簡、佐々木學宛。
（6）（7）佐々木學書簡、筆者宛。
（8）（9）（10）市河三喜『簡易英英辞典』（「KENKYUSHA'S SIMPLIFIED ENGLISH DICTIONARY」）「序」、昭和十三年十月二十日、第三版、研究社。
（11）第三高等学校「契約書」の契約期日は、昭和十年三月三十一日となっており、その後、現在の神奈川県葉山町に転居している。葉山での住所は「相州葉山堀内九七五番地」（ホーレー宛書簡宛先）。昭和十二年の二月には研究社との契約書が交わされ、そこには江戸川アパートの住所となっている。

【同潤会江戸川アパートについて】

名称、「江戸川アパートメント・ハウス」。所在地、「牛込区新小川町二の十」。敷地坪数、「二千六十一坪」。総戸数、「二百六十戸」。種別、「住宅・独身室」。建物、「六階建と四階建の二棟」。付帯設備、「児童遊園、社交室、浴場、食堂、理髪室、各部屋ラジオ、電話、ラヂエーター、エレベーター」。

同潤会は大正十二年九月に発生した関東大震災により生じた諸問題である「住宅の建設経営」「罹災不具者の収容授産」「義肢制作等の施設」を行うために、大正十三年五月二十三日に設立された財団法人である。住宅としては、「普通住宅」「アパートメント・ハウス」の二種がある。「江戸川アパートメント・ハウス」は昭和九年八月に完成し、「本会（同潤会）事業経営の十年間の経験と蘊蓄を傾けて、勤労階級者を目標とした理想に近いアパートメント」で、新聞紙上で「東洋一」と賞賛されるほどの大好評で、多くの文化人達がこのアパートメントに居住した。

ホーレーの居住した部屋は、「同潤会江戸川アパート五十九号室」で、部屋内面積二十・〇六九坪、三部屋（内、洋室一［五・五坪］）、風呂付き。全戸数二百六十室の内、風呂付きの部屋は、十室のみであった。家賃、四十六円。当時、部屋を訪ねた佐々木學は、その部屋の印象を筆者に宛てた書簡の中で次のように語っている。

「あの頃、ホーレーは文京区江戸川の同潤会アパートの一階に夫人との二人暮らしでした。一両度訪ねたことがありますが、みたところ質素な暮らしで、古書のいっぱい詰まった書棚が並び、ほとんど身の置き所もないありさまでした。生活が思いのほか貧しそうに見えたのは、収入の大半が古書の収集のために消えたためだったと思われます。」

参考資料、「同潤会事業報告」『同潤会基礎資料』、平成八年四月、柏書房刊。

(12) ホーレー俊子談。
(13) ホーレー書簡、佐々木學宛、昭和十三年六月二十一日付。
(14) 佐々木學書簡、筆者宛。
(15)(16) 前掲、註（8）「編纂の趣旨」
(17)『新簡易英英辞典』（「KENKYUSHA'S NEW SIMPLIFIED ENGLISH DICTIONARY」）「まえがき」、昭和三十年三月一日初版、研究社。
(18) 前掲、註（8）、四二一頁。
(19) 前掲、佐々木學書簡、筆者宛。
(20) 前掲、註（17）「まえがき」。
(21) 前掲、拙論「ハワイ大学宝玲文庫「琉球コレクション」」『生活文化研究所年報』第六輯。

前掲、拙論「フランク・ホーレーと和紙研究」『生活文化研究所年報』第八輯。

【『簡易英英辞典』諸本】

1.『簡易英英辞典』(「KENKYUSHA'S NEW SIMPLIFIED ENGLISH DICTIONARY」)

一六五×九〇ミリ、本文一千二百二十九頁＋書告七頁。皮装丁。昭和十三年十月二十日第三版、東京都麹町区富士見町一丁目五番地株式会社研究社発行、定価三円八十銭。

2.『簡易英英辞典』(「KENKYUSHA'S NEW SIMPLIFIED ENGLISH DICTIONARY」)

一六五×九〇ミリ、本文一千二百二十九頁。書告無し。並装。昭和二十九年二月十日第三十七版、東京都新宿区神楽坂一ノ二研究社辞書部発行、定価四百円。

3.『簡易英英辞典』(「KENKYUSHA'S NEW SIMPLIFIED ENGLISH DICTIONARY」)

一六五×九〇ミリ、本文一千二百八十八頁。書告無し。並装。昭和三十年三月一日初版、東京都新宿区神楽坂一ノ二研究社辞書部発行、定価四百五十円。

【フランク・ホーレー書簡】

[1]〔俊子代筆〕発信日不明

ここに十五頁差し上げます。

一ヶ月以上前にAの二度目の校正のきれいになったのを一部下さる様に致したのは、骨を折ってやった所が一目でみえて大変参考になり一つ一つに骨を折らず進行が早いと思ったからでしたが、それを下さらず、研究社よりおそいおそいと申されるので、不合理と思って居ります。

Dの校正、全部この使ひにお渡し下さい。今夜からはじめます。先程本社にお電話し、AとDを頂けぬ事を申しましたら、早速下さるとのことでした。只今一しょにEの綴りを上げませうと存じましたが、来客が居るので明朝おとどけ致します。で、AとDをお渡し願います。

フランク・ホーレー

佐々木様

ほんの少しづつしか原稿を下さらぬ事は、仕事の進行をさまたげる事を小酒井様におつたへ下さいまし。たとえば、attributeといふ語がワイルドなどに度々出てきますが、そんなのはどんな語を前に用いたかハッキリ記憶ない時は、一々考えねばなりませんので。

［2］〔俊子代筆〕発信日不明

七月一日よりして見た所で毎週八十枚出来る事は出来ますが、今迄のＡＢＣの倍位の時間と努力を用します。Ｄ（二百二十五枚）は来週月曜日くらいに了るはづです。

先日小酒井様にお目にかかった時、はじめのお約束にする様に申しましたが、佐々木にお願ひしてみやうと云はれましたが、しても無駄だといふので、そのままになって当方では研究社でするお仕事までしなくてはならぬので、それに対するよい条件をお考へになっていられるやうでせうが、何も申されなかったのでいろいろアーギューするのですが、昨夜あまり致したのでその勇気がなく失礼いたします。

Ｄ了るまでお目にかからぬ方が

［3］〔自筆〕昭和十二年七月二十日　小酒井社長宛四枚

前　略

私の留守中に研究社の方がＤの残の原稿を取りに来られましたが、前から自分で持って行くから来られても御渡しせぬ様に申しておきましたので上げませんでした。

Ｄの原稿は本月十二日に終ると前から申し上げて置きました。いくら待っても、Ｅの原稿は送って来ませんでした。やはり十二日に終わりましたが、Ｅは催促してからやっと十七十八日に来ました。はじめから研究社の方では私を待たせる様な事を決してせぬとの約束でしたが、先週はとうとう一枚も出来ませんでした。Ｄを今上げない理由は相談してから上げようと思ってゐるからです。相談してから相談の結果によって其のまま上げるか其れとも一部分を消してから上げやうかと思ってゐます。

先週は御社から原稿が来なかったので外の仕事をはじめましたから、御相談は早くも今週の末になりませう。東京の出版界に良く通じている人を通して聞いた事によれば、今研究社の外どこでも英々字書を作ってをりません。それははじめから御承知でしたらうに、別に急ぐ必要も又積りもないものなのに、私だけを急がせる様で不合理だと思ひます。市河さんの弟子の話では先生はBもCもまだ見てをりませんし、此間、佐々木さんにFの原稿を見せる様にお願ひ（し）ましたらまだ執筆者の方にあるとの事でした。

六ヶ月程前、各レター（ABCDEなど）の見本を見せて下さいといくら願ってもどうしても見せて下さいませんでした事が、今になってはっきり分かりました。それも研究社の不誠意な所です。今度全々間違がない様にこれを最後の取り定めと致したいので、今週内にFHIJKLMNOPQRS（佐々木さんのやった所）TUVWXYZの見本を送って下さい。研究社が本当に仕事の進行をのみ考えてゐたならば、不合理な経済を求めてゐるのでなかったら、はじめから下さったでせう。それから又、BとCの一部も渡して下さらぬので困ってをります。

研究社では仕事を出来るだけ困難にしてゐるのではないかと時々思います。F以外の見本が参りましてから出来るだけ早く電話で相談の時日をお伺ひ致します。

昭和拾貳年七月二十日

ホーレー

小酒井様

度々殆ど全部もう組んであるとおっしゃった事を御承知と思ひます。

［4］〔俊子代筆〕発信日不明

度々色々と御配慮頂き、厚く御礼を申し上げます。まだ何の形にても御礼致してないのを心苦しく存じますが、出来るだけ近い将来に何とか御礼の法を講じ度いと存じて居ます。

小酒井様の条件を只一つの他同意致しました。それは支払いについてでございますが、小酒井様は今迄の様でなく毎週終りにその週の原稿全部の原稿料をまとめてとの事で当方の要求ありし時といふのに同意して下さいませんでしたが、これは当方の仕事の進行に大変関係のある事で、若しこちらで必要な時、支払って頂けぬとすれば、すぐ払って頂ける所の仕事を先にして、研究社の仕事を後まわしにする様になります。さうすると、毎週八十枚以上は出来なくなります。

急ぎますのでくわしい事は後便にて。

ホーレー

佐々木様

[5]〔俊子代筆〕発信日不明〔月曜日夜〕佐々木宛

かういふ理由にて社長様のおっしゃる週末払ひに同意できず、ぜひこちらの必要な時に支払って頂き度く存じます故この事は申し上げましたが、機会がおありの時によろしくお願い上げます。

それから右の手紙を（これを印刷所に置いてその足にて本社に）明朝火曜日のまだ主人が寝ている頃、私の出がけに社長様に渡して頂く様、麹町に置いて教へに参り、十時半迄に家にかへり主人が目をさましてから、ソーンダイクつづいている所をもって印刷所におとどけ致しますので、その時金参拾円頂ける様お願い致します。十一時十五分前から家で生徒さんに教えるので、タクシーでかへりタクシーでおとどけしますが、何卒よろしくお話しくださいまして十時半に原稿をおとどけ致しました時に、参拾円お渡し願へる様、お計らひ下さいませ。

月曜日夜

[6]〔自筆〕三月九日　佐々木宛

法律上の意味の nuisance は確かに「迷惑」でせう。

1-5 proof を丁寧に直しました。しかし、研究社がこの仕事に対して一銭も支払って呉れませんし、契約以外のものですからもうしません。それですから貴下の様に大変丁寧になさってもどうしても間違いが残るでせうから、誤植が多いと心配して居ります。又二三ヶ所直しました………もっとハッキリする様に。日本語の説明も直した様にそのまま詳しく入れて頂かなければ誤解されるでせう。

きどった人しか abaltion を使いませんから、slaughter-house を見よと書き入れ、またSの事につきましては毎週土曜日頃に納めてもよいと思いますが、やはり良いものにするには、時々見直したり考へたりしたいから、毎日は都合が悪うございます。

ホーレー

三月九日

佐々木様

［7］〔自筆〕昭和十三年六月二十一日　佐々木宛

前　略

御承知でしょうが私は研究社の英々辞書の仕事を止めました。参考書は二三点の外、今朝お返し致しましたが、残りは出て来次第御返し致します。原稿の残りは方々に手を入れたのがありますが、小酒井氏が控へがあるからとおっしゃいましたし御返し出来ません。

貴下には実に色々お世話になり、有難たうございました。

ホーレー

昭和拾参年六月二十一日

佐々木學様

［8］〔自筆〕昭和十三年六月二十一日　一枚　佐々木宛

今研究社から手紙が来ました。最後迄は私が致しませんでしたが、90％以上一番困難な所を致しましたのに拘ず、研究社では私の名に一切触れず新しく校閲する人の名を掲げる事にならうから認置する様との事でしたが、私はそれを拒絶致します。誰が見ても不合理などという言葉では表はせない程ひどいやり方、故その中に人と相談して適当な処置を取りたいと思います。実に卑怯なやり方だと思ひます。

昭和13年6月21日

佐々木様

ホーレー

[9]〔自筆〕発信日不明　一枚　佐々木宛

三階に狂人がゐて大変乱暴な事をした結果警察の人が来たりして室に手をつけられず大変おそくなりました。牛込は危ない所ですネ

校正の頁2頁3もう一部下さい。space がないから、above, about は治せなかった。あとは私はもう手を入れません。Thomryke の□□もさらに入れて置きます。これの組んだものをもう一度見なければ正しいものにならぬと云ふことをよく知ってゐますが社長様との相談によります。明日午後残りを上げます。

佐々木様

ホーレー

（注）内容と作成時期から、この書簡が記された日にちの推理が可能である。昭和十三年三月三日午前七時四十五分、ホーレーの住む江戸川アパートの「二号館四階」社会大衆党委員長安部磯雄宅に暴漢が現れ、安部は打撲裂傷（全治二週間）を負っている。英国式に三階といえば日本では四階のことであり、これは符合する。したがって、この書簡は、三月三日当日もしくはその後の近日であると考えられる。

[10]年賀状〔13. 1. 1　后8-12　早稲田〕（消印）

市内牛込区神楽町

研究社内

佐々木學様

迎春献寿
昭和戊寅元旦
東京市牛込区小川町
同潤会五十九号
賓玲冨蘭九（フランク、ホーレー）

簡易英英辞典
昭和13年刊

簡易英英辞典
昭和29年刊

新簡易英英辞典
昭和30年刊

get-at-able 421 giddy

quite got over the loss of her child. *get* (a thing) *over*, finish and have done with it. *get round*, please (a person) and persuade (him) to do what one wants; overcome (difficulties). *get through*, reach the end of. *get to*, arrive at, reach; begin, settle down to: *Let's get to work.* *get together*, bring together, collect; come together. *get under*, overcome (a fire, etc.): *They soon got the fire under.* *get under way*, ([illegible]) begin to move. *get up*, rise from bed: *I got up early this morning*; rise from one's seat: *We all got up when the ladies came in*; climb up: *He used to get up in the trees*; (*v.t.*) study, obtain some knowledge of: *get up some chemistry* (化学) *for an examination.* *get oneself up*, dress up with care.

get-at'-able [getǽtəbl] *adj.* that may be reached; not difficult to see or meet.

get'away [gétəwei] *n.* escape (esp. of thieves, etc.). *make one's getaway*, escape.

get-up' [getʌ́p] *n.* style of dress, 扮装, 身なり: *a very strange get-up*; (of a book) style of finish, 装釘.

gew'gaw [gjú:gɔ:] **1.** *n.* a cheap, unimportant ornament. **2.** *adj.* of the nature of a gewgaw; fine in appearance, but without value.

gey'ser *n.* (1) [gáizə] a natural spring of hot water which shoots up into the air, [illegible]. (2) [gí:zə] an instrument for heating water quickly by running it over plates heated by gas, [illegible].

ghast'ly [gá:stli] *adj.* (ghastlier, ghastliest). (1) terrible; *a ghastly murder.* (2) (of a person's appearance) looking extremely ill, pale, miserable, etc.

gher'kin [gə́:kin] *n.* a small cucumber ([illegible]) used for pickles ([illegible]).

ghet'to [gétou] *n.* (*pl.* ghettos [-z]). a part of a city in which the Jews (ユダヤ人) live.

ghost [goust] *n.* (1) the soul or spirit, as the principle of life, [illegible]. *the Holy Ghost*, the third being of the Trinity (三位一体), [illegible]. *give up the ghost* ([illegible]), die. (2) the spirit of a dead person appearing to the living, [illegible] (cf. *spectre*, *phantom*): *be afraid of ghosts.* *see a ghost.* *as white as a ghost*, very white. *look like a ghost*, ...white and thin. *look as if one had seen a ghost*, look very frightened. (3) a shadowy likeness of a thing. *a ghost of a smile*, a very faint smile. *I haven't a ghost of a chance*, I have no chance. (4) a person who writes a book for a well-known man and lets the other pretend that he has written it: *This dictionary was written by ghosts.*

ghost'ly [góustli] *adj.* (ghostlier, ghostliest). (1) like a ghost: *The trees looked ghostly in the dark*; of the nature of a ghost: *a ghostly visitant* (=one who visits). (2) spiritual (=of the spirit): *ghostly comfort.*

ghoul [gu:l] *n.* (1) an evil spirit which feeds on the dead. (2) a person who delights in terrible things.

***gi'ant** [dʒáiənt] **1.** *n.* a man of great size or very great power, esp. one of 7 ft. and upwards, 巨人. **2.** *adj.* huge, very great: *a giant potato*, *a man of giant strength.*

gib'ber [dʒíbə] *v.i.* talk rapidly in a broken manner: *Monkeys gibber*; talk nonsense.

gib'berish [gíbəriʃ] *n.* (1) rapid, senseless talk; nonsense: *His arguments were gibberish.* (2) unfamiliar language: *foreign gibberish.*

gib'bet [dʒíbət] **1.** *n.* a wooden frame like the figure ᒣ used for hanging criminals, [illegible] (cf. *gallows*) *die on the gibbet*, be hanged. **2.** *v.t.* (1) hang upon a gibbet. (2) [*fig.*] speak or write against a person and cause him to appear foolish: *be gibbeted in the press.*

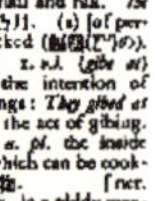

gib'bon [gíbən] *n.* a small long-armed ape (=tailless monkey) of south-east Asia, 手長猿.

gibbos'ity [gibɔ́siti] *n.* the quality of being gibbous.

gib'bous [gíbəs] *adj.* (1) [of the moon] between half and full. *the gibbous moon*, 凸月. (2) [of persons] hump-backed ([illegible]).

gibe, jibe [dʒaib] **1.** *v.i.* (*gibe at*) laugh at with the intention of hurting the feelings: *They gibed at his singing.* **2.** *n.* the act of gibing.

gib'lets [dʒíblets] *n. pl.* the inside parts of a bird which can be cooked and eaten, [illegible]. [ner.

gid'dily [gídili] *adv.* in a giddy man-

gid'diness [gídinəs] *n.* the condition of being giddy.

gid'dy [gídi] *adj.* (giddier, giddiest) (1) feeling as if one's head were turning round: *feel, turn* (=become), *giddy.* (2) that causes one to feel giddy: *a giddy dance*, *the giddy heights of fame.* (3) not steady;

昭和13年版，421頁の左段下から右段上にかけて記された見出し語“ghost”の語義と文例

宮良當壮とフランク・ホーレー

琉球・沖縄を研究する者で、フランク・ホーレーの名と宝玲文庫の存在を知らない者は無いであろう。しかしまた、これほど著名でありながらその具体像の知られていない人物も珍しい。著者はフランク・ホーレーの生涯と業績を明らかにしたいと考え、数年来調査を続けてきた。昭和六年の来日から三十六年の他界までの多彩な彼の足跡を、一言で語る事は難しい。善本・稀書の蔵書家であり、また戦後最初のロンドン・タイムズの特派員であったホーレーが、一方で長い時間をかけて着実に日本研究を積み重ねていたことが、調査を進めるに従って次第に明らかになってきた。しかしながらどのような人びとと交わり、どのような研究者の助言と助力を得ていたかについては、没後かなり時間を経ていることでもあり、また当時を知る人も限られており明確には知り得なかった。ただ宮良當壮と研究上の関わりのあったことは、遺された資料から判明していた。ホーレーの琉球研究に手を貸していた人物が宮良ではなかったかと考えたが、それも想像の域を出るものではなかった。この度、宮良當壮の克明な日記が全集に収められていることを知り、宮良當章氏を訪れたところ、氏は快く日記の閲覧を許してくださった。そして日記から宮良當壮が大きく力を貸していた事が明らかになり、嬉しく思っている。

ホーレーが文献を集め始めたのは、戦前のことである。無論、戦後の資金潤沢な時期に収集した稀覯本は膨大だが、戦前の宝玲文庫も既に四、七三一件約一七、六三〇冊にのぼっていた。しかも、分野ごとにかなり系統だっており、幾つかの研究の見通しを立てながら、その史料として収集されたものと考えられるのである。琉球関係もその一部であり、今日ハワイ大学に架蔵されているものの約二割は、戦前に集められた物である。昭和一七年八月、ホーレーはこの蔵書を残して帰国を余儀なくされた。さぞ心残りな事であったろう。従って、二十一年八月再来日したホーレーにとって最も重要な事は、接収され慶応義塾図書館に所蔵されていた蔵書の回収であった。幾度もの執拗な追及の末、四度にわたりその約六六パーセント分を取り戻したのは二十四年七月一日のことであった。そして直ちに複数の研究作業に取りかかっている。

二人の関係は昭和二十四年五月十日に始まり、二十六年十二月二十六日に終わっている。日記には目下見当たらない期間、即ち二十五年度分を除き百五十件にのぼる記事がある。宮良當壯は定期的にホーレー宅に出向き、研究の補助をしていた。具体的には、研究調査・資料整理・翻刻・課題論文の執筆などであり、一方では宝玲文庫の利用も許されていた。日記には宮良當壯の几帳面さと誠実さが溢れており、ホーレーのもとで行った仕事の内容が記されている。

昭和二十五年五月十日午後五時、宮良は代々木上原のホーレー宅を初めて訪れ、宝玲文庫を閲覧した後夕食を御馳走になった。宮良をホーレーに紹介した人物は不明であるが、ホーレーの手元にはこの日の二日前に墨書された宮良自筆の履歴書が残されている。昭和二十四年は月・水、二十六年は日・火の毎週2日が出勤日だったようで、終日仕事にあたっている。仕事の内容は具体的に記された最初が二十四年十月五日より十七日の記事で、その間、先島の地図合わせを行なっている。二十六年には日記が一層克明になってくる。一月十七日、ホーレーは宮良に地名辞典の石見郡の部分を持参するよう依頼しており、さらに二十二日には畳表・ムシロ・ゴザの違いについて質問をし、宮良は二十四日にこれを説明している。ホーレーのもとに残されている宮良のメモにはこれらの違いが、語義・語源・用例について、リーフノート2枚にわたり記されている。この記事から、ホーレーがこの時期に和紙研究を手がけ始めたことが明らかになった。ホーレーの和紙研究とは具体的には国東治兵衛の『紙漉重宝記』の英訳と紙漉研究の執筆である。

同年三月にはホーレーが『類聚名義抄』の研究を始めたことが日記から知れる。二十一日に図書寮版本を、二十八日には冨山房版本を入手しており、十月になると宮良も同本の研究を手がけ始め、十七日には「本の成立に就いて」と題する小論を提出している。また四月二十五日、宮良は「今後の論文執筆計画を説明す、喜ばる、大いに研究せむ」と記している。この計画の内容を確定することは難しい。だが、遺された一通の計画案がありその標題は「(案)琉球関係図書解題　附録　文献編年史・著者略伝・論文目録　フランク・ホーレー(Frank Hawley)・宮良當壮(Masamori Miyanaga)共著」となっている。この計画がどこまで実現に近づいたのかは不明であるが、十二月二十四日の記事に「神道記につき書く」とあることから、解題に着手していたことが察せられる。しかし二人の関係はこの翌々日、二十六日で終わっている。これはホーレーのタイムズ社退職による経済的理由によるものであった。ホーレーはその後も琉球研究を続けており、翌二十七年四月二十二日付の妻のグイネスに宛てた手紙にも「我々は琉球の書物の目録をそろえているが、それは感銘の深い仕事であるように思われる、琉球は複雑な研究対象で私は毎日新しい事を学んでいる」とあり、極めて意欲的である。宝玲文庫の琉球文献について、ホーレー自筆の英文解題原稿がかなり遺されており、その研究は相当進んでいたのである。

克明な日記から興味深いことが、色々分かってくる。例えば、昭和二十六年九月十九日の日記に、宮良の到着以前に市川房枝・神近市子・鬼頭みつ子の三名がホーレー宅を訪れていたとある。十月五日の読売新聞にホーレーが「崩れゆく自由」と題し、婦人少年局の廃止案を批判する記事を載せていることなどを考え合わせると、労働省婦ー人少年局が廃止されそうになったため、ホーレーに取り上げて貰うべく三氏の訪問があったと考えられる。ホーレーは早速これを記事にし、マッカーサー元帥の民主化を修正しつつある日本政府の方針を「旧日本」の復活として非難した。当時、ロンドン・タイムズ特派員の影響力は極めて大きなものであった。またその収入も、一般の日本人には夢のごとき高給であったのである。宮良當壯の日記には、ホーレー宅で供された食事の内容も克明に記されている。戦後間もない時期のことで、一方は地位も資力もある英国の特派員であり、他方はまだまだ生活も安定しない敗戦国の民であった。二人の間には様々に複雑なものがあったことであろう。しかし形にはならなかったが、この時期二人の研究者の出会いによって、幾つかの研究が進められたことを記憶にとどめて置きたいと思う。

（『宮良當壯全集』月報一七　第一書房　一九八八年一月）

寶玲文庫旧蔵本のゆくえ

人物研究には時間が必要だ。対象とする人物のすべてについて、関心を持つこと。そしてなによりも、それを持続させることが大切だ。当初、気にも留めていなかった断片的な事柄が、後に重要な問題に関連していることに気がつく。研究対象に「育てられる」ことがあるのだ。一片の古い新聞記事を紹介しよう。

フランク・ホーレー（Frank Hawley）のことは、古書の世界では「寶玲《ほうれい》文庫」と刻んだ蔵書印の所有者として著名で、上質、稀書の集書家として知られている。ホーレーは、一九〇六年に英国北部のストックトン・オン・ティーズで生まれ、リバプール大学を卒業した語学の天才。東京外国語学校や東京文理科大学、第三高等学校の英語講師、戦前の英国文化研究所の所長を勤め、研究社の『簡易英英辞典』の執筆に関わり、太平洋戦争の開戦にともなって巣鴨拘置所へ拘留、そのまま英国へ強制送還された。戦後にザ・タイムズの特派員として来日、復興に向かう日本情報を、ロンドンを通じて世界に報じた。晩年は山科に移り、戦前から続けていた日本研究に没頭し、著書『Miscellanea Japonica』I, IIを遺した。戦前の十年間で、約一万六千冊を集めた。それらは、日本政府によって接収され約二割が消失したが、残りは戦後に返還された。戦後の再来日以後、蔵書はさらに増え続けた。

ホーレーの集書の目的は、自らの研究の補助と研究対象の材料を求めることにあった。書物を収蔵する場所さえあれば蔵書は増え続け、また、その蔵書のために広い邸宅に転居したのであった。しかし、昭和二十七年に特派員を辞めてから経済的な支えを失い、それまで集めた蔵書を手放すこととなった。その多くは、弘文荘反町茂雄を通じて、もしくは直接に中山正善のもとへ渡り、現在では天理図書館に収められている。最終的にどれだけの蔵書が集められ、昭和三十六年、ホーレーの没後はどこへ移っていったのだろうか。琉球・東洋学・言語学・日本史・満蒙関係漢籍・五山版・和紙、これら以外の寶玲文庫本の行方は断片的にしかわからない。

昭和二十六年八月二十一日の読売新聞に、「桑港《サンフランシスコ》だけでは残念、海渡る古美術」と題する文章が掲載された。七月二十日から翌年の六月二日まで十回にわたって連載されたホーレーによる「外人記者の直言（Objective Speaking）」の第三回目で、七月二十六日付けの「日本古美術展」記事によせたものであった。講和会議を機にサンフランシスコのデ・ヤング博物館が、日本の文化財を国民に紹介するため、アメリカ各地点に存在する日本美術品と合わせてこの展示会を開催したいと申し出た。それを文部省文化財保護委員会が受けた、というものだ。日本からは国宝の「渡辺崋山作鷹見泉石像」や「一遍上人絵伝」を始め四十点、他に彫刻、工芸、書跡、古織物「正倉院裂」など百二十点を候補としたとある。ホーレーはこのことを高く評価し、さらにそれらの一部が当地に留まるならばいっそう良いだろう、と記している。イタリアや英国の文化財の実情も紹介しながら、日本が自国の美術品を国宝として分類することを「不健全」な「行過ぎの国家主義、島国根性」と批判している。ホーレーはマスコミ嫌いとされるマッカーサー最高司令官と、八回もの単独会見を重ねた。占領政策が終わろうとする日本に、再び「国家主義」の復活の危惧を感じていた。戦前に逮捕拘留された経験が、その感を強めたのかもしれない。「渡辺崋山作鷹見泉石像」に注目したのは、戦前に藤森成吉の論文「渡辺崋山」を『CULTURAL NIPPON』（第七巻二号、日本文化連盟）に翻訳したことがあるからだろう。

続けて、次のような残念な体験談を記している。ホーレーは、日本で最も古い文庫とされながら、蔵書の大部分が長年にわたって散逸している金沢文庫の旧蔵本（三点）を入手した。これを持参して、金沢文庫を訪れたという。ところが、対面した館長は、書物が「第三国人」の手に移ったことを慨嘆し、「極めて残念なことに、永久に国内から散逸してしまった」と著書に書かれた、というのである。

この時の館長関靖は、その年の四月三十日に大日本雄弁会講談社から、『金沢文庫の研究』を刊行したばかりであった。著書には、所蔵者の名を記さないまま「倫敦・寶玲文庫蔵」三点（『管弦音義』『音楽根源鈔』『八幡宮年中讃記』）についての記述がある。本文には、前者二点をさして、これらのものを「昭和二十四年十月東京の某氏が入手して私に見せた」「両書には何れも金沢文庫の印記は捺されていないが、称名寺第二代長老明忍房劔阿の署名があり、その本文は非常に長いものであるが、全部同僧の手跡である所から、これがその原本であることはいふまでもない」と貴重性を述べている。そして、「この書（『音楽根源鈔』）も前書同様に、全く所在不明であったが、是亦、某氏の手に入ったものである」「全巻明忍房劔阿の手跡である」「極めて残念なことに、両書とも第三国人の手に渡ってしまひ、永久に国内から散逸してしまった」と記している。さらに『八幡宮年中讃記』については、金沢文庫の蔵書印（重郭肉細の朱印）はあるが、それは「後人の妄作」の「偽朱印」を捺されたものであるとしている。

『金沢文庫の研究』は文庫の歴史と蔵書の顚末を丹念に追跡し克明に記述した、同文庫の研究には欠かすことのできない優れた研究書だ。これほど文庫を愛した著者と、書物に執着したホーレーとが出会い、どうしてこのような不幸な対立が生じてしまったのか。日本が「敗戦」し、戦勝国の「外国人」が日本の貴重な書物を入手した。日本人として、この事実に対する感情的な反発が生じたのかもしれない。常に弱者の心情に理解を示し、「自分には、日本人への偏見は無い」と語っていたホーレーにとって、自分が無名の「第三国人」とされ、宝物を持ち去ったものとして記されたことはいかにも残念で、それ故にこれを日本人の「島国根性と偏見」とみたのである。この思いは、ホーレーにとって初めてのものではなかったろう。日本文化の優秀さを認め、その文化の維持を強く願っていたホーレーは、「外国人」であることを理由に自分の業績や価値を素直に認めようとしない日本人の「偏見」に、強い不満を抱いていたのである。

その後、昭和二十七年冬、ホーレーは京都へ転居し、前述のごとくの経済的理由で蔵書を手放して行く。同時に手放した金額の半分程度を購入したと、反町は語っている。時期は不明だが、ついにこの旧金沢文庫本も手放し、昭和二十九年二月十五日にはこれら二冊は天理図書館に受け入れられ（恐らく偽朱印本も含めて三冊同時）、昭和三十九年一月二十八日に国の重要文化財として指定されたことを『天理図書館四十年史』によって知ることができた。

（『彷書月刊』弘隆社　二〇〇四年一〇月）

〔本巻の収録にあたって〕

本書の序（第一巻）で記したように、筆者がフランク・ホーレーと出会ってから半世紀近くになりました。いつもフランク・ホーレーの存在を身近に感じながら過ごしてきたのです。情報や専門外の知識を求め、協力を得た人びととの親交が重なってゆきました。そうするうちに、ホーレーについての情報や知識が増えたばかりでなく、彼の人生が何故そのような結果となったかへの理解が深まりました。その時のホーレーの気持ちに近づけたと思ったこともあったのです。フランク・ホーレーに導かれたような、幸運な研究過程でありました。

研究当初は、各地に出向いて現物を見、ホーレーを知る人びとを訪ねて、記憶を掘り起こしながら語って頂きました。当時は、そこから始めるほかは方法がありませんでした。今日では、ウエブ情報の活用により沢山の情報が容易に得られるようになりました。その一方で、誰がどの様な経緯で提供した情報かを見極めることに難しさが生じます。「そのひとにとっての真実」と「事実」とには隔たりがあることもあります。誰がどの様な状況で何を語ろうとしているかを、ウエブ情報から知ることは難しいからです。この変わりゆく時代に研究を進められたことも幸いでした。

その間に書き記したもののうち、「宝玲文庫」に関するものをここに集めました。ホーレーに関わる他の論考は、巻を改めて収めます。長年書きためたものを収録するに当たり、基本的には初出論文に手を加えず、明らかに誤りであったものを訂正することと致しました。

収録論文初出一覧

フランク・ホーレーの家族のこと（『生活文化研究所年報』第一二輯　一九九九年三月）
戦前ＵＨ（University of Hawaii）文書に見るフランク・ホーレー（『生活文化研究所年報』第一三輯　二〇〇〇年三月）
開戦時の英国文化研究所とフランク・ホーレー（『生活文化研究所年報』第一四輯　二〇〇一年三月）
『トラベラーフロム東京』（ジョン・モリス著）にみるフランク・ホーレーの逮捕・拘留（『生活文化研究所年報』一〇号　一九九六年一二月）
ロンドン・タイムズ特派員フランク・ホーレー（その一）（『生活文化研究所年報』第一五輯　二〇〇二年三月）
ロンドン・タイムズ特派員フランク・ホーレー（その二）――ホーレー事件――（『生活文化研究所年報』第一六輯　二〇〇三年三月）
フランク・ホーレーと関西アジア協会（『生活文化研究所年報』第七輯　一九九三年一二月）
戦前フランク・ホーレー宝玲文庫の成立について（『生活文化研究所年報』第一七輯　二〇〇四年三月）
ハワイ大学宝玲文庫「琉球コレクション」成立の経緯（『生活文化研究所年報』第五輯　一九九一年一一月）
フランク・ホーレーの日本研究と辞書編纂（『生活文化研究所年報』第九輯　一九九五年一二月）
フランク・ホーレーと研究社『簡易英英辞典』の編纂（『生活文化研究所年報』第一〇輯　一九九六年一二月）
宮良當壯とフランク・ホーレー（『宮良當壯全集』月報一七　第一書房　一九八八年一月）
寶玲文庫旧蔵本のゆくえ（『彷書月刊』弘隆社　二〇〇四年一〇月）

○『生活文化研究所年報』はノートルダム清心女子大学生活文化研究所の刊行。

【著者紹介】

横山　學（よこやま・まなぶ）
1948年、岡山市生まれ。1983年、筑波大学大学院歴史・人類学研究科史学日本史専攻博士課程修了。現在、ノートルダム清心女子大学名誉教授、早稲田大学招聘研究員。文学博士。
（主要著書）
『琉球国使節渡来の研究』（吉川弘文館、1987年）『書物に魅せられた英国人　フランク・ホーレーと日本文化』（吉川弘文館、2003年）『江戸期琉球物資料集覧』（本邦書籍、1981年）『琉球所属問題関係資料』〈編著〉（本邦書籍、1980年）『神戸貿易新聞』〈編著〉（本邦書籍、1980年）『文化のダイナミズム』〈共著〉「フランク・ホーレー探検　人物研究の面白さ」（大学教育出版、1999年）『描かれた行列―武士・異国・祭礼』〈共著〉「琉球国使節登城行列絵巻を読む」（東京大学出版会、2015年）『生活文化研究所年報』〈編著〉（ノートルダム清心女子大学生活文化研究所、１輯1987年～30輯2016年）“Journalist and Scholar Frank Hawley”, British & Japan Vol.5, Edited by Hugh Cortazzi, 2004. ”Frank Hawley and his Ryukyuan Studies”, British Library Occasional Papers 11, Japan Studies, 1990.

書誌書目シリーズ⑪⓪
フランク・ホーレー旧蔵「宝玲文庫」資料集成
第6巻

二〇一九年七月　十六日　印刷
二〇一九年七月二十五日　発行

編著　横山《よこやま》　學《まなぶ》
解題　横山　學
発行者　鈴木一行
発行所　株式会社ゆまに書房
〒一〇一―〇〇四七
東京都千代田区内神田二―七―六
電話〇三（五二九六）〇四九一（代表）
印刷　株式会社平河工業社
製本　東和製本株式会社
組版　有限会社ぷりんてぃあ第二

◆落丁・乱丁本はお取替致します。

定価：本体18,000円＋税

ISBN 978-4-8433-5136-9 C3300